नामवर सिंह

28 जुलाई, 1926 को बनारस, उत्तर प्रदेश के जीयनपुर नामक गाँव में जन्म। प्राथमिक शिक्षा बग़ल के गाँव आवाजापुर में। काशी हिन्दू विश्वविद्यालय से बी.ए. और एम.ए.। 1953 में उसी विश्वविद्यालय में व्याख्याता के रूप में अस्थायी पद पर नियुक्ति। 1959 में चकिया चन्दौली वे [illegible] पार्टी के उम्मीदवार। चुनाव में असप [illegible] 1959-60 में सागर विश्वविद्यालय के [illegible] से 1965 तक बनारस में रहकर स्वतंत्र [illegible] सम्पादक के रूप में दिल्ली में। इस दे [illegible] साहित्यिक सलाहकार। 1970 में जोधपुर [illegible] के अध्यक्ष-पद पर प्रोफ़ेसर के रूप में नियुक्त। 1971 में 'कविता के नए प्रतिमान' पर 'साहित्य अकादेमी पुरस्कार'। 1974 में जवाहरलाल नेहरू विश्वविद्यालय (दिल्ली) के भारतीय भाषा केन्द्र में हिन्दी के प्रोफ़ेसर के रूप में योगदान। 1987 में वहीं से सेवा-मुक्त। अगले पाँच वर्षों के लिए वहीं पुनर्नियुक्ति। 1993 से 1996 तक राजा राममोहन राय लाइब्रेरी फ़ाउंडेशन के अध्यक्ष। 'आलोचना' त्रैमासिक के प्रधान सम्पादक और महात्मा गांधी अन्तरराष्ट्रीय हिन्दी विश्वविद्यालय (वर्धा) के कुलाधिपति रहे।

निधन : 19 फरवरी, 2019

आशीष त्रिपाठी

आशीष त्रिपाठी का जन्म 21 सितम्बर, 1973 को मध्य प्रदेश के गाँव जमुनिहाई, जिला सतना में हुआ। प्रो. नामवर सिंह की बारह पुस्तकों–'ज़माने से दो दो हाथ', 'प्रेमचंद और भारतीय समाज', 'हिन्दी का गद्यपर्व', 'कविता की ज़मीन और ज़मीन की कविता', 'आलोचना और विचारधारा', 'साहित्य की पहचान', 'सम्मुख', 'साथ-साथ', 'आलोचना और संवाद', 'तुम्हारा नामवर', 'संग सत्संग' और 'पूर्वरंग' समेत चंद्रकांत देवताले के साक्षात्कार-संग्रह–'मेरे साक्षात्कार', काशीनाथ सिंह के दो कथा-चयनों–'खरोंच' व 'पायल पुरोहित तथा अन्य कहानियाँ', स्वयं प्रकाश के कथा-चयन–'प्रतिनिधि कहानियाँ' एवं 'आषाढ़ का एक दिन : पुनर्मूल्यांकन' का सम्पादन और नामवर सिंह के साथ 'रामचंद्र शुक्ल रचनावली' के आठ खंडों का सम्पादन किया। 'समकालीन हिन्दी रंगमंच और रंगभाषा' प्रकाशित पुस्तक और 'भक्ति आन्दोलन और तुलसीदास' विषय पर एक पुस्तक प्राय: पूर्ण। इन दिनों 'हिन्दी नाटकों पर लोक रंग-परम्पराओं का प्रभाव' विषय पर शोधपरक कार्य के साथ ही समकालीन कविता पर लगातार लेखन।

उन्हें 2010 में प्रकाशित पहले कविता-संग्रह एक रंग ठहरा हुआ के लिए 'लक्ष्मण प्रसाद मंडलोई स्मृति सम्मान' और आलोचना के लिए 2016 के 'स्पंदन सम्मान' से सम्मानित किया गया है।

इन दिनों काशी हिन्दू विश्वविद्यालय, वाराणसी के हिन्दी विभाग में प्रोफेसर हैं।

ई-मेल : ashishhindibhu@gmail.com

प्रेमचन्द और भारतीय समाज

नामवर सिंह

संपादक
आशीष त्रिपाठी

राजकमल पेपरबैक्स

पहला पुस्तकालय संस्करण
राजकमल प्रकाशन प्राइवेट लिमिटेड द्वारा
2010 में प्रकाशित

राजकमल पेपरबैक्स में
पहला संस्करण : 2023

राजकमल पेपरबैक्स : उत्कृष्ट साहित्य के जनसुलभ संस्करण

राजकमल प्रकाशन प्रा. लि.
1-बी, नेताजी सुभाष मार्ग, दरियागंज
नई दिल्ली-110 002
द्वारा प्रकाशित

शाखाएँ : अशोक राजपथ, साइंस कॉलेज के सामने, पटना-800 006
पहली मंजिल, दरबारी बिल्डिंग, महात्मा गांधी मार्ग, प्रयागराज-211 001

वेबसाइट : www.rajkamalprakashan.com
ई-मेल : info@rajkamalprakashan.com

बी.के. ऑफसेट
नवीन शाहदरा, दिल्ली-110 032
द्वारा मुद्रित

मूल्य : ₹ 250

PREMCHAND AUR BHARTIYA SAMAJ
by Namwar Singh
Edited by Ashish Tripathi

ISBN : 978-81-267-3055-1

देहरी पर

प्रेमचन्द आधुनिक भारतीय साहित्य में एक साहसी एवं निर्भ्रान्त आवाज़! परंपरा के सर्जनात्मक जीवंत मूल्यों और बाधक मरणशील तत्वों के बीच स्पष्ट विभाजन कर सकने वाले द्रष्टा! आधुनिकता के जनपरक मूल्यों के पक्षधर और पूँजीवादी आधुनिकता के कठोर आलोचक। ठहरी हुई और पीछे खेंचू सामाजिक शक्तियों, विशेषतः धर्म की सांस्थानिकता के जन-विरोधी कारनामों, विशेष रूप से उसके दलित और स्त्री विरोधी चरित्र को उघाड़कर दिखाने एवं संप्रदायों और धार्मिक इकाइयों में जनता को बाँटने में उसकी भूमिका के प्रति आक्रामक। कबीर की तरह।

प्रेमचन्द स्वाधीनता संग्राम में साधारण भारतीय जनता की जीवंतता, प्रतिरोधी शक्ति और आकांक्षाओं-स्वप्नों के अमर गायक। उपन्यास और कहानी जैसी—हिंदी में प्रायः लड़खड़ाकर चलना सीखती—विधाओं को 'स्वाधीनता' के इस महास्वप्न से जोड़कर रचनात्मक ऊँचाइयों के चरम पर ले जाने वाले परिकल्पक। रचनाशीलता को जनता के ठोस नित-प्रति भौतिक जीवन और उसके अवचेतन में मौजूद उसकी साधारण और असाधारण इच्छाओं को संयुक्त कर एक पूर्ण जीवन का आख्यान बनाने वाले युगदर्शी कथाकार। 'यथार्थ' की ठोस पहचान और 'यथास्थिति' के पीछे कार्य कर रही क़ारक शक्तियों की प्रायः एक वैज्ञानिक की तरह पहचान करने वाले भविष्यदर्शी विचारक और बुद्धिजीवी। उपनिवेशवाद-साम्राज्यवाद एवं सामंतवाद के गठजोड़ से जनता के शोषण की हजारों तरकीबें विकसित करने वाले तत्कालीन सत्तातंत्र के विरुद्ध विकसित हो रहे जनसंघर्ष में शामिल एक जन-पक्षधर रचनाकार। परंतु इस स्वाधीनता संघर्ष के अंतर्विरोधों पर भी गहरी निगाह रखने और उसके वर्ग-चरित्र की पहचान एवं विवेचना कर सकने वाले उस दौर के संभवतः इकलौते लेखक।

स्वाधीनता आंदोलन के दौरान जनता में विकसित हो रही 'सुराज-स्वराज' की परिकल्पना को साहित्य में उकेरने वाला प्रायः शीर्ष स्वर।

संभवतः इन्हीं कारणों से आधुनिक रचनाकारों में इकलौते प्रेमचन्द ही हैं, जिनमें हिन्दी के शीर्ष स्थानीय मार्क्सवादी आलोचक प्रो. नामवर सिंह की दिलचस्पी निरन्तर बनी रही है। उनकी पुस्तकों में प्रेमचन्द की उपस्थिति किसी न किसी रूप में बनी रही है, परंतु प्रेमचन्द की जन्मशती ने प्रेमचन्द पर पूरेपन से विचार करने के लिए उन्हें एक बड़ा अवसर उपलब्ध कराया। उनके अनेक आलेख इस अवसर पर प्रकाशित हुए। साथ ही देश भर में उनके अनेक व्याख्यान हुए। आगे के वर्षों में, विशेष रूप से प्रो. सदानंद शाही के प्रयासों से, नामवर जी प्रेमचन्द पर अलग-अलग मौकों पर अलग-अलग कोणों से विचार करते रहे हैं। प्रायः सभी उपलब्ध आलेख एवं व्याख्यान यहाँ एक साथ प्रस्तुत हैं। 'आलोचक के मुख से' में संकलित व्याख्यान 'राष्ट्रीय मुक्ति आंदोलन और प्रेमचन्द' को पुस्तक की परियोजना के अति निकट होने के कारण यहाँ पुनः लिया गया है, जबकि 'कहानी नई कहानी' में संकलित आलेख 'फिर क्या हुआ और मुक्ति मार्ग' को छोड़ दिया गया है।

इस पुस्तक में शामिल निबंधों एवं व्याख्यानों में प्रेमचन्द के सभी पक्षों पर विस्तार से बातचीत की गई है। प्रेमचन्द की वैचारिकता और जीवन-विवेक से निर्मित उनकी रचनाओं के संबंध में प्रगतिशील आलोचना का स्पष्ट नजरिया यहाँ अभिव्यक्त हुआ है। विशिष्ट सामाजिक परिप्रेक्ष्य में प्रेमचन्द की कहानियों और उपन्यासों का विवेचन यहाँ है और भारतीय आख्यान परंपरा के संदर्भ में प्रेमचन्द के कथा-शिल्प की विशिष्टता और उसकी भारतीयता पर गंभीर विचार भी। सांप्रदायिकता और दलित प्रश्न जैसे विशिष्ट प्रसंगों के परिप्रेक्ष्य में प्रेमचन्द की रचनात्मकता और उनके विचारों का मूल्यांकन हो या स्वाधीनता संग्राम के संदर्भ में उनकी 'पोजीशन' का विवेचन–इन निबंधों में नामवर जी अपनी निर्भ्रान्त वैचारिकता, आलोचकीय प्रतिभा और लोक-संवेदी तर्क-प्रवणता और स्पष्ट जन-पक्षधरता से प्रेमचन्द को उनकी संपूर्णता में उपस्थित करते हैं। बावजूद इसके कि यह योजनाबद्ध रूप से लिखी गई आलोचना कृति नहीं है और इसमें संकलित निबंध एवं व्याख्यान समय की दृष्टि से लगभग चार दशकों

में फैले हुए हैं। इनमें एक आंतरिक विचार-सूत्र है, जो एक सिरे से दूसरे सिरे तक फैला हुआ है। दीर्घ अवधि में सिरजे जाने से हुआ यह भी है कि इनमें इस समय में भारतीय समाज में आ रहे बदलावों और प्रभावी हो रही वैचारिकताओं के साथ एक आलोचक के संवेदनशील संवाद की झलक भी मिलती है। स्पष्ट है कि नामवर जी ने इनमें प्रेमचन्द के साथ प्रायः एक सदी की यात्रा की है। इस यात्रा की झलकें और उसके विशिष्ट रचनात्मक-वैचारिक परिणाम इन आलेखों में बिखरे हैं। इनमें प्रेमचन्द के विवेचन-मूल्यांकन की परंपरा में प्रायः प्रस्थान के रूप में मान्य डॉ. रामविलास शर्मा की आलोचना कृतियों 'प्रेमचन्द' तथा 'प्रेमचन्द और उनका युग' से एक रचनात्मक संवाद और प्रेमचन्द का अवमूल्यन करने वाली आलोचनाओं के प्रति गहरा आक्रामक स्वर एक साथ मौजूद है।

प्रेमचन्द पर विचार के क्रम में नामवर जी भारतीय उपन्यासों के अपने विशिष्ट स्वरूप पर निरंतर विचार करते रहे हैं।

बांग्ला, उर्दू और उड़िया के प्रारंभिक उपन्यासों पर विचार करता हुआ उनका यह निष्कर्ष अत्यन्त महत्वपूर्ण है कि भारतीय उपन्यास कृषक जीवन की महागाथा के रूप में उभरा। इसी कारण इस पुस्तक में ऐसे निबन्धों और व्याख्यानों को भी रखा है, जो ऊपरी तौर पर पश्चिमी उपन्यास तथा भारतीय आख्यान परंपरा के परिप्रेक्ष्य में भारत में उपन्यासों के उदय पर विचार करते हैं, परंतु जिनके पीछे प्रायः हर समय प्रेमचन्द मौजूद दिखाई देते हैं। इन निबंधों/व्याख्यानों से प्रेमचन्द की उपन्यास कला को उसके उचित महत्व के साथ समझने में मदद मिलती है।

पुस्तक में संगृहीत व्याख्यानों के आयोजकों और तिथियों के साथ ही प्रथम प्रकाशन की, जहाँ तक संभव हो सका है, जानकारी प्रत्येक व्याख्यान के अन्त में दी गई है। व्याख्यानों के प्रथम प्रकाशित प्रारूपों में मौजूद असंबद्धताओं को संभव सीमा तक दूर करने की कोशिश की गई है। व्याख्यान में आधे-अधूरे वाक्यों से पैदा होने वाली प्रवाह-बाधा को खत्म किया गया है। प्रसंग के अनुसार नए पैराग्राफ बनाए गए हैं। भाषा को कसकर व्याख्यानों को प्रायः निबंध के नजदीक ले जाने की कोशिश की गई है। इस पूरी प्रक्रिया में नामवर जी के वाक्यों और उनके क्रम को प्रायः ज्यों का त्यों रखने की कोशिश की गई है। हमारी कोशिश सिर्फ सुसंबद्ध-सुगठित व्याख्यान को उसके मूल रचना रूप में

प्रस्तुत करने की रही है ताकि पढ़ते समय एक प्रवाह में उसे पढ़ा जा सके। पुस्तक के प्रारम्भ में बीबीसी.कॉम में प्रकाशित उनकी एक सहज बातों वाली टिप्पणी को नामवर जी की भूमिका के रूप में जगह दी गई है।

यह पुस्तक नामवर जी की आठ पुस्तकों की शृंखला में प्रकाशित है। इन पुस्तकों में प्रकाशित हो रही सामग्री पिछले 60 वर्षों की दीर्घ अवधि में लिखित एवं प्रकाशित परन्तु असंकलित रही है। संकलन का यह कार्य प्रो. कमला प्रसाद जी की प्रेरणा से नामवर जी के व्याख्यानों की खोज के साथ 2005 में प्रारम्भ हुआ। निरन्तर 5 वर्षों तक पत्र-पत्रिकाओं, पुस्तकों, पुस्तकालयों, इंटरनेट एवं खासतौर पर निजी संग्रहों को खँगालने पर यह सामग्री प्राप्त हुई—लगभग 1600 पृष्ठ। उसमें नामवर जी के आलेख, व्याख्यानों के लिप्यंतरित पाठ, वाचिक टिप्पणियाँ, व्यक्तिगत साक्षात्कार एवं सामूहिक परिसंवाद शामिल हैं। इसके बावजूद अभी अनेक आलेख और व्याख्यानों के मुद्रित पाठ खोजे जाने बाकी हैं। नामवर जी ने जब स्वयं यह संग्रह देखा तो उन्हें आश्चर्य हुआ। अनेक आलेख और व्याख्यान उनकी स्मृति में नहीं थे। खैर, इस सामग्री को पुस्तकों में बाँटने की प्रमुखतः दो योजनाएँ विकल्प के रूप में सामने थीं— विषयवार पुस्तकें और लिखित-वाचिक की अलग-अलग पुस्तकें। हमने बीच का रास्ता अपनाया। सामयिक विषयों पर एक स्वतन्त्र पुस्तक के साथ प्रेमचन्द पर केन्द्रित पुस्तक में आलेख, भाषण एवं वाचिक टिप्पणियाँ एक साथ मौजूद हैं। इसके अतिरिक्त वाचिक की दो पुस्तकें, लिखित की दो पुस्तकें और साक्षात्कार-संवाद की दो पुस्तकें। चार पुस्तकें आपके सामने हैं। चार और पुस्तकें शीघ्र ही आपके बीच होंगी। इन पुस्तकों से गुजरते हुए आप नामवर जी की प्रतिभा के विविध आयामों से संवाद कर सकेंगे।

सम्पूर्ण खोज-यात्रा में प्रो. कमला प्रसाद जी के साथ ही हिन्दी के वरिष्ठ कथाकार प्रो. काशीनाथ सिंह का प्रोत्साहन मेरी शक्ति रहा है। उलझन से भरे अनेक अवसरों पर इन दोनों ने मेरा मार्गदर्शन किया है और सम्बल बढ़ाया है। अनेक वरिष्ठों एवं मित्रों ने इस कार्य में निरन्तर दिलचस्पी ली है और बहुविध सहयोग किया है। यह सम्पूर्ण कार्य इस रूप में सामने आने में अधिक समय लेता, यदि गत एक वर्ष में युवा साथियों चन्द्रशेखर सिंह, तेजमान राम, वीरेन्द्र गौतम और विशाल विक्रम सिंह ने मेरा हाथ न बँटाया होता। आभार व्यक्त करने मात्र से

इनके सहयोग का प्रतिदान नहीं किया जा सकता।

इस सम्पूर्ण यात्रा में एक बात मैं निरन्तर महसूस करता रहा कि इसके संग्रहण एवं प्रकाशन के प्रति नामवर जी में गहरी असंपृक्ति रही है। संभवतः यही कारण है कि इतनी ढेर सारी सामग्री अब तक पुस्तक रूप में संकलित-प्रकाशित नहीं हो सकी है। अनेक व्याख्यान तो उन्होंने प्रकाशित रूप में देखे भी न थे। आज के समय में, जबकि लोग आत्म-प्रदर्शन की प्रवृत्ति के शिकार हैं, नामवर जी में एक किसान का-सा संकोच है। अपने लिखे और बोले हुए के प्रति नामवर जी की यह असंपृक्ति और उसके व्यवस्थित प्रस्तुतीकरण के प्रति उनका यह संकोच, मुझे अनेक तरह से अपरिग्रह के पुराने मूल्य का ही एक नया रूपान्तर लगता रहा है। उनके समकालीनों, हमउम्रों और उन्हें ज्यादा जानने का दावा करनेवाले लोगों के विचारों के समानांतर मुझे नामवर जी में एक 'सूफियाना विराग' मिलता है। एक बार मेरे पूछने पर उन्होंने स्पष्ट रूप से कहा था कि 'चाहे निबन्ध हो या पुस्तक, मुझे उसका प्रकाशन तभी जरूरी लगता रहा है, जबकि वह मौजूदा परिदृश्य में हस्तक्षेप करे, उसके ठहराव को तोड़े और वाद-विवाद-संवाद की प्रक्रिया को आगे बढ़ाए। मेरी ज्यादातर पुस्तकें अपने समय की बहसों में भागीदार होकर लिखी गई हैं। इसीलिए संग्रह के लिए संग्रह निकालना मेरी प्राथमिकता नहीं रहा है।' छायावाद, इतिहास और आलोचना, कविता के नए प्रतिमान, दूसरी परम्परा की खोज और वाद-विवाद-संवाद इस कथन का साक्ष्य हैं। अपने इसी विचार के कारण उनके अनेक संग्रह पर्याप्त सामग्री के बावजूद सामने नहीं आ सके हैं। मैंने देखा था कि 'वाद-विवाद-संवाद' के साथ ही आलोचना में उनकी एक अन्य पुस्तक का विज्ञापन छपा था—'जब हिन्दी नई चाल में ढली'। वह पुस्तक नहीं आ सकी। शुरुआती दिनों में मैंने भी उनके आलोचनात्मक निबन्धों के पुस्तक रूप में प्रकाशन की जब भी बात की, उन्होंने ज्यादा रुचि नहीं ली। प्रकाशकों और मित्रों के आग्रह के बावजूद उनकी पुस्तक 'बकलम खुद' का दूसरा संस्करण प्रकाशित नहीं हो सका। कविताओं का तो पहला ही संग्रह अब तक नहीं निकल सका है। इसके बावजूद, यदि इन पुस्तकों का प्रकाशन हो रहा है, तो इसका आशय यह नहीं है कि नामवर जी का विचार बदला है। वस्तुतः अनेक मित्रों के निरंतर दबाव और उनके प्रिय रचनाकारों के निरंतर आग्रह के कारण उन्होंने इनके प्रकाशन की अनुमति दी है संकोच के साथ। मैं इसके

लिए उनका आभारी हूँ।

उम्मीद है कि इनके प्रकाशन से गत साठ वर्षों के रचनात्मकता, साहित्यिक वाद-विवाद, आलोचना-दृष्टि सामने आ सकेंगे और खासतौर पर इनमें प्रगतिशील आलोचना की प्रभावशाली एवं निर्णायक भूमिका का खुलासा हो सकेगा, साथ ही नामवर जी की अपनी वैचारिक अवस्थिति अधिक स्पष्ट हो सकेगी।

–आशीष त्रिपाठी

अनुक्रम

प्रेमचन्द और भारतीय समाज

वाचिक

हिन्दी के पहले प्रगतिशील लेखक

प्रेमचन्द इस अर्थ में निश्चित रूप से हिन्दी के पहले प्रगतिशील लेखक कहे जा सकते हैं कि उन्होंने प्रगतिशील लेखक संघ के पहले सम्मेलन की सदारत की थी। उनका यही भाषण प्रगतिशील आन्दोलन के घोषणा पत्र का आधार बना। लेकिन स्वयं प्रेमचन्द जो प्रगतिशीलता की परिभाषा करते हैं, उस दृष्टि से देखा जाए तो हिन्दी साहित्य के बड़े रचनाकारों में कबीर अपने दौर में जो भूमिका अदा कर रहे थे, उसी का विकास लगभग पाँच सौ वर्ष बाद प्रेमचन्द ने किया। प्रेमचन्द एक लम्बी परंपरा को आगे ही नहीं बढ़ा रहे थे, बल्कि उन्होंने बीसवीं शताब्दी की भाषा में उसका विकास भी किया। इसलिए उन्हें पहला प्रगतिशील कथाकार कहें तो कोई आपति नहीं होनी चाहिए।

प्रेमचन्द ने सन् 1930 के आसपास ऐलानिया तौर पर कहा था कि वे जो कुछ लिख रहे हैं वह स्वराज के लिए, उपनिवेशवादी शासन से भारत को मुक्त कराने के लिए लिख रहे हैं। उन्होंने यह भी लिखा है कि केवल जॉन की जगह गोविंद को बैठा देना ही स्वराज्य नहीं है, बल्कि सामाजिक स्वाधीनता भी होना चाहिए। सामाजिक स्वाधीनता से उनका तात्पर्य साम्प्रदायवाद, जातिवाद, छूआछूत से मुक्ति और स्त्रियों की स्वाधीनता से भी था। इस अर्थ में वे स्वाधीनता की परिभाषा करते थे। उनकी प्रगतिशीलता का जो आधार था, उसे बहुत बुनियादी और क्रांतिकारी कहना चाहिए। उनकी रचनाओं पर नज़र डालें तो उसमें जमींदार के ख़िलाफ़ गरीब किसानों की लड़ाई है। जाति व्यवस्था के ख़िलाफ़ दबे कुचले लोगों की लड़ाई है। यद्यपि लोग उन्हें गांधीवादी कहते हैं, लेकिन वे गांधी से दो कदम आगे बढ़कर आन्दोलन और क्रांति की बात करते हैं। प्रेमचन्द अपने ज़माने के साहित्यकारों से ज़्यादा बुनियादी परिवर्तन की बात करते हैं।

सज्जाद ज़हीर जैसे लोग लंदन से पढ़कर जब यहाँ आए और उन्होंने प्रगतिशील लेखक संघ का प्रस्ताव रखा तो उनकी नज़र सबसे पहले प्रेमचन्द पर गई। प्रगतिशील लेखक संघ के पहले सम्मेलन की सदारत उन्होंने बड़े संकोच के साथ स्वीकार की कि हमसे भी बड़े लोग हैं लेकिन कोई बात नहीं, मैं तैयार हूँ। इससे लगता है कि

वे इंतज़ार कर रहे थे कि नई पीढ़ी के लेखक आएँ। यद्यपि यह फ़ासिज्म और बर्बरता के खिलाफ़ सभ्यता को बचाने वाला आन्दोलन था। लेकिन उस आन्दोलन ने भारत में आकर एक नई शक्ल ले ली और वह पूँजीवादी देशों में पिछड़े हुए समाज के संघर्ष की कहानी बन बैठी।

प्रगतिशील लेखक संघ के उस प्रथम सम्मेलन में जैनेंद्र कुमार भी गए थे लेकिन प्रेमचन्द के शिष्य और प्रिय होते भी उनकी दुनिया दूसरी थी। उन्होंने नारी की मुक्ति का पक्ष लिया। बाकी पक्षों में उनकी रचनाओं पर जोर दिखाई नहीं पड़ता। यशपाल यद्यपि क्रांतिकारी भगत सिंह, चन्द्रशेखर आज़ाद की क्रांति की पृष्ठभूमि से आए थे, तो भी वे प्रेमचन्द की परंपरा को आगे बढ़ाते हैं। आगे चलकर नागार्जुन आते हैं और वे प्रेमचन्द से किसानों की लड़ाई वाला पहलू लेते हैं। फणीश्वरनाथ रेणु यद्यपि समाजवादी विचारधारा वाले लेखक थे, लेकिन उनका 'मैला आँचल' प्रेमचन्द के गोदान के बाद का सबसे महत्वपूर्ण उपन्यास माना जाता है।

प्रेमचन्द की लड़ाई का मतलब था धर्मनिरपेक्षता की लड़ाई, सेक्यूलरिज़्म की लड़ाई। आज़ादी की लड़ाई से पहले साम्प्रदायिकता की पृष्ठभूमि कुछ और थी। बँटवारे के बाद राही मासूम रजा ने 'आधा गाँव' लिखा तो शानी ने 'काला जल'। प्रेमचन्द-साहित्य का एक विषय बहुत महत्वपूर्ण था साम्प्रदायिक सद्‍भाव। चाहे मुस्लिम कट्टरतावाद हो या हिन्दू साम्प्रदायिकतावाद, वे दोनों का पुरजोर विरोध करते हैं। अमृतलाल नागर ने भी 'बूँद और समुद्र' लिखा है जो लखनऊ के आधार पर एक साम्प्रदायिक सद्‍भाव दिखाता है। प्रेमचन्द तो महासागर थे। उतनी व्यापक भूमि तो किसी एक लेखक के पास नहीं है, लेकिन उसके हिस्से को लेकर प्रगतिशीलता की लड़ाई में आगे बढ़ने वाले लोग हिन्दू और उर्दू दोनों में हैं।

(प्रस्तुति : विनोद वर्मा)
(B.B.C. HINDI.COM)

आलेख

जीवन और विचारधारा

"मेरा जीवन सपाट, समतल मैदान है, जिसमें कहीं-कहीं गड्ढे तो हैं, पर टीलों, पर्वतों, घने जंगलों, गहरी घाटियों और खंडहरों का स्थान नहीं है। जो सज्जन पहाड़ों की सैर के शौकीन हैं उन्हें तो यहाँ निराशा ही होगी।" यह है प्रेमचन्द की ज़बानी प्रेमचन्द की कहानी। रोमैंटिक जैसा कुछ भी नहीं है यहाँ, जिसे चटखारा लेकर कहा या सुना जाए। कहानी वही है जो किसी भी आम आदमी की हो सकती है।

बनारस से सारनाथ जाने वाली सड़क से जरा हटकर एक छोटा सा गाँव है लमही। वहीं अब से कोई सौ साल पहले 31 जुलाई 1880 को डाक मुंशी अजायब लाल के वह लड़का पैदा हुआ जिसे दुनिया आज प्रेमचन्द के नाम से जानती है। बाप ने नाम रखा धनपत राय और चाचा ने नवाब राय। लेकिन किस्मत में न धनपति होना लिखा था न नवाब। सात साल के थे तो माँ चल बसी। पन्द्रह के हुए तो बाप न रहे। शादी जरूर हो गई थी। लेकिन बीबी से न बनी। लिहाज़ा दूसरी शादी की बाल विधवा शिवरानी देवी से, जो उस ज़माने को देखते हुए एक क्रान्तिकारी कदम था। टयूशन करके, किताबें बेच के किसी तरह इन्ट्रेंस पास किया। फिर स्कूल टीचर हो गए। सरकारी नौकरी के दौरान यू. पी. के कई कस्बों में रहे—सबसे ज़्यादा गोरखपुर में। 1921 में असहयोग आन्दोलन छिड़ा तो गांधीजी के आह्वान पर 21 साल की सरकारी नौकरी से इस्तीफा दे दिया। आठ-नौ साल बनारस, कानपुर और लखनऊ में छोटी-मोटी नौकरियाँ की। अन्त में 1930 में बनारस आकर अपना प्रेस और प्रकाशन शुरू किया। पैसों की तंगी फिर भी रही। 1934 में एक फिल्म कम्पनी के निमंत्रण पर बम्बई गए, लेकिन साल भर के अन्दर ही घबराकर बनारस लौट आए। शरीर टूट गया था। बीमार पड़े और 8 अक्टूबर 1936 को दिवंगत हो गए।

साहित्य जीवन की शुरुआत 1901 में हुई। पहले उर्दू में, फिर हिन्दी में लिखा। लेकिन आजीवन हिन्दी और उर्दू दोनों भाषाओं में लिखते रहे। साहित्यिक जीवन की महत्वपूर्ण घटना है 1908 में पाँच कहानियों के संग्रह 'सोज़े वतन' का प्रकाशन होते ही 'राजद्रोह' के अभियोग में अंग्रेज कलक्टर द्वारा जलाया जाना। 'सोज़े वतन' की अग्नि परीक्षा से 'प्रेमचन्द' पैदा हुए। पैंतीस वर्षों के लेखन काल में प्रेमचन्द ने लगभग

तीन सौ कहानियाँ, बारह उपन्यास, तीन नाटक, दो सौ से ऊपर लेख और एक दर्जन अनुवाद प्रकाशित किए। कहने की आवश्यकता नहीं कि यह एक अनवरत संघर्ष और अथक परिश्रम की बेमिसाल कहानी है।

जैसा कि प्रेमचन्द ने आगाह किया था, पहाड़ों की सैर के शौकीन सज्जनों को इस सपाट कहानी में आकर्षण की कोई चीज न मिलेगी, लेकिन यह मामूलीपन ही प्रेमचन्द की अपनी विशेषता है।

प्रेमचन्द का व्यक्तित्व इतना निर्विशेष, इतना साधारण और इतना सादा था कि आम लोगों के बीच उन्हें पहचानना मुश्किल था। कई बार इस कारण उन्हें तकलीफ़ भी उठानी पड़ी; जैसा कि एक बार पटने में हुआ। प्रेमचन्द ट्रेन से उतरे। स्वागतार्थी स्टेशन पर मौजूद। लेकिन संयोग ऐसा कि उसमें से कोई उन्हें पहचानता न था। उन्हें सिर्फ फोटो का सहारा था। और वह सहारा भी काम न आया। उन्होंने बहुतों से पूछा। नहीं पूछा तो स्वयं प्रेमचन्द से। और प्रेमचन्द रात भर स्टेशन पर पड़े रहे। सुबह जब सारा स्टेशन लगभग खाली हो गया तो नौजवान मेज़बान ने अनमने भाव से उस मामूली से मुसाफिर से पूछा : क्यों जनाब, आप लखनऊ से आ रहे हैं?''

''हाँ भाई, लखनऊ से ही आ रहा हूँ।''

''आप प्रेमचन्द हैं?''

''हाँ, प्रेमचन्द हूँ?''

स्वर उनका कठोर हो पड़ा था। मेज़बान ने प्रणाम करते हुए उनके हाथ से मैले खद्दर के रूमाल में बँधे पीतल के लोटे को ले लिया और अत्यन्त ग्लानि के साथ अपना नाम बताया। उनके चेहरे पर किंचित क्रोध, किंचित सन्तोष और प्रसन्नता की रेखा एक साथ ही झलक पड़ी। पर कोई शब्द उनके मुँह से न निकला। तब तक फिटन आ लगी। बैठकर चले तो रास्ते में मेज़बान ने पूछा : ''कोई तकलीफ़ तो न हुई।''

''तकलीफ़? मैं तो रात भर इसी पशोपेश में पड़ा रहा कि रहूँ या लौट जाऊँ। ...प्लेटफार्म पर गया, गाड़ी आ लगी। पर चढ़ नही सका। सोचा, तुम्हें दुख होगा।'' मेज़बान सफाई देने लगे तो बोले : ''वही तो मैं कहता हूँ—जब तुम मुझे नहीं पहचानते थे और न मैं तुम्हें, तो प्रेमचन्द कहकर पुकारते। इससे मेरी इज्ज़त थोड़े ही कम हो जाती।''

ऐसे थे प्रेमचन्द। लेखकीय अहंकार से शून्य और आडम्बर से रहित। दूसरों के दुख-सुख की इतनी फ़िक्र करने वाले, लेकिन अपनी असुविधा से एकदम बेफ़िक्र।

यह मामूलीपन ही उनकी विशेषता है। जीवन की भी और साहित्य की भी।

आकस्मिक नहीं कि उनके साहित्य का विषय यही मामूली आदमी है। भारत के सन्दर्भ में यह मामूली आदमी गरीब किसान है। प्रेमचन्द ने बहुत पहले ही यह

समझ लिया था कि "हिन्दुस्तान का उद्धार हिन्दुस्तान की जनता पर निर्भर है।" 1919 में कानपुर से प्रकाशित होने वाले उर्दू मासिक 'ज़माना' में "दौरे क़दीम : दौरे जदीद" शीर्षक लेख में उन्होंने लिखा : "आने वाला ज़माना अब किसानों और मज़दूरों का है। दुनिया की रफ़्तार इसका साफ़-सबूत दे रही है। हिन्दुस्तान इस हवा से बेअसर नहीं रह सकता। हिमालय की चोटियाँ उसे इस हमले से नहीं बचा सकतीं। जल्द या देर से, शायद जल्द ही, हम जनता को केवल मुखर ही नहीं अपने अधिकारों की माँग करने वाले के रूप में देखेंगे।...इनक़लाब के पहले कौन जानता था कि रूस की पीड़ित जनता में इतनी ताक़त छिपी हुई है?"

इस समझ के साथ प्रेमचन्द ने 'प्रेमाश्रम' (1921) नामक उपन्यास लिखा, जिसमें मनोहर, बलराज, क़ादिर जैसे ग़रीब किसान चरित्र नई चेतना के साथ पहली बार भारतीय साहित्य में उदित होते हैं। 'प्रेमाश्रम' बेगार के खिलाफ़ अवध के किसानों के सक्रिय विरोध की पहली आवाज़ है, जिसमें आगे चलकर लगानबन्दी का भी नारा बुलन्द किया जाता है। इसी उपन्यास में नवयुवक बलराज किसानों की चौपाल में कहता है : "तुम लोग तो ऐसी हँसी उड़ाते हो, मानो काश्तकार कुछ होता ही नहीं। वह ज़मींदार का बेगार ही भरने के लिए बनाया गया है। लेकिन मेरे पास जो अखबार आता है उसमें लिखा है कि रूस देश में काश्तकारों ही का राज है, वह जो चाहते हैं करते हैं।"

यह वही समय है जब गांधीजी ने भारत की राजनीति में प्रवेश किया और उन्होंने स्वाधीनता संग्राम में गाँवों की करोड़ों जनता का भाग लेने के लिए आह्वान किया। प्रेमचन्द पहले साहित्यकार हैं जिन्होंने भारत की इस नई राष्ट्रीय चेतना को अपने साहित्य में वाणी दी।

कविवर रवीन्द्रनाथ ठाकुर ने उन्हीं दिनों कलकत्ते के 'माडर्न रिव्यू' में 'द काल आफ़ ट्रुथ' अर्थात् 'सत्य का आह्वान' शीर्षक एक लेख प्रकाशित किया। कवि ने गांधीजी के असहयोग की नीति से असहमति व्यक्त करते हुए लिखा : "जब भोर का पक्षी जाग उठता है, उसका जागरण केवल आहार ढूँढने के लिए नहीं होता--आकाश के आह्वान को उसके दो अथक पंख स्वीकार करते हैं; आलोक के आनन्द से उसके कंठ से गान फूट निकलता है?"

गांधीजी ने 'यंग इंडिया' में कवि को उत्तर देते हुए तुरन्त लिखा : "कवि भविष्य के लिए जीता है और चाहता है कि हम भी यही करें। वह हमारी प्रशंसक दृष्टि के सामने भोर के पक्षियों का सुन्दर चित्र उपस्थित करता है, जो आसमान में उड़ते हुए आह्लाद के गीत गाते हैं। पर इन पक्षियों को दिन भर का भोजन मिल चुका है, उसके पंख आराम कर चुके हैं, उनकी नसों में नया रक्त प्रवाहित है। पर मैं ऐसे पक्षियों को देखने का दुखद अवसर पा चुका हूँ जो कमजोरी के कारण अपने पंख भी नहीं

फड़फड़ा पाते। भारतीय आसमान के नीचे मानव-पक्षी रात को आराम का बहाना करते समय जितना कमज़ोर होता है, सुबह उठने पर उससे भी ज़्यादा। लाखों करोड़ों लोगों के लिए उनका जीवन एक चिरन्तन प्रतीक्षा है या एक चिरन्तन मुर्छा। पीड़ित रोगियों को कबीर के भजन से सान्त्वना देना मेरे लिए असम्भव है।''

गांधीजी के इस क्षुधित पक्षी को साहित्य में यदि किसी ने पूरी ममता के साथ स्थान दिया तो प्रेमचन्द ने; क्योंकि गांधीजी के समान ही प्रेमचन्द की दृष्टि भी यथार्थ पर थी—उस धरती पर जहाँ लाखों—करोड़ों का जीवन एक ''चिरन्तन मूर्छा'' के दौर से गुज़र रहा था। अपनी इस धरती को छोड़कर उस सतरंगे आसमान में उड़ान भरने का अवकाश उन्हें न था जिसकी ओर उस समय अनेक रोमैन्टिक कवि आकृष्ट हो रहे थे। प्रेमचन्द ने धरती के लिए आकाश का त्याग किया; यथार्थ के लिए कल्पना से परहेज़ किया और रोमैन्टिक युग में यथार्थवाद की राह चलने का जोखम उठाया। राजनीति को गांधी यदि संघर्ष की नई भाषा, नई प्रणाली और नई दिशा दे रहे थे तो साहित्य को भी प्रेमचन्द उसी प्रकार नई भाषा, नई प्रणाली और नई दिशा दे रहे थे। यह भाषा, यह प्रणाली, यह दिशा भारतीय जनता की थी, भारतीय किसान की थी। इसके पीछे कबीर की, नानक की, तुलसीदास की, तुकाराम की महान जन परंपरा थी।

'प्रेमाश्रम' के बाद प्रेमचन्द ने 'रंगभूमि' (1924) नामक दूसरा विराट उपन्यास लिखा जिसमें डेढ़ पसली का एक अन्धा भिखारी सूरदास लखपती जान सेवक की सिगरेट फैक्टरी को चुनौती देता है—ऐसा प्रतीत होता है जैसे सूरदास के रूप में प्रेमचन्द ने स्वयं गांधीजी को ही अपनी समूची नैतिक शक्ति के साथ 'रंगभूमि' में उतार दिया हो। प्रेमचन्द का सूरदास केवल एक सामान्य कथा चरित्र नहीं बल्कि भारत की नई राष्ट्रीय शक्ति का प्रतीक है। कैसा है सूरदास? प्रेमचन्द के शब्दों में, ''कोई कहता था सिद्ध था; कोई कहता था वली था; कोई देवता कहता था; पर वह यथार्थ में खिलाड़ी था—वह खिलाड़ी, जिसके माथे पर कभी मैल नहीं आया, जिसने कभी हिम्मत नहीं हारी, जिसने कभी कदम नहीं हटाए। जीता तो प्रसन्नचित्त रहा; हारा तो प्रसन्नचित्त रहा; हारा तो जीतने वाले से कीना रखा; जीता तो हारने वाले पर तालियाँ नहीं बजायी। जिसने खेल में सदैव नीति का पालन किया, कभी धाँधली नहीं की, कभी प्रतिद्वन्द्वी पर छिपकर चोट नहीं की। भिखारी था, अपंग था, अँधा था, दीन था, कभी भरपेट दाना नहीं नसीब हुआ, कभी तन पर वस्त्र पहनने को नहीं मिला; पर हृदय धैर्य और क्षमा, सत्य और साहस का अगाध भंडार था। देह पर मांस न था, पर हृदय में विनय, शील और सहानुभूति भरी हुई थी।''

'रंगभूमि' के बाद प्रेमचन्द ने अपनी अमरकृति 'गोदान' (1936) लिखी जो एक तरह से उनके जीवन का भी गोदान है। इस कृति के द्वारा प्रेमचन्द ने होरी के रूप

में एक ऐसे किसान चरित्र को प्रस्तुत किया जो सहनशीलता में रंगभूमि के सूरदास से भी आगे है। होरी "एक ऐसे वृक्ष की तरह है जो हवा के थपेड़ों से कभी झुकता है, कभी सिर उठाता है, लेकिन अपनी ज़मीन नहीं छोड़ता।" होरी इतना अल्पसंतोषी, महत्वाकांक्षाहीन, निष्क्रिय और समझौतावादी है कि उपन्यास के अन्त में जब उसकी मृत्यु होती है तो उसके जीवन का दुखद अन्त पाठक को भीतर से झकझोर देता है। गोदान भारतीय किसान की निष्क्रियता की महान 'ट्रेजेडी' है।

इस ट्रेजडी का ही जवाब है 'मंगलसूत्र', प्रेमचन्द का अंतिम अधूरा उपन्यास जिसे वे रोग शय्या पर लिख रहे थे। 'मंगलसूत्र' का नायक देवकुमार कहता है : "दरिन्दों के बीच में उनसे लड़ने के लिए हथियार बाँधना पड़ेगा।"

इस प्रकार प्रेमचन्द का सम्पूर्ण साहित्य भारत के स्वाधीनता संग्राम की महागाथा है। जैसा कि उन्होंने स्वयं एक बार लिखा था, "मेरी आकाँक्षायें कुछ नहीं है। इस समय तो सबसे बड़ी आकांक्षा यही है कि हम स्वराज्य-संग्राम में विजयी हों। धन या यश की लालसा मुझे नहीं रही। खाने भर को मिल ही जाता है। मोटर और बँगले की मुझे हवस नहीं। हाँ, यह जरूर चाहता हूँ कि दो चार उच्चकोटि की पुस्तकें लिखूँ, पर उनका उद्‌देश्य भी स्वराज्य-विजय ही हो।"

स्वराज्य के लक्ष्य पर सतत दृष्टि होने के कारण प्रेमचन्द ने उन समस्याओं पर भी लिखा जो स्वराज्य-प्राप्ति के रास्ते में बाधा पैदा करती थीं। साम्प्रदायिकता की समस्या इनमें सबसे प्रमुख रही है। प्रेमचन्द ने उपन्यासों के अन्दर इस समस्या पर विचार करने के अलावा इस विषय को लेकर अनेक मार्मिक कहानियाँ लिखी हैं, जिनमें 'हिंसा परमो धर्मः', 'मंदिर और मस्जिद' जैसी कहानियाँ आज भी प्रासंगिक लगती हैं। सम्प्रदायवाद के विरुद्ध लिखने वाले अन्य लेखकों से प्रेमचन्द उस मायने में विशिष्ट हैं कि उन्होंने हिन्दू और मुस्लिम दोनों प्रकार के सम्प्रदायवाद पर निर्भीकता के साथ प्रहार किया और इसके साथ ही जन साधारण में उस भाव को जगाने का प्रयास किया जिसे आजकल विभिन्न धर्मों के बीच 'सौमनस्य' अथवा 'एकात्म' की संज्ञा दी जाती है।

इसी प्रकार प्रेमचन्द ने अपनी कृतियों में हिन्दू समाज में बद्‌धमूल जाति-पाँति के भेद पर चोट करते हुए विशेष रूप से अछूतों पर होने वाले अत्याचार की मार्मिक कहानियाँ भी लिखी हैं। इस दृष्टि से 'ठाकुर का कुआँ', 'सद्‌गति' और 'दूध का दाम' अत्यंत हृदयस्पर्शी हैं। प्रसंगवश यह कहना अतिशयोक्ति न होगा कि आज भी इस विषय पर यदि जनता के बीच हम किसी साहित्य को लेकर जाना चाहें तो हमें प्रेमचन्द की ही सहायता लेनी पड़ेगी। मराठी में तथा कुछ अन्य भारतीय भाषाओं में आज जिस दलित साहित्य का इतना आन्दोलन हो रहा है, उसकी दागबेल प्रेमचन्द आज से पचास साल पहले डाल चुके थे।

नारी की वेदना भी समाज की उन्हीं दुर्बलताओं में से एक है जिस पर प्रेमचन्द की करुणमयी दृष्टि बहुत गहराई तक गई थी। पश्चिमी देशों में इधर जिस प्रकार का नारी-मुक्ति आन्दोलन चल रहा है, वह तो प्रेमचन्द को स्वीकार्य न था किन्तु वे भारतीय नारी की महिमा को निश्चय ही प्रतिष्ठित करना चाहते थे और इस दिशा में वे अपने समकालीन सुधारवादियों से कहीं प्रगतिशील विचार रखते थे। इस प्रसंग में उल्लेखनीय है कि प्रेमचन्द की कथाकृतियों में प्रायः छोटे तबके की नारियाँ पुरुषों से अधिक तेजस्विनी दिखाई पड़ती हैं क्योंकि वे उत्पादन कार्य में आगे बढ़कर हिस्सा लेती हैं।

कुल मिलाकर, जैसा कि हिन्दी के मुर्धन्य आलोचक आचार्य हजारी प्रसाद द्विवेदी ने लिखा है, "प्रेमचन्द शताब्दियों से पददलित, अपमानित और निष्चेषित कृषकों की आवाज़ थे; पर्दे में कैद, पद-पद पर लांछित और असहाय नारी जाति की महिमा के जबर्दस्त वकील थे; गरीबों और बेकसों के महत्व के प्रचारक थे। अगर आप उत्तर भारत की समस्त जनता के आचार-विचार, भाषा-भाव, रहन-सहन, आशा-आकाँक्षा, दुःख-सुख और सूझ-बूझ को जानना चाहते हैं तो प्रेमचन्द से उत्तम परिचायक आपको नहीं मिल सकता। झोपड़ियों से लेकर महलों तक, खोमचे वालों से लेकर बैंकों तक, गाँव से लेकर विधानसभाओं तक, आपको इतने कौशलपूर्वक और प्रामाणिक भाव से कोई नहीं ले जा सकता। आप बेखटके प्रेमचन्द का हाथ पकड़कर मेड़ों पर गाते हुए किसान को, अन्तःपुर में मान किए प्रियतमा को, कोठे पर बैठी वारवनिता को, रोटियों के लिए ललकते हुए भिखमँगों को, कूट परामर्श में लीन गोचन्दों को, ईर्ष्या-परायण प्रोफेसरों को, दुर्बल हृदय बैंकरों को, साहस परायण चमारिन को, ढोंगी पंडितों को, फरेबी पटवारी को, नीचाशय अमीर को देख सकते हैं और निश्चिन्त होकर विश्वास कर सकते हैं कि जो कुछ आपने देखा है वह ग़लत नहीं है। उससे अधिक सचाई से दिखा सकने वाले परिदर्शक को अभी हिन्दी-उर्दू की दुनिया नहीं जानती। परन्तु सर्वत्र ही आप एक बात लक्ष्य करेंगे। जो संस्कृतियों और सम्पदाओं से लद नहीं गए हैं, जो अशिक्षित और निर्धन हैं, जो गंवार और जाहिल हैं, वे उन लोगों की अपेक्षा अधिक आत्मबल रखते हैं और अधिक न्याय के प्रति सम्मान दिखाते हैं जो शिक्षित हैं, जो सुसंस्कृत हैं, जो सम्पन्न हैं, जो चतुर हैं, जो दुनियादार हैं, जो शहरी हैं। यही प्रेमचन्द का अपना जीवन-दर्शन है।"

आलेख

स्वाधीनता संघर्ष और समाजवादी चेतना

भारत के स्वाधीनता संघर्ष के साथ अनेक बड़े साहित्यकार उदित हुए किन्तु उन सबमें प्रेमचन्द अनूठे हैं। प्रेमचन्द का साहित्य भारत की करोड़ों जनता—विशेषतः किसानों की अपनी आवाज़ है : भारतीय किसान के समान ही सरल, सादा, साफ़, बेबाक, ज़मीन के नज़दीक और सहज बुद्धि से युक्त। इसीलिए रवीन्द्रनाथ ठाकुर और मोहम्मद इक़बाल जैसे महान साहित्यकारों का सम्मान करते हुए भी भारत की जनता ने प्रेमचन्द के साथ विशेष रूप से आत्मीयता का अनुभव किया—उनकी आवाज़ को अपनी आवाज़ समझा; उनके साहित्य में अपनी पीड़ा अपनी आशा-आकांक्षा, अपने अधिकारों और संघर्षों का प्रतिबिम्ब पाया। प्रेमचन्द के उपन्यासों और कहानियों में कबीर और तुलसीदास जैसे मध्ययुगीन सन्तों की वाणी चार-पाँच सौ वर्षों बाद एक नए अंदाज़ के साथ गोया फिर सुनाई पड़ी। राजनीति में इसी आवाज़ के प्रतीक गाँधी थे।

प्रेमचन्द गाँव में पैदा जरूर हुए थे, लेकिन स्वयं किसान न थे। उनके पिता भी खेती न करते थे, बल्कि डाकखाने में क्लर्क थे। फिर भी उन्होंने किसानों के साथ अपनी क़िस्मत को बँधा हुआ समझा। यह उनका अपना चुना हुआ रास्ता था, कोई विवशता नहीं। ऐसे लेखक तब भी थे और आज भी हैं, जो गाँव में पैदा हुए और किसान परिवार के हैं, फिर भी जिन्हें अपनी नियति किसानों के अलावा कहीं और दिखाई पड़ती है। अपने ज़माने के बहुत-सारे लेखकों से प्रेमचन्द अलग हैं तो इसलिए कि वे साहित्य की दुनिया में आकर अपने लोगों को, अपने ग्रामीण परिवेश को एक बार भी भूल नहीं गए और न उसे उन्होंने साहित्य रचना के अनुपयुक्त समझा। प्रेमचन्द के रास्ते में तो एक बाधा यह भी थी कि उनकी आरंभिक शिक्षा फ़ारसी में हुई और साहित्यिक संस्कार उर्दू का मिला, जिसमें गाँव की ज़िन्दगी के बारे में लिखने की कोई परंपरा ही न थी। इसलिए प्रेमचन्द का यह साहस ही कहा जाएगा कि उन्होंने साहित्य में गँवार कहलाने का जोखिम उठाकर भी गाँव की ज़िन्दगी के बारे में कहानियाँ कहनी शुरू कीं।

यों तो प्रेमचन्द ने अपने साहित्यिक-सृजन की शुरूआत ही इस ज़मीन से की,

और इस रास्ते पर आगे बढ़ते हुए उन्होंने 'पंचपरमेश्वर' (1915) जैसी कहानी लिखी, किन्तु उनके साहित्य में 1917 की महान अक्टूबर क्रान्ति के बाद एक क्रान्तिकारी मोड़ आया जिसका गहरा असर जीवन-पर्यन्त अर्थात् अक्टूबर 1936 तक रहा। प्रेमचन्द के साहित्य का मूल्यवान भाग 1917 से 1936 के बीच के इस काल से ही सम्बद्ध है।

1917 की समाजवादी क्रान्ति का सन्देश सुनकर उसका सही अर्थ ग्रहण करने वालों में प्रेमचन्द प्रथम भारतीय लेखक हैं। जिन दिनों इस क्रान्ति का समाचार पहुँचा, प्रेमचन्द जमींदारों के अत्याचार के विरूद्ध किसानों के संघर्ष को लेकर एक उपन्यास लिख रहे थे, जो कुछ दिनों बाद (1921) 'प्रेमाश्रम' नाम से प्रकाशित हुआ। इस उपन्यास के आरंभिक पृष्ठों में ही एक किसान युवक बलराज चौपाल में कहता है : "तुम लोग तो ऐसी हँसी उड़ाते हो, मानो काश्तकार कुछ होता ही नहीं। वह ज़मींदार की बेगार ही भरने के लिए बनाया गया है। लेकिन मेरे पास जो पत्र आता है, उसमें लिखा है कि रूस देश में काश्तकारों ही का राज है, वह जो चाहते हैं करते हैं। उसी के पास कोई और देश बलगारी है। वहाँ अभी हाल की बात है। काश्तकारों ने राजा को गद्दी से उतार दिया है और अब किसानों और मजदूरों की पंचायत राज करती है।" यह बात लगभग 1918 की है। यह कथन आकस्मिक नहीं है। प्रेमचन्द उस समय इस क्रान्ति से इतने आन्दोलित थे कि उन्होंने अनेक जगहों पर इसका ज़िक्र बड़े महत्वपूर्ण ढंग से किया है। 1918 में ही गोरखपुर से 'स्वदेश' नामका एक पत्र प्रकाशित हुआ, जिसमें 'स्वदेश का सन्देश' शीर्षक सम्पादकीय में प्रथम विश्वयुद्ध के परिणामों का विश्लेषण करते हुए प्रेमचन्द ने यह निष्कर्ष निकाला : "वास्तव में इस युद्ध में अगर किसी की जीत हुई है तो वह है जनता की जीत। इस युद्ध ने जनता के लिए वह कर दिया है जो फ्रान्स की राज्यक्रान्ति ने भी न किया था।"

इशारा स्पष्टतः रूस की अक्टूबर क्रान्ति की ओर है; क्योंकि यही वह क्रान्ति है जिसने "जनता के लिए वह कर दिया जो फ्रान्स की राज्यक्रान्ति ने भी न किया था।" कहने की आवश्यकता नहीं कि प्रथम विश्वयुद्ध के बारे में प्रेमचन्द का यह विश्लेषण आश्चर्यजनक है। प्रथम विश्वयुद्ध में जीत किसकी हुई है, इसके बारे में उस समय कितने लोगों की दृष्टि इतनी स्पष्ट थी? यह प्रेमचन्द की किसान-दृष्टि ही थी जो महायुद्ध के गर्द-गुबार और धुएँ को पार कर अपने पक्ष और अपने सत्य को साफ़-साफ़ देख सकी।

इसके कुछ ही दिनों बाद (फरवरी 1919) प्रेमचन्द ने कानपुर से प्रकाशित होने वाले उर्दू पत्र 'ज़माना' में 'पुराना ज़माना : नया ज़माना' शीर्षक लम्बा लेख लिखा। इस लेख में पुराने सामंती ज़माने की कड़ी आलोचना है, फिर नए पूँजीवादी ज़माने

की बुराइयों की चर्चा करने के बाद प्रेमचन्द यह लिखते हैं : "इस नए ज़माने में एक रौशन पहलू भी है जो उन काले दाग़ों को किसी हद तक ढँक देता है, और वह है 'बेज़बानों की ताकत का ज़ाहिर होना।'...अब एक फ़ाकाकश मज़दूर अपनी अहमियत समझने लगा है और धन दौलन की ड्योढ़ी पर सिर झुकाना पसन्द नहीं करता। उसे अपने कर्तव्य चाहे न मालूम हों लेकिन अपने अधिकारों का पूरा ज्ञान है। वह जानता है कि इस सारे राष्ट्रीय वैभव और प्रभुत्व का कारण मैं हूँ। यह सारा राष्ट्रीय विकास और उन्नति मेरे ही हाथों का करिश्मा है। अब वह मूक सन्तोष और सिर झुकाकर सब कुछ स्वीकार कर लेने में विश्वास नहीं रखता।"

आगे चलकर इसी लेख में जैसे अपनी आवाज़ कुछ ऊँची करते हुए प्रेमचन्द कहते हैं : "नए ज़माने में एक नया पन्ना पलटा है। आने वाला ज़माना अब किसानों और मज़दूरों का है। दुनिया की रफ्तार इसका साफ़ सबूत दे रही है। हिन्दुस्तान इस हवा से बेअसर नहीं रह सकता। हिमालय की चोटियाँ उसे उस हमले से नहीं बचा सकतीं। जल्द या देर से, शायद जल्द ही, हम जनता को केवल मुखर ही नहीं अपने अधिकारों की माँग करने वाले के रूप में देखेंगे और तब वह अपनी क़िस्मतों की मालिक होगी।...इंक़लाब के पहले कौन जानता था कि रूस की पीड़ित जनता में इतनी ताक़त छिपी हुई है।"

प्रेमचन्द को, इस प्रकार, पीड़ित जनता की छिपी हुई ताकत का एहसास हुआ। यह अक्टूबर क्रान्ति का क्रान्तिकारी प्रभाव था। इससे पहले प्रेमचन्द को पीड़ित जनता के साथ हमदर्दी भर थी। शायद इसी रौ में उत्साहित होकर उन्होंने दिसम्बर 1919 में अपने दोस्त मुंशी दयानारायण निगम को यहाँ तक लिख मारा कि "मैं अब करीब-करीब बोल्शेविस्ट उसूलों का क़ायल हो गया हूँ।"

ध्यान देने की बात है जो आदमी ये क्रान्तिकारी बातें लिख रहा था, वह सरकारी नौकर था--ब्रिटिश गवर्नमेंट के एक स्कूल में टीचर; वही ब्रिटिश गवर्नमेंट जिसने सिर्फ दस साल पहले 1908 में प्रेमचन्द की पाँच कहानियों के संकलन 'सोज़े-वतन' को 'सेडीशन' समझकर जलवा दिया था।

संयोग से यही वह दिन थे जब गांधीजी भारतीय राजनीति के क्षितिज पर प्रकट हुए और उन्होंने किसानों को स्वाधीनता संघर्ष में अहम भूमिका निभाने के लिए आह्वान किया। प्रेमचन्द का हृदय जैसे इस आवाज़ को सुनने के लिए पहले ही से तैयार था। अन्दर की बैचैनी इस हद तक बढ़ गई कि 1921 में उन्होंने अपनी बीस साल की नौकरी पर लात मार दी और सीधे स्वाधीनता संग्राम में कूद पड़े। सम्बल सिर्फ अपनी कलम।

इस स्वतन्त्र कलम से पहला उपन्यास आया—'रंगभूमि', जिसमें एक झोपड़ी फैक्टरी को चुनौती देती है और एक अँधा भिखारी करोड़पति को। जीत अन्ततः

करोड़पति की होती है क्योंकि उसकी पीठ पर अंग्रेज सरकार का हाथ है और उसके साथ राजा है, जमींदार हैं, सरकारी अफसर हैं, धर्म है, धर्म के ठेकेदार हैं। जबकि दूसरी ओर एक निहत्था भिखारी है और थोड़ी सी निहत्थी जनता जो स्वयं भी आपस में विभाजित है। ऊपर-ऊपर से देखने पर ऐसा लगता है कि इस उपन्यास में प्रेमचन्द गांधीजी के प्रभाव में आकर औद्योगीकरण का विरोध करते हैं और पुरानी ग्रामीण व्यवस्था की हिमायत। किन्तु यह कोरा भ्रम है। दरअसल इस उपन्यास का यथार्थवाद औपनिवेशिक प्रणाली का विशेष चरित्र बड़ी सूक्ष्मता के साथ उपस्थित करता है। जान सेवक की जो फैक्टरी औद्योगिक क्रान्ति का प्रतीक है, उससे नुकसान केवल किसानों का होता है, ज़मीदारों का बाल भी बाँका नहीं होता। इसीलिए राजा महेन्द्रप्रताप सिंह जैसे सामंतवादी लोग पूँजीपति जान सेवक के सहायक हैं और वे इस नई लूट-खसोट में शरीक होने के लिए आतुर हैं। प्रेमचन्द ने 'रंगभूमि' में बड़ी खूबी से दिखलाया है कि ऐसे पूँजीपति जिनकी साँठ गाँठ जमींदारों और राजाओं से होती है, अंग्रेजी राज के परम भक्त और सहायक होते हैं। इस प्रकार भारत में अंग्रेजी राज सामंतवाद को खत्म करके पूँजीवादी औद्योगिक क्रान्ति नहीं ला रहा था, बल्कि वह एक तरह से सामंतवादी अवशेषों को कायम रखते हुए किसानों को ज़्यादा से ज़्यादा लूटने का काम कर रहा था। प्रेमचन्द का 'रंगभूमि' वस्तुतः साम्राज्यवाद और सामंतवाद के गठबन्धन का सशक्त विरोध है। इस विरोध का नायक है–'सूरदास', अंधा, भिखारी, जाति का चमार जिसमें और चाहे जितने दुर्गुण हों, लेकिन एक गुण ऐसा है जिसमें सारे दुर्गुण छिप जाते हैं और वह है : "अन्याय देखकर उससे न रहा जाता था, अनीति उसके लिए असह्य थी।"

प्रेमचन्द ने अपने इस उपन्यास-नायक में भारत के अजेय किसान को मूर्तिमान किया है। 'रंगभूमि' के एक छोटे से संवाद से भारतीय जनता की इस अपराजेय निर्माण-आकांक्षा का आभास मिल सकता है : सूरदास की झोपड़ी जला दी गई है; उसकी राख पर सूरदास बैठा है। पास ही दस साल का मिठुआ भी है। बातचीत यों होती है–

–दादा, अब हम रहेंगे कहाँ?

–दूसरा घर बनाएँगे।

–और जो कोई फिर आग लगा दे?

–तो फिर बनाएँगे।

–और फिर लगा दे?

–तो हम भी फिर बनाएँगे।

–और जो कोई हजार बार लगा दे?

–तो हम हजार बार बनाएँगे।

यह है प्रेमचन्द की नज़र में जनता की दुर्दम निर्माण-क्षमता और दृढ़ता!

प्रेमचन्द का 'सूरदास' भारतीय साहित्य में एक नया चरित्र है, अविस्मरणीय और अमर। अतिशयोक्ति न होगी यदि कहें कि अकेला यह 'सूरदास' ही प्रेमचन्द को अमर बनाने के लिए काफी है।

ऐसे अमर कथाचरित्रों की सृष्टि का मूल स्रोत है जनता के प्रति अगाध प्यार और अचूक वर्ग चेतना। इन्हीं विशेषताओं के कारण प्रेमचन्द अपने समकालीन अनेक लेखकों से बड़े हैं। इस बारे में उनकी नज़र साफ़ थी कि आज़ादी की लड़ाई में धनी लोग बहुत दूर तक साथ देने वाले नहीं हैं। 'रंगभूमि' में ही एक पात्र के द्वारा वे कहलाते हैं : "अब आपको मालूम हो गया होगा कि हम क्यों सम्पत्तिशाली पुरुषों का भरोसा नहीं करते। वे तो अपनी सम्पत्ति के गुलाम हैं। वे कभी सत्य के समर में नहीं आ सकते। जो सिपाही सोने की ईंट गर्दन में बाँधकर लड़ने चले, वह कभी नहीं लड़ सकता। उसको तो अपनी ईंट की चिंता लगी रहेगी।"

प्रेमचन्द को यह वर्ग-चेतना किसी पुस्तक से नहीं, बल्कि स्वयं अपने जीवन के अनुभवों से प्राप्त हुई थी। इस अनुभव का सार एक साहित्यिक मित्र को लिखे पत्र में वे इस प्रकार रखते हैं: "मैं ऐसे महान आदमी की कल्पना ही नहीं कर सकता जो धन सम्पत्ति में डूबा हुआ हो। जैसे ही मैं आदमी को धनी देखता हूँ, उसकी कला और ज्ञान की सब बातें मेरे लिए बेकार हो जाती हैं। मुझको ऐसा लगने लगता है कि इस आदमी ने वर्तमान समाज व्यवस्था को, जो अमीरों द्वारा गरीबों के शोषण पर आधारित है, स्वीकार कर लिया है। इस प्रकार कोई भी बड़ा नाम जो लक्ष्मी से असम्पृक्त नहीं है, मुझको आकर्षित नहीं करता। यह बहुत सम्भव है कि मेरे मन के इस ढाँचे के पीछे जीवन में मेरी असफलता हो। हो सकता है कि बैंक में अच्छी रकम रखकर मैं भी औरों जैसा ही हो जाता—उस लोभ का संवरण न कर पाता। लेकिन मैं खुश हूँ कि प्रकृति और भाग्य ने मेरी मदद की है और मुझे गरीबों के साथ डाल दिया है।"

इसीलिए प्रेमचन्द की नज़र में "स्वराज्य गरीबों का आन्दोलन है।" उनकी यह पक्की धारणा थी कि "स्वराज्य किसानों की माँग है, उन्हें जिन्दा रहने के लिए अनिवार्य है।" स्वाधीनता-संघर्ष के नेताओं को जब-जब प्रेमचन्द ने इस रास्ते से हटते देखा, उसकी तुरन्त आलोचना की। 1933 के जागरण में 'पण्डित जवाहरलाल नेहरू की आर्थिक व्यवस्था' का स्वागत करते हुए प्रेमचन्द ने संकेत किया कि "कांग्रेस इन पूंजीपतियों की नीति का समर्थन करके राष्ट्रीय संस्था नहीं बन सकती"। इसी प्रकार स्वाधीनता आन्दोलन में जब कभी साम्राज्यवाद, पूँजीवाद या सामंतवाद से समझौता करने का रुझान दिखाई पड़ा, प्रेमचन्द ने जनता के हितों के सजग प्रहरी के नाते उसे ख़तरे से आगाह किया और एक सर्जक कलाकार के नाते निर्भयता के साथ उस

यथार्थ को प्रस्तुत किया।

प्रेमचन्द की चेतावनियों के बावजूद दुर्भाग्यवश चौथे दशक में स्वाधीनता-संघर्ष उन्हीं असंगतियों का शिकार हो गया। प्रेमचन्द का परवर्ती साहित्य इस दौर के ट्रैजिक यथार्थ का मार्मिक दस्तावेज है। 'गोदान' उपन्यास, जो उनकी मृत्यु से कुछ ही समय पहले प्रकाशित हुआ, प्रेमचन्द की इन कृतियों में अन्यतम है। यहाँ न 'रंगभूमि' का हिरोइक उत्साह है, न प्रेमाश्रम का यूटोपिया। यथार्थ यहाँ अपनी पूरी भयावहता के साथ नंगा खड़ा है। यहाँ आने पर प्रेमचन्द को एहसास होता है दुश्मन कहीं बाहर नहीं, बल्कि घर के अन्दर ही है। 'गोदान' में ब्रिटिश साम्राज्यवाद परदे के पीछे है--परदे के सामने हैं मिल मालिक, जमींदार, महाजन, कारिन्दा पटवारी, पुरोहित और अपनी ही बिरादरी। ये सभी एक ओर और दूसरी ओर है पाँच बीघे का काश्तकार–होरी। आइरनी यह है कि होरी जिन्हें अपना समझता है–अपना हितू समझता है, वही उसके शोषक हैं, उन्हीं के हाथों उसका शोषण होता है। होरी इन सबका साथ बनाकर चलना चाहता है–लड़ने का तो सवाल ही नहीं उठता; समझौते पर समझौते करता है, फिर भी दिन-पर-दिन उसकी हालत बिगड़ती ही चली जाती है और एक दिन वह किसान से खेतिहर मजदूर हो जाता है। जीवन में होरी की कोई बहुत बड़ी आकांक्षा भी नहीं है; वह सिर्फ 'मरजाद' से जीना चाहता है। उसकी एक ही आकाँक्षा है--गाय की। और होता यह है कि गाय हाथ में आकर भी हाथ से निकल जाती है। 'गोदान' की विडम्बना यह है कि जिन्दगी में जो गाय नहीं मिलती है, मरने पर उसी गाय को दान करने के लिए कहा जाता है।

'गोदान' के होरी जैसा ट्रैजिक हीरो भारतीय साहित्य में दूसरा नहीं है। यदि 'रंगभूमि' का सूरदास अपनी मृत्यु में भी अमर है, पराजय में भी अजेय है, तो होरी की मृत्यु इस जीवन के लिए एक चुनौती है। मृत्यु से कुछ समय पहले होरी की आत्म-भर्त्सना के वाक्य गोया पूरी व्यवस्था के प्रति धिक्कार है–"आज तीस साल तक जीवन से लड़ते रहने के बाद वह परास्त हुआ है और ऐसा परास्त हुआ है कि मानो उसको नगर के द्वार पर खड़ा कर दिया गया है और जो आता है उसके मुँह पर थूक देता है। वह चिल्ला चिल्लाकर कह रहा है, भाइयों, मैं दया का पात्र हूँ। मैंने नहीं जाना, जेठ की लू कैसी होती है और माघ की वर्षा कैसी होती है। इस देह को चीरकर देखो, इसमें कितना प्राण रह गया है–कितना जख्मों से चूर, कितना ठोकरों से कुचला हुआ। उससे पूछो, कभी तूने विश्राम के दर्शन किए, कभी छाँह में बैठा? उस पर भी यह अपमान। और वह अब भी जीता है, कायर, लोभी, अधम।"

किन्तु प्रेमचन्द का सर्जक कलाकार आत्मभर्त्सना के इस स्वर पर नहीं रुकता। वे अपने हीरो को पस्ती के गर्त से निकालकर पुनः उदात्त भूमि पर ले आते हैं और

कहते हैं : ''कौन कहता है, जीवन संग्राम में वह हारा है। यह उल्लास, यह गर्व, यह पुलक क्या हार के लक्षण हैं? इन्हीं हारों में उसकी विजय है। उसके टूटे-फूटे अस्त्र उसकी विजय पताकाएँ हैं।''

गोदान का यह ड्रामा और आइरनी प्रेमचन्द की यथार्थवादी कला का ऊँचा शिखर है।

इन्हीं दिनों की अंतिम रचनाओं में प्रेमचन्द की कहानी 'कफ़न' है जो 'गोदान' की आइरनी को और भी भयावहता के साथ चित्रित करती है। कितनी बड़ी आइरनी है कि ''जिसे जीते-जी तन ढाँकने को चीथड़ा भी न मिले उसे मरने पर नया कफ़न चाहिए।'' कहानी के घीसू और माधो इस रिवाज़ को ठुकरा देते हैं और कफ़न के लिए मिले हुए पैसों की शराब पी जाते हैं। शराब पीने के बाद जब वे नाचते हैं तो जैसे एक अजीब दहशत का वातावरण छा जाता है। झोपड़ी में पेट के अन्दर बच्चा लिए बहू मरी पड़ी है और उधर शराब खाने में बाप-बेटे शराब पीकर नाच रहे हैं। एक ओर लाश, दूसरी ओर नाच। यह शिव के ताण्डव की विडम्बना नहीं तो क्या है? यह यथार्थ नहीं, दुःस्वप्न है जो सारे माया जाल को छिन्न-भिन्न कर देता है जो ठंडी लाश में भी विद्रोह की आग भड़का देता है। यह नया यथार्थवाद है, जो भारतीय साहित्य को प्रेमचन्द की सर्जनात्मक प्रतिभा की देन माना गया है।

किन्तु इन रचनाओं से यह भ्रम नहीं होना चाहिए कि प्रेमत्तन्द अपने जीवन के अंतिम दिनों में निराशावादी और सिनिक हो गए थे। इस भ्रम का निराकरण 'महाजनी सभ्यता' शीर्षक लेख करता है जिसे प्रेमचन्द ने अपनी मृत्यु शय्या पर लिखा था। इस लेख का अन्त उसी समाजवादी सभ्यता के अभिनन्दन से होता है, जिसके क्रान्तिकारी सन्देश ने 1918 में प्रेमचन्द के अन्दर नई चेतना का संचार किया था। प्रेमचन्द के शब्द हैं : ''धन्य है, वह सभ्यता, जो मालदारी और व्यक्तिगत सम्पत्ति का अन्त कर रही है और जल्दी या देर से दुनिया उसी का पदानुसरण अवश्य करेगी।...जो सत्य है एक न एक दिन उसकी विजय होगी और अवश्य होगी।''

जो व्यक्ति मृत्यु शय्या पर समाजवाद की अनिवार्य विश्वव्यापी विजय में ऐसी दृढ़ आस्था व्यक्त कर रहा था, वह क्या निराशावादी और सिनिक कहा जा सकता है? 'महाजनी सभ्यता' लेख का आरम्भ ही प्रेमचन्द हाफ़िज़ के इस फारसी शेर से करते हैं :

मुज़दः ऐ दिल कि मसीहा नफ़से मी आयद!
कि ज़े अनफ़स खुशश बुए कसे मी आयद।

(Rejoice, O heart, for nectar-in-hand the Saviour is coming towards thee Behold, a sveet fragrance comes from the breath of the prople!)

ज़ाहिर है कि प्रेमचन्द उस मसीहा के क़दमों की आहट साफ़ सुन रहे थे और उसकी साँसों की खुशबू को महसूस कर रहे थे—लोगों की साँसों में और अपनी साँसों में भी। कहने की आवश्यकता नहीं कि वह मसीहा समाजवाद है।

समाजवादी मानववाद में इसी आस्था के कारण प्रेमचन्द ने भारत में 'प्रगतिशील साहित्य' के नाम से एक नए यथार्थवादी साहित्यिक आन्दोलन की नींव डाली और 'प्रगतिशील लेखक संघ' नाम से भारतीय लेखकों के एक संगठन की स्थापना की, जिसने आगे चलकर भारतीय साहित्य के विकास में ऐतिहासिक भूमिका अदा की। अप्रैल 1936 में इस संघ के प्रथम अध्यक्ष की हैसियत से प्रेमचन्द ने जो भाषण दिया वह उनके सम्पूर्ण जीवन के सर्जनात्मक अनुभवों का निचोड़ तो है ही, साहित्य के एक नए सौंदर्यशास्त्र का घोषणापत्र भी है। उस भाषण का अन्त इन प्रेरणादायक शब्दों के साथ होता है : "हमारी कसौटी पर वही साहित्य खरा उतरेगा, जिसमें उच्च चिन्तन हो, स्वाधीनता का भाव हो, सौंदर्य का सार हो, सृजन की आत्मा हो, जीवन की सच्चाइयों का प्रकाश हो—जो हममें गति, संघर्ष, घोर बैचैनी पैदा करे, सुलाए नहीं, क्योंकि अब और ज़्यादा सोना मृत्यु का लक्षण है।"

प्रेमचन्द की ख्याति, अभी तक, भले ही विश्वव्यापी न हो, किन्तु उनके साहित्य का विश्वव्यापी महत्व है। दो महायुद्धों के बीच जब पश्चिम का बुजुर्वा साहित्य अपनी शानदार यथार्थवादी परंपरा को त्यागकर आधुनिकतावाद की आत्मनिष्ठ अँधेरी गलियों में भटक रहा था, प्रेमचन्द ने भारतीय जनता के साम्राज्यवाद-विरोधी और सामंतवाद-विरोधी संघर्ष के जीवंत चित्रण के द्वारा यथार्थवाद को नया जीवन दिया और इस प्रकार विश्व साहित्य को एक नए यथार्थवाद के साहित्य से समृद्ध किया। यथार्थवाद के विकास के लिए उन्नीसवीं सदी के उत्तरार्द्ध में जो ऐतिहासिक कार्य लेव तोलस्तोय ने किया, बीसवीं सदी के पूर्वार्द्ध में बहुत कुछ वैसा ही कार्य प्रेमचन्द ने भी किया। औपनिवेशिक भारत के किसान के रूप में मानव-प्रतिभा की सृष्टि विश्व साहित्य को प्रेमचन्द की अनूठी देन है।

प्रेमचन्द भारत की जिस नई राष्ट्रीय और जनवादी चेतना का प्रतिनिधित्व करते हैं, वह संकुचित राष्ट्रवाद से बहुत ऊपर है। प्रेमचन्द को इस बात का पूरा एहसास था कि न्याय और नई जिन्दगी के लिए तमाम दुनिया की आम जनता जो लड़ाई लड़ रही है, भारत का स्वाधीनता-संघर्ष उसी का एक हिस्सा है। विश्व की आम जनता का यह भाईचारा उनकी रचनाओं में भलीभाँति व्यक्त हुआ है। इस प्रकार प्रेमचन्द का मानववाद विश्व की उस तमाम जनता के लिए अर्थपूर्ण है जो शान्ति, जनवाद और समाजवाद के लिए निरन्तर संघर्ष कर रही है।

आलेख

विगत महत्ता और वर्तमान अर्थवत्ता

प्रेमचन्द जन्मशती वर्ष में एक ओर प्रेमचन्द के नाम पर बड़ी-बड़ी संगोष्ठियों का आयोजन और दूसरी ओर किसानों के नाम पर तरह-तरह के आन्दोलन और जुलुम! प्रेमचन्द की प्रासंगिकता पर चर्चा गरम है, बिना इस फ़िक्र के कि वह प्रसंग क्या हैं जिसमें उन्हें प्रासंगिक होना है। सचमुच ही जैसा कि श्री पूरन चन्द्र जोशी ने कहा है, "प्रेमचन्द का मूल्यांकन उनके प्रशंसकों एवं उनके आलोचकों–दोनों के प्रयत्नों द्वारा गौण, निर्जीव और अनैतिहासिक प्रश्नों की भूलभुलैया में ऐसा पथभ्रष्ट या मार्गच्युत हो गया है कि न वह भारतीय जीवन में प्रेमचन्द के ऐतिहासिक महत्व को समझ पा रहा है, न महान कला और कलाकार के सामाजिक उद्गम स्रोतों को।"

प्रेमचन्द की प्रासंगिकता की चर्चा को मार्गच्युत करने में निस्सन्देह प्रेमचन्द के आलोचकों का ज्यादा हाथ है। इन आलोचकों में अधिकांश कलावादी हैं अथवा आधुनिकतावादी। उन्हें न अपने सामाजिक सम्दर्भ से मतलब है न प्रेमचन्द के। प्रासंगिकता का अर्थ उनके लेखे कलात्मक प्रासंगिकता से है और इसे वे एक अरसे से शब्द बदल-बदल कर कहते आ रहे हैं कि कला की दृष्टि से प्रेमचन्द पुराने पड़ गए हैं–इतने पुराने कि उनमें अब हमारी दिलचस्पी नहीं हो सकती और न अपनी सृजन-प्रक्रिया में उनसे कोई मदद ही मिल सकती है। लेकिन वे सीधे-सीधे यही बात नहीं कहते। वह आधुनिकतावादी ही क्या जो सीधी बात को सीधे ढंग से कहे। फिर कलाकारी का क्या होगा? यही बात वे 'लेकिन' लगाकर कहते हैं। मसलन एक 'लेकिनवादी' श्री निर्मल वर्मा का कहना है : "हम अक्सर 'गोदान' के बारे में कहते हैं कि 'वह एक उत्कृष्ट उपन्यास है, लेकिन'–बरसों से हम इस 'लेकिन' के आगे अपने धुँधले असन्तोष के कारण ढूँढ़ते आए हैं।" अन्य लेकिनवादी 'गोदान' के ऐसे प्रसंग पात्र, घटनाएँ छोड़ देने की बात करते रहे हैं जो उपन्यास की 'मूल कथा' को कमज़ोर बनाते हैं। लेकिन श्री निर्मल वर्मा इतने से सन्तुष्ट नहीं। उनका असन्तोष बुनियादी है। कहते हैं, "इस तरह की काट-छाँट से उपन्यास की मूल कमजोरी दूर नहीं हो जाती, क्योंकि वह कमजोरी अनावश्यक घटनाओं या पात्रों में न होकर स्वयं 'गोदान' की समूची औपन्यासिक संरचना के केन्द्र में विराजमान है, वह कमजोरी उस

फार्म में निहित है, जो प्रेमचन्द ने होरी जैसे जीवंत, अपनी सुख-पीड़ा में सतत प्रवहमान जैसे पात्र पर आरोपित की है।"

गरज़ कि 'गोदान' का फार्म उसकी अन्तर्वस्तु के अनुरूप नहीं है। अनुरूप कैसे नहीं है, इस पर श्री निर्मल ने अधिक प्रकाश डालना आवश्यक नहीं समझा। सन्दर्भ से कुछ ऐसा आभास मिलता है कि होरी भारतीय किसान है और गोदान का रूप उन्नीसवीं सदी के यूरोपीय उपन्यास से लिया गया है। अन्तर्विरोध यह है कि होरी का चरित्र स्थिर और अपरिवर्तित है जब कि गोदान का औपन्यासिक ढाँचा गतिशील और विकासशील है। चूँकि श्री निर्मल वर्मा ने गोदान के औपन्यासिक ढाँचे को खोलकर नहीं समझाया, इसलिए उनकी इस धारणा पर टिप्पणी करना मुश्किल है। लेकिन 'गोदान' का औपन्यासिक रूप क्या सचमुच विकासशील है? श्री निर्मल वर्मा रूसी उपन्यासकारों को तो इस बात के लिए दाद देते हैं कि उन्होंने उन्नीसवीं शती के 'परम्परागत औपन्यासिक ढाँचे' को छोड़कर या उसे परिवर्तित करके एक नई कथात्मक नैरेटिव विधा का अन्वेषण किया, किन्तु प्रेमचन्द ने जब स्वयं यही किया तो उस नवसृजन को पहचानने की जहमत उठाए बिना ही वे प्रेमचन्द की शिकायत करते हैं। अगर वे 'गोदान' के औपन्यासिक ढाँचे को ध्यान से देखते तो पाते कि वह उन्नीसवीं सदी के औसत यूरोपीय उपन्यास के ढाँचे जैसा नहीं है। इसीलिए यूरोपीय उपन्यास के पारखी उसके बेडौल विस्तार को काँट-काँट कर चुस्त बनाने का सुझाव देते हैं। दरअसल 'गोदान' से तो शिकायत ही यह रही है कि उसका ढाँचा औसत उपन्यासों जैसा चुस्त नहीं, बल्कि शिथिल है जैसे कि तोलस्तोय के 'युद्ध और शान्ति' तथा 'अन्ना केरेनिना' के ढाँचे।

इसके अलावा उन्नीसवीं सदी के यूरोपीय उपन्यास का 'फार्म' भी एक 'मिथ' ही है, जैसे कि यह 'मिथ' कि रूसी उपन्यासकारों ने अपने अन्तर्वस्तु के अनुसार उस 'फार्म' को छोड़ा या बदला। न उन्नीसवीं सदी के सभी यूरोपीय उपन्यासों का 'फार्म' एक है और न सभी रूसी उपन्यासकारों ने उस फार्म को छोड़ा या बदला। फ्लोबेचर और हेनरी जेम्स उन्नीसवीं सदी के पर्याय नहीं हैं और रूसी उपन्यासकारों में तोलस्तोय के अलावा तुर्गेनेव और दॉस्तोव्हस्की भी थे। शायद यह भी इस 'लेकिनवाद' का एक भूलभुलैया है, जो भंगिमा अपनाता है भारतीयता की हिमायत की, लेकिन मूलतः दृष्टि यूरोपीय है। यह यूरोपीय दृष्टि से निर्धारित की हुई भारतीयता है, जिसके उलंघन का आरोप श्री निर्मल वर्मा प्रेमचन्द पर लगाते हैं। इनसे ज्यादा सही पहचान तो समाजशास्त्री पूरन चन्द्र जोशी की है जो यह देख सके कि प्रेमचन्द ने नई अन्तर्वस्तु के अनुरूप नए रूपविधान का सृजन किया—यथार्थवादी विषय वस्तु के अनुकूल यथार्थवादी शिल्प का सृजन और निखार।

'लेकिनवाद' का दूसरा रूप है : प्रेमचन्द में यथार्थ चित्र तो है लेकिन सूक्ष्य

कवित्व नहीं है। यह शिकायत मुखरित हुई है विश्वनाथ नरवाणे की हाल ही में प्रकाशित अंग्रेजी पुस्तक 'प्रेमचन्द : हिज़ लाइफ़ एंड वर्क' में। उनके अनुसार प्रेमचन्द के पास प्रकृति को देखने की दृष्टि न थी। हिन्दी के तथाकथित आँचलिक उपन्यास ने जैसे प्रेमचन्द की इसी कमी को पूरा करने के लिए अपनी कृतियों में लोक संगीत और लोक-नृत्य की नुमाइश लगा दी। शिकायत करने वाले यह भूल जाते हैं कि जिसे वे प्रेमचन्द का दोष कहते हैं वह वस्तुतः उनका गुण है। उनके सामने 'अहा ग्राम जीवन' और समकालीन कवित्व के प्रचुर प्रलोभन थे। वे बड़ी आसानी से अपनी ग्राम-कथाओं को बम्बइया फिल्मों तथा सूचना-प्रचार विभाग के मन मोहक ग्राम चित्रों से रंग सकते थे, लेकिन उन्होंने यदि लोभ संवरण किया तो यथार्थ के तकाज़े से। फिर भी स्थिति के अनुरूप प्रेमचन्द के यहाँ प्रकृति भी आती है और कवित्व भी, जैसे कि बसन्त में "होरी आम के बाग में पहुँचा, तो वृक्षों के नीचे तारे-से खिले थे। उसका व्यथित निराश मन भी इस व्यापक शोभा और स्फूर्ति में आकर गाने लगा—

हिया जरत रहत दिन रैन।
आम की डरिया कोयल बोले तनिक न आवत चैन।"

शायद रोमांटिक दृष्टि इससे तुष्ट न हो। लेकिन क्या "हिगा जरत रहत" में कोई कवित्व नहीं है?

प्रेमचन्द के ये आलोचक कभी-कभी प्रेमचन्द की प्रशंसा भी करते हैं, जो वस्तुतः निन्दा से भी ज्यादा मारक होती है। उदाहरण के लिए अज्ञेय के अनुसार प्रेमचन्द की सबसे मूल्यवान विरासत है व्यापक संवेदना, जिसे 'महा कारुण्य' भी कहा जा सकता है। इस संवेदना का महत्व इसलिए और भी बढ़ जाता है कि बाद के उपन्यासकारों में शिल्प-बोध चाहे जितना बढ़ा हो, संवेदना संकुचित ही हुई है। संवेदना निश्चय ही सर्वथा मानवीय गुण है और इसमें कोई शक नहीं कि प्रेमचन्द के मानववाद का यह एक अंग है, किन्तु इसके साथ ही प्रेमचन्द में सात्विक क्रोध भी है जो उन्हें अन्याय के विरुद्ध संघर्ष करने की प्रेरणा देता है। संघर्षरहित करुणा से मंडित होकर प्रेमचन्द निरे उदारतावादी बन कर नहीं रह जाते हैं। प्रेमचन्द के उदारतावादी आलोचकों का कुछ ऐसा प्रभाव है कि प्रेमचन्द के प्रशंसकों को भी कभी-कभी प्रेमचन्द के उदारतावादी होने के बारे में शंका हो जाती है। यहाँ तक कि 'रंगभूमि' के सूरदास का मरते समय अपने शत्रुओं को भी क्षमादान और 'गोदान' के होरी का समझौतावादी तथा दब्बूपन अक्सर आलोचना का विषय बना है। किन्तु जैसा कि श्री जैनेन्द्र के 'अगर मैं गोदान लिखता' निबन्ध से स्पष्ट है, प्रेमचन्द की सहानुभूति के पात्र सभी नहीं हैं। प्रेमचन्द से जैनेन्द्र को यही तो शिकायत है कि वे सत् के साथ रहने और असत् के साथ लड़ने के लिए सहानुभूतियों का बँटवारा करते

हैं, जिसकी जैनेन्द्र की दृष्टि में जरूरत नहीं है।

दूसरी ओर, प्रेमचन्द के प्रशंसकों का पूरा ज़ोर प्रेमचन्द के ऐतिहासिक महत्व की प्रतिष्ठा पर है। इसके लिए उन्हें भारत के स्वाधीनता-संग्राम का महागाथाकार साबित किया जाता है, विचारों में अपने ज़माने के सभी राजनीतिज्ञों और साहित्यकारों से ज्यादा प्रगतिशील और अग्रगामी भी दिखाया जाता है और इन सबके ऊपर उन्हें भारतीय किसान का पहला और सबसे बड़ा पक्षधर लेखक बतलाया जाता है। साहित्य में प्रेमचन्द का ऐतिहासिक महत्व जतलाने के लिए अक्सर यह भी कहा जाता है कि उनसे पहले हिन्दी या उर्दू में उपन्यासों और कहानियों की कोई उल्लेखनीय परम्परा नहीं थी, यदि कुछ था तो जासूसी-ऐय्यारी की दास्तानों का सिलसिला। इन बातों में काफी सचाई है और शायद इन पर ज़ोर देने की जरूरत भी है—लेकिन एक हद तक। इनमें से प्रत्येक स्थापना को चुनौती दी जा सकती है। क्योंकि मामला तथ्यों का है और इतिहास इतना बड़ा और समृद्ध है कि विपरीत तथ्य भी खोजने पर मिल ही जाते हैं। उदाहरण के लिए प्रेमचन्द से पहले हिन्दी और उर्दू में जासूसी-ऐय्यारी के अलावा भी नैतिकतावादी सामाजिक उपन्यासों की परंपरा थी। प्रेमचन्द भारत में किसानों के पहले उपन्यासकार न थे। उड़िया में फकीरमोहन सेनापति ने 1897 में किसानों के सवाल को लेकर 'छामाण आठ गुंठ' (छह बीघा ज़मीन) नामक उपन्यास लिखा था—प्रेमाश्रम से पचीस साल पहले, जब प्रेमचन्द ने लिखना भी शुरू नहीं किया था। फिर उन्हें किसानों का कथाकार कहने पर प्रेमचन्द का महत्व एक दृष्टि से घटाने का भी प्रयास होने लगता है, यह कहकर कि उन्हें शहर की और मध्यवर्ग की जानकारी न थी अतः वे समाज के केवल एक अंग के चित्रकार हैं। गरज़ कि इस पूरे ऐतिहासिक प्रयास में खतरे ही ख़तरे हैं और सबसे बड़ा ख़तरा यह है कि साहित्यकार प्रेमचन्द की प्रासंगिकता का प्रश्न एक तरफ़ पड़ा रह जाता है और बहस होने लगती है इस बात पर कि प्रेमचन्द गांधीवादी थे या मार्क्सवादी? गांधीवादी थे तो कितने और कब तक? मार्क्सवादी हुए तो कब और कितनी दूर तक? अथवा उनकी कोई अपनी व्यवस्थित जीवन-दृष्टि थी भी या वे आजीवन किसी न किसी विचारधारा का सहारा ही ढूँढते रहे?

चुनौती, दरअसल, प्रेमचन्द के ऐतिहासिक महत्व को दी भी नहीं जाती। छोटे-मोटे तथ्यों के मतभेद के बावजूद प्रायः प्रेमचन्द के ऐतिहासिक महत्व को स्वीकार किया जाता है। लेकिनवादियों का 'लेकिन' इसके बाद शुरू होता है, जवाब है श्री पूरनचन्द्र जोशी का यह कथन कि जो कल के औपनिवेशिक दासता से ग्रस्त भारत और आज के अर्ध-सामंती अवशेषों तथा नवोदित पूँजीवादी विकास के अन्तर्विरोधों से उद्वेलित भारत के बीच निरंतरता और विच्छिन्नता के द्वन्द्वात्मक सम्बन्ध को समझते हुए आज कर्म और सृजन की अपार सम्भावनाओं को देख रहा

है, वही प्रेमचन्द का सही मूल्यांकन कर सकता है। मुख्य प्रश्न इस व्यापक ऐतिहासिक परिप्रेक्ष्य का है। प्रेमचन्द की विगत महत्ता और वर्तमान अर्थवत्ता की समस्या का सुलझाव इसी परिप्रेक्ष्य में सम्भव है।

किसान समस्या निश्चय ही इसके केन्द्र में है; जिस प्रकार किसानों के बिना औपनिवेशिक दासता से मुक्ति सम्भव न थी, उसी प्रकार आज किसानों के बढ़ते हुए असन्तोष का समुचित समाधान किए बिना स्वाधीन भारत का आर्थिक और सांस्कृतिक विकास भी असम्भव है। प्रेमचन्द ने निश्चय ही किसानों के सवाल की केन्द्रीयता को भलीभाँति समझा था, किन्तु वे केवल किसानों के जीवन के महागाथाकार होकर नहीं रह गए, बल्कि जैसा कि लेनिन ने तोलस्तोय के बारे में कहा है, "गहराई से उद्वेलित सारा जन-समुद्र अपने सभी दुर्बल और सबल पक्षों के साथ उनकी रचनाओं में साकार हो उठा है।" इसीलिए प्रेमचन्द की रचनाओं में गाँव के साथ शहर भी अनिवार्य रूप से खिंचा चला आता है और इस प्रकार गाँव और शहर की गहरी द्वन्द्वात्मकता के साथ संक्रमणकालीन सारा भारतीय समाज जीवंत हो आता है।

प्रेमचन्द आज के कथाकार के लिए 'मॉडल' नहीं हैं—न विषयवस्तु में और न रूपविधान में। प्रेमचन्द आज भी प्रासंगिक हैं, इसलिए कि स्वाधीनता के बाद गाँवों को लेकर जो आँचलिक और ग़ैर-आँचलिक उपन्यास लिखे गए हैं, वे अंशतः उत्कृष्ट होते हुए भी समग्र परिप्रेक्ष्य में अन्ततः 'आँचलिक' ही होकर रह गए हैं और यहाँ प्रेमचन्द प्रेरणादायक तथा मार्गदर्शक हो सकते हैं। इसी में निहित है प्रेमचन्द की विगत महत्ता और वर्तमान अर्थवत्ता।

*(आलोचना, नवांक 51-52, पूर्णांक 88-89, अक्टू. दिस. 1979–
जन. मार्च 1980 का संपादकीय)*

व्याख्यान

भारत के आरम्भिक उपन्यास
देश और उपन्यास का साथ-साथ जन्म

अतीत में इस तरह के अनावश्यक विवाद बहुत उठे हैं कि किस भाषा का कौन-सा उपन्यास भारत का पहला उपन्यास कहा जा सकता है। यह बड़े सन्तोष की बात है कि इस सेमिनार के शीर्षक में 'आरम्भिक उपन्यास' शब्द का बहुवचन में प्रयोग किया गया है। ऐतिहासिक तिथिक्रम से सम्बन्धित बहसें हमें कहीं नहीं ले जातीं। दुनिया के बहुत सारे हिस्सों में, जैसे खुद लातीनी अमरीका में, यूरोप की तुलना में उपन्यास कुछ देर से आया। भारत में भी ऐसा ही हुआ। इस विलम्ब की इतिहाससम्मत व्याख्या ज़रूरी लगती है। लेकिन विलम्ब का मतलब अल्पविकास हो, यह जरूरी नहीं। भूलना न चाहिए कि 'एकांत के सौ वर्ष' जैसा महान उपन्यास एक ऐसी भूमि से आया, जहाँ उपन्यास का आगमन अभी कुछ ही अरसे पहले हुआ है।

यहाँ एक बुनियादी फ़र्क है। लातीनी अमरीका में कहानी कहने की केवल मौखिक परंपरा उपलब्ध थी। भारत में एक लम्बी लिखित परंपरा भी रही है। मैं संस्कृत की तुलना में आख्यान की प्राकृत और पाली परंपराओं पर अधिक ज़ोर देना चाहूँगा। यहाँ तक कि नौवीं सदी में भी जैन आख्यान मिल जाता है। लेकिन नौंवी सदी से उन्नीसवीं सदी तक एक अन्तराल-सा दीखता है। इस अन्तराल के ऐतिहासिक तर्क को समझने के लिए हमें इस दौर की सांस्कृतिक दशाओं पर गौर करना चाहिए और सोचना चाहिए कि इस पूरी सहस्राब्दि में आख्यानपरक रचनाओं का ऐसा अभाव क्यों है।

एक विधा के रूप में उपन्यास की हमारी समझ बुनियादी रूप से एक औपनिवेशिक समझ है। अंग्रेज़ विद्वानों को लगता था कि भारत के उपन्यास पश्चिमी उपन्यासों की सीधी नकल हैं। उन्होंने भारतीय उपन्यास को एक कलमी पौधे की तरह देखा तो हमने भी अपने आरम्भिक उपन्यासों को कुछ क्षमा मांगती नज़रों से ही देखना शुरू किया। रामचन्द्र शुक्ल ने बीच का रास्ता निकाला कि ढाँचा तो आयातित था, लेकिन विषयवस्तु हमारी अपनी थी। उत्तरवर्ती साहित्येतिहासकार

शिशिर कुमार दास ने इस तर्क को यों आगे बढ़ाया कि भारतीय उपन्यास पश्चिमी नमूने और देसी आख्यान परम्पराओं के बीच के तनाव से उपजा है। उपन्यास बुनियादी रूप से एक उपार्जित रूप है, इस धारणा को फिर से जाँचने की ज़रूरत है। हम बंकिमचन्द्र चटर्जी से शुरुआत कर सकते हैं। उन्होंने पहले पहल अंग्रेजी भाषा में एक अंग्रेजी ढंग का उपन्यास लिखा था। लेकिन उनका पहला मौलिक काम 'कपाल कुंडला' है। इसका ढाँचा 'कादम्बरी' के करीब है और इसमें अनुकरणात्मक तत्व बहुत कम हैं। आज तक हमारे कुछ सर्वश्रेष्ठ उपन्यास ऐसे हैं, जिन्हें एकरैखिक नहीं कहा जा सकता। उड़िया में गोपीनाथ मोहन्ती, बंगाली में ताराशंकर बन्दोपाध्याय और हिन्दी में फणीश्वरनाथ रेणु के उपन्यास ऐसे ही हैं। जहाँ तक मलयालम के आरम्भिक उपन्यासों का सवाल है, मुझे लगता है कि इंदुलेखा की तुलना में मार्तण्ड वर्मा पर अधिक ध्यान दिया जाना चाहिए। इंदुलेखा को जो माहात्म्य हासिल है, वो इसीलिए है कि वह उपन्यास के पश्चिमी ढंग के अधिक करीब हैं।

भारत में उपन्यास का जो औपनिवेशिक प्रारूप विकसित हुआ, उसमें ढाँचे पर ज़ोर दिया गया। इस उम्मीद के साथ कि वह यथार्थवादी ढर्रे पर मध्यवर्गीय जीवन को अपनी विषयवस्तु बनाये। लेकिन रूप और अन्तर्वस्तु अनिवार्यतः असम्बद्ध धारणाएँ नहीं है। हेडेन हाइट की 'रूप की अन्तर्वस्तु' की अवधारणा हमारे काम की है। उनकी पुस्तक 'मेटाहिस्ट्री' (पराइतिहास) में एक आँखें खोलने वाली पंक्ति है—'आख्यान विमर्श के रूप मात्र नहीं होते, जिन्हें तरह-तरह की वास्तविक अथवा काल्पनिक अन्तर्वस्तु से सुविधानुसार भरा जा सके। सच तो यह है कि उनके पास पहले से ही एक अन्तर्वस्तु होती है, जिसे बोल कर या लिखकर बाद में मूर्त रूप दिया जा सके।' दूसरे शब्दों में, जिसे हम आख्यान कहते हैं, वह रूपनिर्देशित एक पूर्वनिर्धारित अन्तर्वस्तु के साथ आता है। रूप स्वयं ही अन्तर्वस्तु है। अगर आप उपन्यास को एकरैखिक आख्यान के रूप में लें तो आप पायेंगे कि जीवन के प्रति इसका दृष्टिकोण लगभग वैसा ही है जैसा कि उन्नीसवीं सदी के प्रत्यक्षवादी (पॉजीटिविस्ट) चिंतकों का था। जैसे ही आप किसी ख़ास रूप को मंजूर करते हैं, वैसे ही आप उस रूप में निहित अन्तर्वस्तु के गुलाम बन जाते हैं।

यही कारण है कि हमें आरम्भिक उपन्यासों के स्थापित मान्यताक्रम (कैनन) पर फिर से गौर करना चाहिए और जिन पाठों को हमने 'उपन्यास जैसे नहीं' कहकर खारिज कर दिया था, उनकी पुनर्परीक्षा करनी चाहिए। जिन्हें हम उपन्यास न कह सके उनके पास एक भिन्न अन्तर्वस्तु थी। चूँकि हमने यथार्थवाद को उपन्यास की पहचान मान रखा था, इसलिए अनेक रचनाएँ हमारी दृष्टि से ओझल रहीं। मैं अभी हिन्दी की ही बात करूँगा, लेकिन अन्य भाषाओं में भी मिलते-जुलते उदाहरणों की कोई कमी नहीं है। आचार्य रामचन्द्र शुक्ल ने हिन्दी साहित्य का इतिहास लिखा था,

जो कि आज तक अपने ढंग की सर्वश्रेष्ठ पुस्तक है और आलोचनात्मक साहित्येतिहास लेखन का प्रतिमान भी। यहाँ मैं उनके लेखन की एक विसंगति की ओर संकेत करना चाहता हूँ। उन्होंने लिखा है कि लाला श्रीनिवासदास का 'परीक्षा गुरु' (1885) हिन्दी में लिखा अंग्रेजी ढंग का पहला उपन्यास है। आचार्य ने अपनी अंगुली इसी पुस्तक पर रखी तो इसलिए कि इसमें समकालीन वास्तविकता का यथार्थवादी ढंग से चित्रण किया गया है। इसके ठीक पहले उन्होंने जगमोहन सिंह के 'श्यामा स्वप्न' (1885) की भरपूर सराहना तो की, लेकिन वे इसे उपन्यास का दर्ज़ा न दे सके, क्योंकि उनके लेखे वह उस रूप की विधागत कसौटियों पर खरा नहीं उतरा। 'श्यामा स्वप्न' यथार्थवादी रचना नहीं है। यह कादंबरी शैली में अधिक है, स्वप्नों और फंतासियों से भरा हुआ, किसी प्राचीन रोमांस की तरह।

लेकिन अगर यथार्थवाद को ही उपन्यास की एकमात्र कसौटी मान लिया जाए तो हम 'एकांत के सौ वर्ष' का क्या करेंगे? और कमल कुमार मजूमदार की उस उल्लेखनीय बंगाली रचना 'अन्तर्जलीयात्रा' का क्या होगा? दोनों में यथार्थवाद नहीं है। शुक्ल जी ने 'श्यामा स्वप्न' की भरपूर सराहना की है कि किस तरह यह उन्नीसवीं सदी का पहला हिन्दी आख्यान है, जिसमें मातृभूमि के 'विज़न' और स्वप्न को अचूक ढंग से चित्रित किया गया है। इसकी प्रगीतात्मक भाषा अतीत के महान कवियों की याद दिलाती है। लेकिन फिर भी वे इसे उपन्यास न कह सके।

यूरोप की तुलना में उत्तरी अमरीका में भी उपन्यास का उदय देर से हुआ। इस पर लेसली फिड्लर की टिप्पणी आपके ध्यान में होगी–'देश और उपन्यास साथ-साथ जन्म लेते हैं।' हमें भारतीय सन्दर्भ में इस टिप्पणी की जांच करनी चाहिए, ताकि हम उन कथाओं की पहचान कर सकें जो हमारे देश और इस साहित्यिक विधा की समान जन्मकुंडली की ओर संकेत करती है। इस सिलसिले में हमें 1857 पर ग़ौर करना चाहिए, जो भारत की आज़ादी के लिए लड़े गए पहले महायुद्ध का वर्ष है। भारत में उपन्यास का उदय इस विराट राजनीतिक उथल-पुथल के बाद ही हुआ, यह संयोग मात्र नहीं है।

आज तक अंग्रेजी पढ़े-लिखे बहुतेरे मध्यवर्गीय बुद्धिजीवी 1857 को इस नाम से पुकारना नहीं चाहते। वे अधिक से अधिक 'विद्रोह' या 'बग़ावत' जैसे पद इस्तेमाल करते हैं। 1947 के बाद, जब हमारे आज़ाद देश में अधिकाधिक इतिहास लिखा जा रहा था, इतिहासकार एस.एन.सेन को इस परिघटना का बयान करने के लिए शब्दों की कमी महसूस हो रही थी। उनकी पुस्तक का नाम था–'1857'। न 'विद्रोह' न 'बग़ावत', न 'भारत का पहला स्वीधानता संग्राम'। इस अंतिम पद के साथ हालाँकि सावरकर का नाम जुड़ा हुआ है, लेकिन सबसे पहले यह स्वयं कार्ल मार्क्स द्वारा सुझाया गया था। भारत के वे मार्क्सवादी जो आमतौर पर आर्थिक या

राजनैतिक सैद्धांतिकी के क्षेत्र में किसी मौलिक अवदान के लिए नहीं जाने जाते, 1857 का सन्दर्भ आते ही परम मौलिक हो उठते हैं। उनके लेखे 1857 का उभार राजवंशों के असन्तोष का परिणाम था। जब इस देश के बुद्धिजीवी 1857 के मंतव्य को भी नहीं देख पा रहे, वे इसे भारत का प्रथम स्वाधीनता संग्राम तक नहीं कह पा रहे, तो उनसे उपन्यास की राजनीतिक जड़ों की तलाश की उम्मीद कैसे की जाए? एक देश के रूप में भारत की अवधारणा 1857 से शुरू होती है, भले ही वह उस क्षण एक संप्रभु राज्य न हो सका। और याद रखना होगा कि भारत में उपन्यास इसी अहम तारीख़ के बाद लिखे जाने शुरू हुए।

उत्तरी अमरीका में भले ही ऐसा न हुआ हो, लेकिन एशिया, अफ्रीका और लातीनी अमरीका में तो उपन्यास और देश के सह-उद्भव को साफ़-साफ़ देखा जा सकता है। और आपकी इजाज़त हो तो तो मैं इनमें रूस को भी शामिल करूँगा। दिसम्बरवादी आन्दोलन के अनंतर ही पुश्किन ने 'बेलकिन की कहानियाँ' लिखीं और उसके बाद 'कप्तान की बेटी' उपन्यास। और इसके बाद आया गोगोल का 'ओवरकोट' और लेर्मोन्तोव का 'हमारे समय का नायक'। इसके बाद ही आए तोल्सतॉय, दोस्तोवसकी, तुर्गनेव। देश और उपन्यास ने साथ-साथ जन्म लिया।

वे कौन-से उपन्यास हैं जो हमें एक देश के जन्म के संकेत मुहैय्या कराते हैं? मैं पाता हूँ कि ऐसे बहुतेरे उपन्यासों के केन्द्र में स्त्रियाँ हैं। वो कोई पतिता हो सकती है (जैसे 'उमराव जान' में) या कोई दासी (केवल परदे में छुपी हुई नहीं, बल्कि महलों में क़ैद की हुई भी) या प्रेम में अनुगामिनी की भूमिका निभाती हुई। फ्रेडरिक जेम्सन के मुहावरे में कहें तो हमारे 'राष्ट्रीय रूपकों में अक्सर एक उत्पीड़ित स्त्री नायिका के रूप में प्रकट होती है।' भारत में जब उपन्यास और देश का सह-उद्भव होता है, तो सहसा स्त्री-मुक्ति का प्रश्न केन्द्र में आ जाता है। 'परीक्षा गुरु' जैसी रचनाएँ, जो तद्‌युगीन वास्तविकता का प्रत्यक्ष चित्रण करती हैं, उस युग की सबसे महत्वपूर्ण रचनाएँ नहीं है। सबसे महत्वपूर्ण उस युग के वे पाठ हैं, जिनमें सच्चाई और भ्रम का सहसंचरण होता है, जिनमें वास्तविकता और आकांक्षाएँ घुलमिल जाती हैं, जैसा कभी-कभी सपनों में होता है। ये सबसे अधिक प्रेमकथाओं में दीखता है। वे कल्पना से रची गई कथा सृष्टियाँ हैं, वास्तविकता की कोरी नकल नहीं, न वैसा कोई दूसरा नमूना। हमारे तकनीक केन्द्रित दृष्टिकोण के कारण ऐसी रचनाएँ हमारी दृष्टि से ओझल रही हैं। हम अन्तर्वस्तु के रूप या रूप की अन्तर्वस्तु की बात नहीं करते।

ऐसे उपन्यासों की पहचान और उनकी विकास रेखाओं की खोज हमारी बौद्धिक मुक्ति की प्रक्रिया बन सकती है। आज सन् 2000 में, जिसे कई लोग एक नई सहस्राब्दि का आग़ाज मान रहे हैं, हमें भारतीय उपन्यास के इतिहास पर अपने ही ढंग से विचार करना शुरू करना चाहिए। भारत के आरम्भिक उपन्यासों की चर्चा

करते समय, हमें जिन सवालों का सामना करना है, उनका सम्बन्ध न तिथिक्रम से है न रूपविधान से। असली सवाल है ऐतिहासिक चेतना का। इस सवाल का सामना करना उन विद्वानों के बूते की बात नहीं है, जो अभिलेखागारों से आँकड़े इकट्ठा किया करते हैं। यह उन सच्चे साहित्यालोचकों का काम है, जो इतिहास और सांस्कृतिक उत्पादन के अन्तःक्रिया की थोड़ी साफ अवधारणात्मक समझ रखते हों।

(साहित्य अकादमी द्वारा मार्च, 2000 में केरल विश्वविद्यालय के तुलनात्मक साहित्य केन्द्र के साथ तिरुवनंतपुरम में 'भारत के आरंभिक उपन्यास' विषय पर आयोजित सेमीनार का उद्घाटन भाषण। साहित्य अकादमी द्वारा इसी शीर्षक से प्रकाशित अंग्रेजी पुस्तक में पहली बार प्रकाशित। हिन्दी में पहली बार अनूदित होकर 'अभिनव भारती' के 'उपन्यास और प्रतिरोध' शीर्षक अंक में 'प्रश्नों का पुनर्सूत्रीकरण' शीर्षक से 2008 में प्रकाशित, अनुवाद : आशुतोष कुमार)

उपन्यास और राजनीति

बंकिमचन्द्र (1838-94) भारत के पहले उपन्यासकार हैं और उनका 'आनन्द मठ' (दिसम्बर, 1882) भारत का पहला राजनीतिक उपन्यास। 'आनन्दमठ' की ख्याति 'वन्देमातरम्' (रचना-काल 1876) के कारण है क्योंकि यह गीत उस उपन्यास का मूल सन्देश है। बंकिमचन्द्र की आशा के अनुरूप 'बाद में देश के लोग इस गीत को लेकर उन्मत्त हो उठे।' पहली बार 1896 में कांग्रेस अधिवेशन के अवसर पर कविवर रवीन्द्रनाथ ठाकुर ने मंच से यह गान गाया था। किन्तु 1905 में बंगभंग के विरोध में उठे आन्दोलन के दौरान यह गान बंगाल में जन-जन के कण्ठ से गूँज उठा। इसके बाद तो राष्ट्रीय स्वाधीनता आन्दोलन की प्रगति के साथ सारे भारत ने इसे राष्ट्रगान के रूप में अपना लिया। इस क्रम में देश ने इसमें आवश्यकतानुसार परिवर्तन भी किया। बंकिमचन्द्र ने बंगाल की तत्कालीन जनसंख्या को ध्यान में रखकर मूल गीत में 'सप्तकोटि कण्ठ' और 'द्विसप्तकोटि भुजैः' लिखा था। भारत की जनता ने इसकी जगह पहले तो 'त्रिंशकोटि कण्ठ' और 'द्वित्रिंशकोटि भुजैः' किया, फिर 'कोटि-कोटि कण्ठ' और 'कोटि-कोटि भुजैः' कर लिया। इस प्रकार 1947 में भारत को स्वाधीनता मिलने के समय तक 'वन्देमातरम्' हमारे स्वाधीनता संग्राम का राष्ट्रगान था। 1937 में जब कांग्रेस के नेतृत्व में प्रान्तीय सरकारें बनीं तो उन सरकारों ने भी 'वन्देमातरम्' को अपने राष्ट्रगान की मान्यता दी, निश्चय ही पूरे गीत को नहीं बल्कि आरम्भ के केवल दो छन्दों को। निश्चय का कारण था मुस्लिम समुदाय की आपत्ति। आपत्ति हुई 'वन्देमातरम्' में निहित 'मूर्तिपूजा' के भाव पर। 'वन्देमातरम्' में हिन्दुत्व की गन्ध मिलने की यह पहली मुखर घटना है। उल्लेखनीय है कि मुस्लिम सम्प्रदायवाद के उग्र उभार का भी यही काल है। साम्प्रदायिक विद्वेष की इस अग्नि से 'आनन्दमठ' भी न बच सका। बाज़ार से 'आनन्दमठ' की राशि-राशि प्रतियाँ खरीदकर एक जगह जमा की गईं और उनकी होली जलाई गई। 'आनन्दमठ' के विरुद्ध मुस्लिम-विरोध के इस आरोप ने इतना जोर पकड़ा कि देशभक्ति का मूल स्वर दब गया और आगे चलकर इस दबाव में धर्मनिरपेक्ष लोगों ने भी 'आनन्दमठ' को इस दोष का भागी मानकर उसका तिरस्कार किया। इस प्रतिक्रिया में निश्चय ही कुछ हाथ हिन्दू सम्प्रदायवाद

का भी है, जिसने 'आनन्दमठ' को हिन्दू पाद पादशाही के प्रचार का अस्त्र बनाया। 'आनन्दमठ' की शतवार्षिकी के अवसर पर पश्चिम बंगाल में अभी कुछ समय पहले जो विवाद उठा था, वह इसी राजनीतिक वातावरण की अद्यतन अभिव्यक्ति है। कहना न होगा कि यह विवाद स्वयं 'आनन्दमठ' से अधिक आज की बढ़ती हुई साम्प्रदायिकता पर टिप्पणी है।

इतिहास की कितनी बड़ी विडम्बना है कि जो 'आनन्दमठ' एक युग तक देशभक्ति का बीज-मन्त्र था, वह अन्ततः साम्प्रदायिकता के दलदल में फँस गया। कहते हैं कि एक समय था जब भारत के विप्लवी एक हाथ में गीता और दूसरे हाथ में 'आनन्दमठ' लेकर विप्लव-मन्त्र की दीक्षा लेते थे। इस विप्लवी दल में सिर्फ हिन्दू ही न थे, अनेक मुसलमान भी थे। बहुत सम्भव है कि मुसलमान विप्लवी के एक हाथ में गीता की जगह कुरान रहता रहा हो, लेकिन दूसरे हाथ में तो 'आनन्दमठ' ही होता था। 'आनन्दमठ' से प्रेरणा प्राप्ति करनेवालों में अहिंसात्मक सत्याग्रही भी थे, यद्यपि उसमें 'सन्तान' नामधारी संन्यासियों के सशस्त्र संघर्ष की कहानी कही गई है। स्पष्ट ही सशस्त्र विप्लव के विश्वासी युवकों और अहिंसात्मक सत्याग्रहियों की उभयनिष्ठ भावना एक ही थी—देशभक्ति, और लक्ष्य भी एक ही था—देशमुक्ति! यह भी तथ्य है कि 'आनन्दमठ' में जहाँ-जहाँ तत्कालीन मुसलमान शासकों के विरुद्ध सन्तान दल की कटूक्तियाँ हैं, उन्हें भी स्वाधीनता संग्राम के प्रथम सेनानियों ने अंग्रेज शासकों के विरोध में ही ग्रहण किया और इस प्रकार उन्हें देशभक्ति और देशमुक्ति के मूल सन्देश को ग्रहण करने में कोई भ्रम नहीं हुआ। स्वाधीनता सेनानियों की 'आनन्दमठ' के मूल कथ्य की यह समझ, वस्तुतः, 'आनन्दमठ' के समग्र अर्थ का अभिन्न अंग है और इस रूप में 'आनन्दमठ' के किसी भी मूल्यांकन में इस ऐतिहासिक अर्थ की अवहेलना अवैज्ञानिक है। साहित्य समीक्षा में अब यह स्वीकार किया जा रहा है कि किसी कृति का एकमात्र अर्थ वही नहीं है, जो लेखक का अभिप्रेत रहा है, बल्कि बाद के पाठकों द्वारा गृहीत अर्थ भी उसका अभिन्न अंग है। इस दृष्टि से 'आनन्दमठ' के सौ वर्षों का इतिहास उस पर साम्प्रदायिकता के आरोप के विरुद्ध पर्याप्त पुष्ट प्रमाण है। फिर भी स्वयं 'आनन्दमठ' के पाठ का परीक्षण आवश्यक है।

स्वयं बंकिमचन्द्र की पत्रिका 'बंग दर्शन' में धारावाहिक रूप से प्रकाशित होने के बाद 'आनन्दमठ' का प्रथम पुस्तकाकार प्रकाशन 15 दिसम्बर, 1882 को हुआ। एक वर्ष के अन्दर ही 1883 में दूसरा संशोधित संस्करण निकला, जिसमें काफी जोड़-छोड़ है। तीन वर्षों के अन्तराल पर 1886 में दो संस्करण और हुए। अन्त में 1892 में बंकिमचन्द्र ने पंचम संस्करण प्रकाशित किया जो बाज़ार में सुलभ है तथा अन्य भाषाओं में उसी के अनुवाद भी हुए। इन संस्करणों की तुलना से कुछ महत्वपूर्ण

तथ्य सामने आते हैं। पहली बात तो यह है कि प्रथम संस्करण में निष्ठुरतापूर्वक प्रजा से राजस्व वसूल करनेवाले मोहम्मद रज़ा खाँ के लिए लिखा थाः 'एक तो देशी, दूसरे मुसलमान'। द्वितीय संस्करण में बंकिमचन्द्र ने यह वाक्यांश हटा दिया। स्पष्ट ही मुसलमानों की भावना को ध्यान में रखकर ही ऐसा किया गया होगा।

दूसरी ओर अंग्रेजी सेना और सन्तान दल के संघर्ष से सम्बद्ध दो अध्यायों में प्रथम संस्करण के अन्तर्गत जहाँ-जहाँ 'अंग्रेज़' शब्द आया है, दूसरे संस्करण में उसकी जगह बंकिमचन्द्र ने 'यवन' तथा इसी अर्थ के वाचक ऐसे अन्य शब्द रख दिए जिनसे 'मुसलमान' का भ्रम होता है। किन्तु प्रसंग से स्पष्ट है कि शब्द परिवर्तन के बावजूद ये सभी शब्द वस्तुतः अंग्रेज़ का ही अर्थ द्योतित करते हैं क्योंकि सन्तान दल का संघर्ष तो अंग्रेजों से ही होता है, मुसलमान शासक तो इस प्रसंग में कहीं सामने आते ही नहीं।

आपाततः ये दोनों परिवर्तन परस्पर विरोध प्रतीती होते हैं, किन्तु ध्यान से देखा जाए तो वास्तविक परिवर्तन पहला ही है क्योंकि उस वाक्य से सामान्य मुस्लिम समाज की भावना को ठेस पहुँचने की आशंका थी और बंकिमचन्द्र इस मामले में इतने संवेदनशील थे कि उसे हटा देना ही उन्हें उचित प्रतीत हुआ। दूसरे प्रकार का परिवर्तन निश्चय ही अंग्रेज सरकार के सेंसर से बचने के लिए किया गया था। उपन्यास के आरम्भिक पाठकों की समझ को दाद देना चाहिए कि उन्होंने इन परिवर्तनों में निहित लेखक के अभिप्राय को सहज ही भाँप लिया और इस प्रकार उन्हें साम्प्रदायिक विद्वेष का भ्रम नहीं हुआ।

इस प्रसंग में बंकिमचन्द्र के विशेषज्ञों ने एक और तथ्य का उल्लेख किया है जिसकी चर्चा प्रासंगिक है। बंकिमचन्द्र आरम्भ में नास्तिक थे। उनके 'दुर्गेशनन्दिनी', 'चन्द्रशेखर' आदि आरम्भिक उपन्यासों में अनेक मुसलमान चरित्र अपने उज्ज्वल रूप में चित्रित हुए हैं। 'बंगला इतिहास' शीर्षक प्रबन्ध में उन्होंने पठान शासन की प्रशंसा इस बात के लिए की है कि वह बंगला साहित्य का स्वर्ण युग है और उसमें विद्यापति, चण्डीदास, चैतन्यदेव तथा वैष्णव गोस्वामियों-जैसी महान साहित्यिक विभूतियाँ हुईं। एक अन्य प्रबन्ध 'बंगाल के कृषक' में बंकिमचन्द्र ने हाशिम शेख जैसे कृषक के दुःखों का वर्णन बड़ी मार्मिकता से किया है। किन्तु 1878 के बाद बंकिमचन्द्र में एक परिवर्तन घटित हुआ। वे छह महीने की छुट्टी लेकर काशी, मथुरा, प्रयाग आदि तीर्थों की यात्रा के लिए निकले। वहाँ उन्होंने हिन्दू मन्दिरों पर तुर्कों और मुगलों के अत्याचारों की जो कहानियाँ सुनीं, उनका बंकिमचन्द्र के मन पर कहीं गहरा असर हुआ। इस परिवर्तन का पहला प्रभाव 'राजसिंह' नामक उपन्यास में दिखाई पड़ता है। यहाँ हिन्दुत्व के लिए अतिरिक्त चिन्ता भी है और मुगल शासकों के लिए आक्रोश भी। 'आनन्दमठ' ठीक इसके बाद की रचना है, जिसकी मूल कथा 1771 के संन्यासी

विद्रोह पर आधारित है, किन्तु उसमें प्रसंगवश नवाबी शासन की अराजकता की भी चर्चा आ गई है। इस प्रकार विरोध के मुख्य लक्ष्य तो अंग्रेज शासक ही हैं, किन्तु नवाबी शासन की अराजकता के वर्णन में क्षोभ के कुछ छींटे मुसलमान नवाब के कारण सामान्य मुसलमानों पर भी पड़ गए हैं। ऐसा प्रतीत होता है कि 'आनन्दमठ' के आरम्भिक पाठकों के सम्मुख यह तथ्य जितना स्पष्ट था, बाद के पाठकों के लिए ग़लतफ़हमी का कारण बन गया। फिर भी 1878 के बाद बंकिमचन्द्र की मानसिकता में जो परिवर्तन आया, उसे नजरअन्दाज नहीं किया जा सकता। इस वैचारिक परिवर्तन की दिशा ग़लत थी। इसका प्रभाव उनके सर्जनात्मक साहित्य पर भी पड़ा। विचारों में गलत मोड़ के कारण साहित्य की कलात्मकता को भी क्षति पहुँची। रवीन्द्रनाथ और शरतचन्द्र जैसे बंकिमचन्द्र के प्रशंसकों ने भी दुख के साथ यह स्वीकार किया है कि अपनी साहित्य रचना के परवर्तीकाल में बंकिमचन्द्र प्रचारक बन गए थे।

किन्तु 'आनन्दमठ' में साम्प्रदायिकता के साथ ही अंग्रेज-भक्ति की समस्या भी विचारणीय है। यह तथ्य है कि सरकारी कर्मचारी होने के कारण बंकिमचन्द्र ने अंगेजी सेंसर से बचने के लिए 'आनन्दमठ' के बाद के संस्करणों में अंग्रेजों की प्रशंसा के अनेक वाक्य जोड़े। फिर भी ध्यान देने की बात यह है कि अंग्रेज-विरोध के मूल स्वर को उन्होंने सुरक्षित रखा। इस प्रकार समूची कृति में एक दिलचस्प अन्तर्विरोध दिखाई पड़ता है। इस दृष्टि से उपन्यास के अन्तिम अध्याय में किए गए परिवर्तन सबसे दिलचस्प हैं। अंग्रेजों की प्रशंसा सम्बन्धी जो भी वाक्य बाद के संस्करणों में जोड़े गए हैं वे उस चमत्कारी अति मानवीय महापुरुष के मुख से कहलाए गए हैं, जैसे–

"व्रत सफल हुआ है–तुमने माता का मंगल किया है–अंग्रेजों का राज्य स्थापित किया है।"

"शत्रु कौन है? शत्रु अब कोई नहीं। अंग्रेज मित्र-राजा है। अब अंग्रेजों से युद्ध में विजयी हो, ऐसी शक्ति किसी में नहीं।"

किन्तु इन तमाम बातों के प्रतिवादस्वरूप स्वयं सत्यानन्द के वचन प्रथम संस्करण से अन्त तक अक्षुण्ण रहे। जैसे,

"शत्रुओं के रुधिर से सिक्त कर मैं माता की प्यास बुझाऊँगा।"

"हाय माँ! तुम्हारा उद्धार न कर सका। फिर तुम म्लेच्छों के हाथ पड़ोगी।"

इस प्रकार वे अंग्रेजी सेंसर को चकमा देते हुए भी अपने मूल वक्तव्य को अक्षुण्ण रखने में सफल हुए। आज कोई चाहे तो इसे बंकिम की कायरता कह सकता है, किन्तु लेखक के दुस्साहस और रचनात्मक ईमानदारी का इससे अच्छा प्रमाण दूसरा क्या होगा।

इस प्रसंग में दुखद सिर्फ इतना है कि बंकिमचन्द्र ने 'आनन्दमठ' के अन्त का यह अत्यन्त संकेतपूर्ण अंश बाद के संस्करणों में निकाल दिया : "विष्णुपद मण्डप जनशून्य हुआ। उस समय सहसा उस विष्णु मण्डप में दीप उज्ज्वलतर होकर जल उठा। बुझा नहीं। सत्यानन्द जो आग जला गए, वह सहज ही न बुझी। इसके बाद की कथा बाद में कहूँगा।"

और बाद की वह कथा बंकिम कभी न कह सके। कहते हैं कि वे 'झाँसी की रानी' के बारे में एक उपन्यास लिखना चाहते थे! शायद बाद की कथा यही थी– 'आनन्दमठ' वाले संघर्ष के अगले चरण की कथा। वह कथा वर्षों बाद स्वाधीनता संग्राम की तेजी के दौरान लिखी गई–हिन्दी में। किन्तु क्या यह सच नहीं है कि वह आग तो बंकिमचन्द्र ही जला गए थे–'आनन्दमठ' में!

(आलोचना; जनवरी-मार्च से अप्रैल-जून 1983)

आलेख

'अंग्रेजी ढंग का नावेल' और भारतीय उपन्यास

कैसी विडम्बना है कि उन्नीसवीं शताब्दी में जब अंग्रेजी 'ओरिएंटलिस्ट' कादम्बरी, कथा- सरित्सागर, पंचतन्त्र जैसी भारतीय कथाओं के पीछे पागल थे, स्वयं भारतीय लेखक 'अंग्रेजी ढंग का नावेल' लिखने के लिए व्याकुल थे। ये हैं उपनिवेशवाद के दो चेहरे!

निस्सन्देह कुछ लोग अपनी भाषा में 'अंग्रेजी ढंग का नावेल' लिखने में कुछ-कुछ कामयाब भी हो गए। उदाहरण के लिए लाला श्रीनिवास दास का 'परीक्षागुरु' (1882), जिसे आचार्य रामचन्द्र शुक्ल ने 'हिन्दी में अंग्रेजी ढंग का पहला उपन्यास' माना। लेकिन पूरा-पूरा 'अंग्रेजी ढंग का नावेल' सबसे न बन पड़ा। खासतौर से उनसे जो सर्जनशील रचनाकार थे; जैसे हिन्दी से ही उदाहरण लें तो ठाकुर जगमोहन सिंह, जिनकी कथाकृति 'श्यामास्वप्न' किसी भी तरह 'अंग्रेजी ढंग का नावेल' नहीं है। ऐसे सर्जनशील रचनाकारों के सिरमौर हैं बंकिमचन्द्र, जिन्हें प्रथम भारतीय उपन्यासकार होने का गौरव प्राप्त है।

छब्बीस वर्ष की कच्ची उम्र में बंकिमचन्द्र ने 'दुर्गेशनन्दिनी' (1865) नाम का अपना पहला बंगला उपन्यास प्रकाशित किया और एक साल के बाद 'कपालकुंडला' (1866); फिर तीन साल के अन्तराल के बाद 'मृणालिनी' (1869)। इनमें से एक भी 'अंग्रेजी ढंग का नावेल' नहीं है। जगमोहन सिंह के 'श्यामास्वप्न' के समान ही ये तीनों उपन्यास किसी 'अंग्रेजी ढंग के नावेल' की अपेक्षा संस्कृत की 'कादम्बरी' की याद दिलाते हैं। यह भी एक विडम्बना ही है। एक लेखक कथा की पुरानी परम्परा से मुक्त होकर एकदम आधुनिक ढंग की नई कथाकृति रचना चाहता है और परम्परा है कि उसके सर्जनात्मक अवचेतन का संचालन कर रही है। कम्बल बाबाजी को कैसे छोड़े ! इस तरह बंकिमचन्द्र की रचना प्रक्रिया से गुज़रकर जो चीज़ निकली उसके लिए सही नाम एक ही है–रोमांस !

उपन्यास का अर्थ जिनके लिए 'अंग्रेजी ढंग का नावेल' है–फिर उसकी परिभाषा जो भी हो–, वे इसे बंकिमचन्द्र की विफलता मानेंगे लेकिन मेरी दृष्टि से लेखक की इस विफलता में ही भारतीय उपन्यास की सार्थकता निहित है। भारतीय

उपन्यास के मूलाधार उन्नीसवीं शताब्दी के ये 'रोमांस' ही हैं, न कि तथाकथित अंग्रेजी ढंग के उपन्यास ! उन्नीसवीं शताब्दी के भारतीय मानस का सही प्रतिनिधित्व 'कपालकुंडला' करती है, 'परीक्षागुरु' नहीं। 'परीक्षागुरु' का महत्व अधिक से अधिक ऐतिहासिक है और वह भी सिर्फ हिन्दी के लिए ! जब कि 'कपालकुंडला' अपने जमाने की अत्यधिक लोकप्रिय कृति होने के साथ ही स्थायी कीर्ति की हकदार है। तथाकथित 'अंग्रेजी ढंग के नावेल' का तिरस्कार करके ही बंकिमचन्द्र के रोमांसधर्मी उपन्यासों ने भारतीय राष्ट्र के भारतीय उपन्यास की अपनी पहचान बनाने में पहल की।

अंग्रेजी ढंग के 'नावेल' का तिरस्कार वस्तुतः उपनिवेशवाद का तिरस्कार है। भारत से पहले अंग्रेजी ढंग के 'नावेल' को उत्तरी अमेरिका अस्वीकार कर चुका था। हाथोर्म और मेल्विल ने 'रोमांस' की रचना की थी, किसी अंग्रेजी ढंग के 'नावेल' का अनुकरण नहीं किया। 'स्कार्लेट लेटर' और 'मोबी डिक' ऐसे 'रोमांस' हैं जिन्हें 'राष्ट्रीय रूपक' के रूप में आज भी ग्रहण किया जाता है। अंग्रेजी साम्राज्यवाद से अपने आपको मुक्त कर अमेरिकी प्रतिभा ने आख्यान के रूपबन्ध में भी स्वतन्त्रता प्राप्त की। इस प्रकार उत्तरी अमेरिका में राष्ट्र और उपन्यास का जन्म साथ-साथ हुआ। तब तक के अंग्रेजी 'नावेल' के रूपबन्ध में एक स्वतन्त्र राष्ट्र की उद्दाम आकांक्षाओं का अँटना सम्भव न था। नए राष्ट्र ने एक नितान्त नए उन्मुक्त रूपबन्ध का सृजन किया।

भारत के भाग्य ऐसे न थे। 1857 के प्रथम स्वतन्त्रता संग्राम का अन्त राष्ट्रीय पराजय में हुआ।

किन्तु राष्ट्र की आत्मा ने पराजय स्वीकार न की। कल्पना में स्वतन्त्रता संग्राम गोया अब भी जारी था। कहनेवाले लाख कहें कि ब्रिटिश साम्राज्य में सूर्य नहीं डूबता और इस न्याय से अंग्रेजी ढंग के 'नावेल' को ही आख्यान की सार्वभौम विधा का आदर्श मानते रहें, लेकिन भारत के स्वतन्त्रचेता लेखक ने इसे स्वीकार नहीं किया। उसके लिए तो ''सितारों से आगे जहाँ और भी हैं...तेरे सामने आसमाँ और भी हैं।''

इस जहान और आसमान का ही दूसरा नाम है भारत। स्वतन्त्र राष्ट्र के रूप में भारत। आँखों के सामने रोज़-रोज़ दिखाई पड़नेवाला भारत नहीं। असली भारत। मनोवांछित भारत। कल्पना का भारत। इस भारत का निर्माण ही मुख्य मुद्दा था। निश्चय ही यह एक प्रकार की कल्पसृष्टि है। कल्पसृष्टि कल्प-सृजन से ही सम्भव है। उपन्यास यही कल्प-सृजन है। गल्प से गल्प की सृष्टि। एक गल्प उपन्यास, दूसरा गल्प राष्ट्र। यह दूसरा 'गल्प' गले से जल्दी नहीं उतरता। पर विचार करें तो राष्ट्र भी एक गल्प ही है। कुल मिलाकर राष्ट्र एक प्रतिमा ही तो है। इसके निर्माण में

अतीत की कितनी पुरागाथाएँ, मिथक, किंवदन्तियाँ, लोककथाएँ, स्मृतियाँ, इतिहास-पुराण आदि का योग होता है ? कहना कठिन है कि इसमें कितना वास्तविक है और कितना काल्पनिक। बेनेडिक्ट एंडरसन ने शायद इसीलिए राष्ट्र को 'कल्पित जनसमुदाय' (इमैजिंड कम्युनिटी) कहा है।

आधुनिक युग में इस राष्ट्र नाम के गल्प के निर्माण का सबसे सशक्त माध्यम उपन्यास है : छापकर पढ़ने के लिए तैयार की गई गद्यकथा। छापेखाने के साथ ही उपन्यास अस्तित्व में आया। लगभग समाचारपत्रों के साथ। और यह आकस्मिक नहीं कि अनेक उपन्यास पहले पहल पत्रिकाओं में ही धारावाहिक रूप से प्रकाशित हुए। इन धारावाहिक उपन्यासों के द्वारा धीरे-धीरे पढ़नेवालों का एक सुनिश्चित समुदाय बना। इसे कुछ विद्वान 'प्रिंट कम्युनिटी' कहना पसन्द करते हैं। यह समुदाय वाचिक परम्परा द्वारा निर्मित समुदायों से भिन्न है—अपनी चेतना में भी और अपने ढाँचे में भी। इस प्रकार आधुनिक राष्ट्र को उपन्यासों की 'निर्मिति' कहा जाय तो अतिशयोक्ति न होगी।

इतिहास भी उपन्यास के समान ही एक प्रकार की कल्पसृष्टि है। आख्यान दोनों का आधार है और आख्यान-रचना मूलतः कल्पना का ही व्यापार है। आकस्मिक नहीं कि इतिहास-लेखन और उपन्यास-रचना का आरम्भ लगभग साथ-साथ हुआ—यहाँ तक कि अधिकांश आरम्भिक उपन्यास 'ऐतिहासिक उपन्यास' हैं। बंकिमचन्द्र को इतिहास और उपन्यास की इस सजातीयता का पूरा एहसास था। अपने प्रसिद्ध ऐतिहासिक उपन्यास 'राजसिंह' (1882) के चौथे संस्करण के 'विज्ञापन' में उन्होंने लिखा है : "इतिहास का उद्देश्य कभी-कभी उपन्यास द्वारा सिद्ध हो सकता है। उपन्यास-लेखक सर्वत्र सत्य (तथ्य) की शृंखला में नहीं बँधे होते। इच्छानुसार वे अपनी अभीष्ट-सिद्धि के लिए कल्पना का आश्रय ले लेते हैं। पर सर्वत्र उपन्यास इतिहास के आसन को ग्रहण नहीं कर सकता।"

फिर भी उन्नीसवीं शताब्दी के भारत में राष्ट्र-निर्माण की दिशा में उपन्यास ने जो भूमिका निभाई, उससे इतिहास की तुलना सम्भव नहीं है। इसका मुख्य कारण उपन्यास के रूपबन्ध की सर्जनात्मकता है। जैसा कि रूसी चिन्तक बाख्तीन ने दिखलाया है, उपन्यास अपनी प्रकृति से ही 'संवादधर्मी' है, 'बहुभाषी' है। उपन्यास के ढाँचे में समाज के विभिन्न स्तरों के चरित्र आपस में मिलते हैं और अपनी-अपनी बोली-बानी में एक दूसरे से बात करते हैं—इस प्रक्रिया में उपन्यास का संसार सहज ही एक ऐसे राष्ट्र के रूप में सामने आता है जिसमें सभी सदस्यों की भागीदारी एक समान नागरिक की सी प्रतीत होती है।

इसके अतिरिक्त, किसी राष्ट्र की अपनी पहचान उसकी भाषा है; और कहना न होगा कि गद्य के सबसे लोकप्रिय रूपबन्ध के रूप में उपन्यास ने ही भारत की

आधुनिक भाषाओं को मानक रूप दिया। यह मानकीकरण छपे हुए गद्य के बिना सम्भव ही न था। सन्तों-भक्तों ने आधुनिक भारत की लोकभाषाओं को साहित्यिक रूप में प्रतिष्ठित किया तो उपन्यास ने उन्हें राष्ट्रीय रूप प्रदान किया। इस दृष्टि से हिन्दी भाषी क्षेत्र में उपन्यास की भूमिका विशेष रूप से उल्लेखनीय है। आधुनिक खड़ी बोली हिन्दी का उदय एक ऐतिहासिक घटना है।

उपन्यास ने यदि राष्ट्र का रूप निर्मित किया तो राष्ट्रीय कल्पना ने उपन्यास के रूप-निर्माण में भी नियामक भूमिका अदा की। इस प्रकार राष्ट्र-निर्माण और उपन्यास के बीच द्वन्द्वात्मक सम्बन्ध है। इस द्वन्द्व के ही कारण उन्नीसवीं शताब्दी के अधिकांश भारतीय उपन्यास 'राजनीतिक' हैं। कथानक चाहे ऐतिहासिक हो चाहे सामाजिक अथवा नितान्त निजी प्रेम की कहानी, अन्ततः उनसे कोई न कोई राजनीतिक अर्थ ध्वनित होता है। सम्भवतः इसी बात को लक्षित करते हुए अमेरिका के प्रसिद्ध मार्क्सवादी समालोचक फ्रेडरिक जेम्सन ने भारत-सहित तीसरी दुनिया के सभी देशों के उपन्यासों को 'नेशनल एलिगरी' (राष्ट्रीय रूपक) कहा है।

बंकिमचन्द्र के उपन्यासों के माध्यम से 'राष्ट्रीय रूपक' की परिकल्पना को आसानी से समझा जा सकता है। 'राजसिंह' (1882) के सन्दर्भ में तो बंकिमचन्द्र ने स्पष्ट शब्दों में स्वीकार किया है कि "हिन्दुओं का बाहुबल ही मेरा प्रतिपाद्य है"। कारण यह है कि "अंग्रेज साम्राज्य में हिन्दुओं का बाहुबल लुप्त हो गया है।" इसी प्रकार 'मृणालिनी' (1869) में भी उनका स्वदेश प्रेम स्पष्ट रूप में व्यक्त हुआ है। सिर्फ सत्रह घुड़सवारों को लेकर बख्तियार खिलजी ने बंगाल को जीता था, इस कहानी पर बंकिमचन्द्र को बिल्कुल विश्वास न था। वे बंगाली जाति के शौर्य-वीर्य के प्रति इतने आस्थावान थे कि 'मृणालिनी' के द्वारा वे इस जातीय कलंक को दूर करने में प्रवृत्त हो गए। कहने की आवश्यकता नहीं कि बख्तियार खिलजी की बंगाल-विजय भी एक रूपक ही है। इससे अनायास ही अंग्रेजों की बंगाल-विजय व्यंजित है।

बंकिमचन्द्र इस राष्ट्रीय कलंक से इतने उद्वेलित थे कि अपने पहले उपन्यास 'दुर्गेशनन्दिनी' में भी इसका जिक्र करना न भूले। तीसरे ही अध्याय में वे लिखते हैं : "यह परिच्छेद इतिहास-सम्बन्धी है। पाठकवर्ग बहुत अधीर हों तो इसे छोड़ सकते हैं; किन्तु ग्रन्थकार की यह सलाह है कि अधैर्य अच्छा नहीं। पहले पहल बंगदेश में बख्तियार खिलजी के मुहम्मदीय जयध्वजा फहराने पर मुसलमान बेरोकटोक कई शताब्दी तक उसके राज्य का शासन करते रहे।"

वैसे, 'दुर्गेशनन्दिनी' मुख्यतः 'रोमांस' है जिसके केन्द्र में हिन्दू राजकुमार जगत सिंह और मुस्लिम शाहजादी आयशा की प्रेम कहानी है। यह प्रेम कहानी दुःखान्त है। प्रेम की परिणति विवाह में नहीं होती। फिर भी आयशा का आत्मबलिदान मन

पर अमिट छाप छोड़ जाता है। आयशा के आदर्श प्रेम के सामने राजकुमार का सारा शौर्य-पराक्रम फीका पड़ जाता है। रोमांस में जो एक जीवट या साहस होता है, वह इस प्रेमकथा का अतिरिक्त आकर्षण है। इसमें अद्‌भुत का भी पुट है और रहस्य की भी सृष्टि है। इन सबको आकर्षक रंग देता है बंगाल के प्राकृतिक परिवेश का आँखों-देखा वास्तव-सा चित्रण। क्या यह सब एक रूपक नहीं है?

राष्ट्रीय रूपक का इससे अच्छा उदाहरण है 'कपालकुंडला', शुद्ध रोमांस। दुःखान्त यह भी है। दुर्गेशनन्दिनी की तरह यहाँ भी नायक की एक पूर्वपत्नी है–अधिक ईर्ष्यालु और पतित भी। पृष्ठभूमि है गंगा सागर का वन्य, असाधारण और रोमांचक परिवेश। अन्तिम दृश्य हहराते समुद्र में कपालकुंडला की छलाँग और उसे बचाने के प्रयास में नायक की भी जल-समाधि। लगता है, गोया कपालकुंडला स्वयं ही वह हहराता सागर है। एक हहराते समुद्र सी युवती। पुरुष की काम्या! उस ज्वार में निमज्जित होता पुरुष! क्या यह सब कुछ रूपक नहीं प्रतीत होता है?

यदि रोमांचक 'मोबी डिक' अमेरिका का राष्ट्रीय रूपक हो सकता है तो 'कपालकुंडला' बंगभूमि का रूपक क्यों नहीं ? कुछ समीक्षक तो ऐसे प्रेमकेन्द्रित 'रोमांस' को 'राजनीति का कामशास्त्र' (इरोटिक्स ऑफ़ पालिटिक्स) कहना चाहते हैं।

जो हो, इसमें कोई शक नहीं कि बंकिम के प्रेम-केन्द्रित रोमांस कोरे प्रेम से कुछ अधिक अर्थ व्यंजित करते हैं। प्रेमियों का आत्मबलिदान कहीं राष्ट्रीय आदर्श के लिए आत्मबलिदान का सन्देश देता है तो कहीं प्रेमियों का मिलन-प्रसंग अधिक व्यापक एकता की ओर संकेत करता है।

तात्पर्य यह कि उन्नीसवीं शताब्दी के भारतीय 'रोमांस' लोकरंजन तक ही सीमित न थे, बल्कि उनमें एक राष्ट्रीय भावना भी अन्तर्निहित थी, जिससे समसामयिक पाठक कहीं-न-कहीं परिचित थे। इस प्रकार वे ऊपर-ऊपर से यथार्थ से दूर दिखते हुए भी अपने निहितार्थ में कहीं अधिक वास्तविक थे : सत्य के निकट, सत्य के निदर्शक। काल्पनिक होते हुए भी ये रोमांस यथार्थ में हस्तक्षेप करने में समर्थ थे; बहुत कुछ अनैतिहासिक होते हुए भी इतिहास के निर्माण में प्रयत्नशील थे; और विषयवस्तु में स्पष्टतः राष्ट्रीय न होते हुए अन्तर्वस्तु में राष्ट्रीय रूपक का आभास देते थे।

इनके विपरीत तथाकथित 'अंग्रेजी ढंग के नावेल' चाहे जितने यथार्थवादी दिखाई पड़ें अन्ततः अनुकरणधर्मा थे : रूपबन्ध में एक पराई विधा के अनुकरणकर्ता और अन्तर्वस्तु में प्रदत्त यथार्थ के पीछे चलनेवाले; क्योंकि उनके पास यथार्थ में हस्तक्षेप करनेवाली 'कल्पना' ही नहीं थी। अधिक से अधिक वे पुरानी नीतिकथाओं के समान अन्त में नीरस उपदेश देकर ही सन्तुष्ट हो सकते थे; जैसे कि 'परीक्षागुरु'। औसत अंग्रेजी उपन्यासों की तरह उस जमाने के ज्यादातर भारतीय सामाजिक उपन्यास बहुत कुछ 'घरेलू उपन्यास' बनकर रह गए।

विरोधाभास प्रतीत होते हुए भी यह तथ्य है कि भारतीय उपन्यास में सच्चे यथार्थवाद का विकास इन 'घरेलू उपन्यासों' के द्वारा नहीं, बल्कि बंकिमचन्द्र जैसे 'रोमांसकारों' के उपन्यासों से ही हुआ। वैसे, बंकिम के रोमांसधर्मी उपन्यासों में भी यथार्थ के चित्र कम नहीं हैं। उदाहरण के लिए 'आनन्दमठ' में ही बंगाल के गाँवों की दुर्दशा के चित्र। निश्चय ही शताब्दी का अन्त होते-होते क्रमशः इस यथार्थवाद में व्यापकता भी आई और गहराई भी। फकीर मोहन सेनापति का उड़िया उपन्यास 'छ माण आठ गुंठ' विकास की इस ऐतिहासिक प्रक्रिया की अन्तिम परिणति है और सर्वोत्तम उपलब्धि भी। यह उपन्यास एक प्रकार से प्रेमचन्द के उपन्यासों का पूर्वाभास है। उपनिवेशवादी दौर का वही दलित किसान, जमींदार द्वारा किसान के खेत का हड़प लिया जाना, गाय का छिन जाना, मुकदमेबाजी, कोर्ट-कचहरी, वकील-मजिस्ट्रेट, अंग्रेजी न्याय का नाटक, जेल, क्षुब्ध किसान का हिंसात्मक प्रतिशोध आदि। फिर भी यह किसी अंग्रेजी ढंग का नावेल नहीं है। बंकिमचन्द्र की तरह ही बीच-बीच में संस्कृत के श्लोक, श्लोकों की मनोरंजक व्याख्याएँ, ठेठ भारतीय व्यंग्य, फिर भी आद्यन्त व्याप्त करुणा ! उन्नीसवीं शताब्दी के समूचे भारतीय उपन्यास-साहित्य में 'छ माण आठ गुंठ' अनूठी कृति है, अनुपम और अद्वितीय। उपन्यास के अन्त में विक्षिप्त प्रलाप करते हुए मंगराज का प्राण त्याग अमिट छाप छोड़ जाता है। यथार्थ और फैंटेसी एक साथ। यह उपन्यास भी अन्ततः एक 'राष्ट्रीय रूपक' है। किसी एक व्यक्ति की व्यथा-कथा यह नहीं है, बल्कि जैसे पूरे समूह की, देश की आत्मा की चीत्कार है ! 'छ माण आठ गुंठ' पूरा भारत है!

स्पष्ट है कि उन्नीसवीं शताब्दी के अन्त से पहले ही भारतीय उपन्यास अपनी अस्मिता प्राप्त कर चुका था। उसने इस अस्मिता का निर्माण किया था। इस अस्मिता का निर्माण अंग्रेजी उपनिवेशवाद के विरोध की प्रक्रिया में हुआ था, अंग्रेजी ढंग के 'नावेल' की नकल से नहीं। अंग्रेजी 'नावेल' ने तो भारतीय उपन्यास के विकास-क्रम में उल्टे बाधा ही डाली।

इतिहासाचार्य विश्वनाथ काशीनाथ राजवाड़े ने बहुत पहले अपने 'कादम्बरी' (1902) शीर्षक लेख में चेतावनी दी थी कि केवल अंग्रेजी उपन्यासों—वह भी 'सोसायटी नावेल्स'—का परिचय भारतीय उपन्यासकारों के लिए हानिकर सिद्ध हुआ है। इसके बदले भारतीय उपन्यासकारों का साक्षात्कार यदि उन्नीसवीं शताब्दी में ही रूस के तोल्सतोय और फ्रांस के बालज़ाक जैसे उपन्यासकारों की महान कृतियों से हो गया होता तो भारतीय उपन्यास का नक्शा कुछ और ही होता।

कभी-कभी यह खयाल भी आता है कि यदि सभी भारतीय भाषाओं ने मराठी की तरह 'नावेल' के लिए 'कादम्बरी' संज्ञा स्वीकार कर ली होती तो शायद अपनी जातीय स्मृति अधिक सुरक्षित रहती और अपनी परम्परा का प्रत्यभिज्ञान हमारी

कथात्मक सर्जनात्मकता में कुछ और रंग लाता।

इस धारणा की पुष्टि आचार्य हजारीप्रसाद द्विवेदी के उपन्यास 'बाणभट्ट की आत्मकथा' (1946) से होती है। एक तरह से देखें तो 'बाणभट्ट' की आत्मकथा' भारतीय उपन्यास की भी आत्मकथा है। रूपबन्ध में प्राचीन और नवीन का अद्भुत संयोग। 'कादम्बरी' कथा की तरह आरम्भ में मिस कैथराइन का कथान्तर, लेकिन कथानक का विकास व्योमकेश शास्त्री के शब्दों में 'आजकल की डायरी शैली' में। 'कथालेखक जिस समय कथा लिखना शुरू करता है उस समय उसे समूची घटना ज्ञात नहीं है।' तात्पर्य यह कि 'नैरेटर' भूत-वर्तमान-भविष्य सब कुछ का जानकार सर्वज्ञ नहीं है। 'कादम्बरी' की तरह ही अपनी कथा की अपूर्णता का उल्लेख करके लेखक ने क्या यह संकेत देना चाहा है कि उसकी दृष्टि में उपन्यास ऐसा रूपबन्ध है जो कहीं खत्म नहीं होता और एक जगह समाप्त होने के बाद भी कल्पना के लिए खुला रहता है?

कुल मिलाकर प्राचीनता का आभास देती हुई भी 'बाणभट्ट की आत्मकथा' कितनी नई है—नई और ताज़ा ! किसी कालजयी कृति के लक्षण इसके अलावा और क्या होते हैं?

इसी प्रकार यदि अन्तर्वस्तु पर दृष्टिपात करें तो पूरी कथा 'एलिगरी' (रूपक) है। 'ओरिएंटलिस्ट' कैथराइन अपने 'बाण' को खोजती हुई भारत आती हैं; शोणनद के किनारों की बीहड़ यात्रा करती हैं। हाथ लगती है एक पुरानी पोथी और वे तन्मय होकर नैश जागरण करती हुई उसका हिन्दी अनुवाद करती हैं। कैसी विडम्बना है कि जिस समय भारतीय उपन्यासकार अंग्रेजी 'नावेल' की नकल में विकल थे, एक यूरोपीय महिला भारत की एक अति प्राचीन पोथी में अपने लिए जाने क्या पा जाती है कि उल्था करने में प्राणपण से जुट जाती है। यह किसकी 'आत्मकथा' है ? बाण की? भट्टिनी की? निउनिया की? कैथराइन की या फिर स्वयं 'बाणभट्ट की आत्मकथा' के आपाततः सम्पादक और प्रकाशक व्योमकेश शास्त्री की ? यह व्योमकेश शास्त्री वही हैं जिन्हें आचार्य हजारीप्रसाद द्विवेदी अपना अभिन्न कहते हैं। कैथराइन की डाँट और व्योमकेश पंडित का अनुचिन्तन सुनें तो यह किसी व्यक्ति की कथा नहीं, बल्कि 'आत्मा' की कथा है और आत्मा सार्वभौम है, किसी देश या व्यक्ति तक सीमित नहीं। तात्पर्य यह कि 'बाणभट्ट की आत्मकथा' 'ऑटोबायोग्राफी' के अर्थ में किसी व्यक्ति का आत्मचरित नहीं, बल्कि समूह की अन्तर्कथा है। 'एलिगरी' या रूपक और किसे कहते हैं ? यहाँ व्यक्ति और समूह में कोई अन्तर नहीं; व्यक्ति की कथा ही समूह की कथा बन जाती है। फ्रेडरिक जेम्सन के अनुसार यह 'नेशनल एलिगरी' (राष्ट्रीय रूपक) है और पश्चिमी दुनिया की विकसित पूँजीवादी सभ्यता से भिन्न विकासशील देशों में कथा-सृजन का स्वधर्म !

इस अर्थ में 'बाणभट्ट की आत्मकथा' आधुनिक भारत का 'राष्ट्रीय रूपक' नहीं तो और क्या है ? एक राष्ट्र द्वारा अपनी अस्मिता की खोज और उसका पुनः प्रत्यभिज्ञान ! फिर इतनी आत्मसजगता कि फिर से अपने आपको पहचान लेने के बाद भी मन पूरी तरह आश्वस्त नहीं है। सन्तुष्ट भी नहीं। इस स्वचेतनता का प्रमाण है उपन्यास का यह अन्तिम वाक्य : अन्तरात्मा के अतल गह्वर से कोई चिल्ला उठा, 'फिर क्या मिलना होगा?'

क्या यही प्रश्न आज के भारतीय उपन्यास के भविष्य को लेकर नहीं किया जा सकता?

('साखी', अक्टूबर-दिसम्बर 1992)

भारतीय उपन्यास और प्रेमचन्द

प्रेमचन्द हिन्दी और उर्दू में लिखते हुए भी सच्चे अर्थों में भारतीय साहित्यकार थे। भारतीय उपन्यास में उनका स्थान, उनका योगदान और उनका महत्व—इन विषयों पर विचार करने के लिए आवश्यक है कि हम पहले भारतीय उपन्यास के स्वरूप पर विचार करें। और भारतीय उपन्यास पर विचार करने के लिए जरूरी है कि भारत में उपन्यास के उदय और विकास की रूपरेखा से परिचित हों। हम आप सभी जानते हैं कि भारत में उपन्यास के उदय और विकास पर कोई भी विचार तब तक समीचीन नहीं हो सकता है, जब तक हम 'उपन्यास' शब्द के मूल 'नावेल' के उदय और विकास पर विचार न करें। 'नावेल' नामक रूप विधा की चर्चा करते हुए स्वभावतः हमें केवल अंग्रेजी नहीं, बल्कि सम्पूर्ण योरप में नावेल के उदय और विकास की चर्चा करनी पड़ेगी। इस विषय सूची को देखते हुए आपको लग रहा होगा कि यह काफी बड़ा और पेचीदा विषय है। जाहिर है कि समय की अवधि ही नहीं, बल्कि मेरे जैसे एक साहित्य के विद्यार्थी के लिए भी कठिन ही नहीं, बल्कि असम्भव है, जो न इतनी भाषाएँ जानता है, न इतने साहित्यों का परिचय रखता है। फिर भी उसकी एक झलक आपके सामने भी विचारार्थ प्रस्तुत करने की अनुमति चाहूँगा।

योरप का यह दावा है कि योरप ने कुछ ऐसी विधाएँ दी हैं जो ठेठ योरोपीय सभ्यता और समाज की अपनी सृष्टि हैं और विश्व साहित्य को उसकी अपनी देन हैं। उस प्रसंग में जिन चीजों की गणना योरोप करता है, उनमें एक है ट्रेजेडी और दूसरा है नावेल। अब इससे किसी के स्वाभिमान को ठेस लगे तो लगे लेकिन यह विचार का भी विषय हो सकता है कि योरोप का दावा सही है कि नहीं। ट्रेजेडी और नावेल—ये दोनों शब्द जब योरोप के लोग इस्तेमाल करते हैं तो पारिभाषिक अर्थ में करते हैं। यह उसी तरह की परिभाषिक अवधारणाएं हैं—जैसे भारतीय संस्कृति में 'धर्म' या 'आत्मा'। इनके अनुवाद दूसरी भाषाओं में किए गए हैं। लेकिन हम आप अच्छी तरह जानते हैं कि 'धर्म' की संकल्पना ठेठ प्राचीन भारतीय संस्कृति की अपनी संकल्पना है। 'रेलिजन' या 'मजहब' अनुवाद मात्र हैं, ये शब्द उसके मूल अर्थ को ग्रहण नहीं करते। उसी तरह से आप 'आत्मा' का अनुवाद 'सोल' या रूह भले ही

कर लें, लेकिन 'आत्मा' के पीछे जो पूरा चिन्तन है, वह ठीक-ठीक वही अर्थ नहीं देता है जो 'रूह' में या 'सोल' में है। इस क्रम में हमें योरोप के 'ट्रेजेडी' और 'नावेल'—इन दोनों शब्दों को लेना चाहिए। वैसे स्वयं योरोप में भी 'नावेल' शब्द सभी भाषाओं में प्रचलित नहीं है। ऐंग्लों सेक्शन और ट्यूटानिक भाषाओं में तो 'नावेल' शब्द मिलता है लेकिन उससे इतर भाषाओं में, यानी फ्रेंच में, रूसी में, इटैलियन में और सम्भवतः स्पैनिश में जिस शब्द का प्रयोग किया जाता है, वह 'रोमान' है। इसलिए आज भी रूसी में नावेल नहीं चलता, फ्रेंच में नावेल नहीं चलता, रोमान शब्द चलता है। 'नावेल' और 'रोमान' दोनों एक हैं या अलग हैं? ये दोनों भिन्न शब्द हैं अथवा दो भिन्न संकल्पनाएँ हैं—यह विचार का विषय हो सकता है। इन संकल्पनाओं में केवल रूपगत भेद ही नहीं है बल्कि मूल्यगत भेद भी है। इसलिए इस बात को भी ध्यान में रखना आवश्यक है। यह इसलिए भी आवश्यक है कि भारत में हिन्दी और बंगला के लोग तो नावेल के लिए 'उपन्यास' शब्द का प्रयोग करते हैं। लेकिन अन्य भारतीय भाषाओं में यही शब्द गृहीत नहीं है। उदाहरण के लिए इसे गुजराती में 'नवल कथा', मराठी में 'कादम्बरी' और उर्दू में 'नावेल' कहते हैं—नावेल न कहके 'नाविल' कह लीजिए। इसलिए स्वयं भारत में भी 'नावेल' के लिए अनेक शब्द प्रचलित हैं। ये शब्द केवल एक ही संकल्पना के अनेक नाम हैं अथवा इन नामों में विभिन्न संकल्पनाएं निहित हैं, विभिन्न रूप निहित है—यह भी विचारणीय विषय होना चाहिए।

अंग्रेजी में उपन्यास के उदय और उसके विकास की चर्चा हुई है। सामान्यः नावेल नाम की जिस विधा का दावा योरोप करता है उसका एक ऐतिहासिक और सामाजिक आधार है और दूसरा उसका रूपगत या मूल्यगत आधार है। ऐतिहासिक और सामाजिक आधार यह है कि नावेल योरोपीय सन्दर्भ में नए उभरने वाले मध्यवर्ग का महाकाव्य माना गया है। ये बात हीगेल ने कही है। उसके बाद तमाम आलोचकों ने इसे दुहराया है। चूंकि योरोप में औद्योगीकरण पहले हुआ, पूँजीवाद का उदय पहले हुआ इसलिए उसके साथ पुराने अभिजात्य वर्ग और कुलीनतन्त्र के बाद उस नए वर्ग का उदय भी सबसे पहले वहीं हुआ। जिसे हम सामान्यतः मध्यवर्ग (Middle class) या फ्रांसीसी भाषा में बुर्जुआ कहते हैं। विभिन्न वर्गों के उदय के साथ अनेक रूप विधायें जुड़ी हैं, जिस प्रकार एपीक का सम्बन्ध एक विशेष वर्ग के साथ था, उसी प्रकार गद्य में लिखे जाने वाले कथात्मक प्रबन्ध का उदय मध्यवर्ग के साथ जुड़ा है जिसे नावेल कहा गया। उनका कहना है कि ऐतिहासिक दृष्टि से इस नए वर्ग का जन्म योरोप में पहले हुआ। उस वर्ग की आशाओं, आकांक्षाओं, विचारधाराओं और कलाबोध के रूप में नए कथात्मक गद्यरूप का उदय हुआ, इसलिए नावेल योरोपीय विधा है। दुनिया के अन्य देशों में देर सबेर औद्योगीकरण हुआ, पूँजीवाद का उदय

हुआ और उसके साथ मध्यवर्ग आया। इसलिए दुनिया के दूसरे देशों में, जिनमें भारत भी एक है, जब मध्यवर्ग का उदय हुआ, देर-सबेर उन्होंने योरोप के इस नए रूप को अपना लिया। इसलिए इसका श्रेय योरोप के लोग लेना चाहते हैं।

इतनी दूर तक अगर समाजशास्त्रीय व्याख्या होती तो कठिनाई न थी, किन्तु धीरे-धीरे यह मालूम हुआ कि योरोप में भी नावेल का रूप केवल ऐतिहासिक, सामाजिक वर्ग से बँधे हुए साहित्य रूप की तरह नहीं है, बल्कि उस रूप विधा में एक मूल्यबोध भी है। मूल्यबोध का अर्थ यह हुआ कि जो भी कथात्मक गद्य प्रबन्ध लिखा गया, वह सारा नावेल नहीं है। इसलिए योरोप के लोगों ने और अलग-अलग आलोचकों ने इस पर गहराई से विचार किया और एक मूल्यबोधक संकल्पना के रूप में नावेल को रखा। उन्होंने कहा कि इस तरह के जितने कथात्मक गद्य प्रबन्ध—लिखे गए है, सब नावेल नहीं हैं बल्कि नावेल उसमें से कुछ ही हैं। इस कथन को स्पष्ट करने के लिए मैं कहना चाहता हूँ कि अंग्रेजी के प्रसिद्ध आलोचक डॉ. एफ.आर. लेविस ने 1948 में 'ग्रेट ट्रेडीशन्स' नाम की किताब लिखी। लेविस जिसको इंगलिश नावेल कहते हैं, उस इंगलिश नावेल में उन्होंने केवल 6 लेखकों का नाम लिया। उसमें सबसे पहला नाम जेन आस्टिन और जार्ज इलियट का है। इस क्रम में हेनरी जेम्स और जासेफ फोनरॉड पर सूची समाप्त हो जाती है। जेन आस्टिन से पहले रिचर्डसन और फील्डिंग जैसे बड़े उपन्यासकारों को एफ.आर. लेविस उपन्यासकार नहीं मानते। उनका मानना था कि इन्होंने उपन्यास की पृष्ठभूमि तैयार की थी। सच्चे अर्थों में इंग्लिश नावेल की शुरूआत जेन आस्टिन से होती है। यहाँ तक कि सबसे लोकप्रिय उपन्यासकार चार्ल्स डिकेन्स को लेविस ने यह कहते हुए खारिज कर दिया कि वह एक बड़े मनोरंजनकर्ता (इण्टरटेनर) थे किन्तु उपन्यासकार नहीं। अब आप देखे कि स्वयं इंग्लिश में ही नावेल केवल वर्णनात्मक शब्द नहीं रहा, बल्कि नावेल एक मूल्य बोधक शब्द हो गया। मैं केवल उदाहरण दे रहा हूँ। सारी आलोचनाओं का न मुझे ज्ञान है और न उनके विवरण के द्वारा मैं आपके मस्तिष्क को बोझिल करना चाहता हूँ।

जर्मन भाषा में लिखने वाले जार्ज लुकाच हंगरी में पैदा हुए। 1910-11 के आस-पास उन्होंने 'थ्योरी ऑफ नावेल' नाम की किताब लिखी। जार्ज लुकाच नावेल के रूप विधान और उसके सिद्धान्त पर विचार करने वाले महत्वपूर्ण आलोचकों में हैं। 1910-11 में वे मार्क्सवादी नहीं थे, इसलिए उनकी रचना मार्क्सवाद से पहले की है। लेकिन मार्क्सवादी होने के बाद भी उन्होंने उस स्थापना में कोई परिवर्तन नहीं किया। उन्होंने कहा कि नावेल एक विशेष प्रकार का रूप विधान है, जिसकी आत्मा और निर्धारक तत्व है Probiematic Hero अर्थात समस्याग्रस्त नायक। मैं फिर कहूँगा कि 'हीरो' शब्द का पर्याय हमारा 'नायक' शब्द नहीं है। नायक नायिका के

आँचल से इतना बँधा हुआ है कि आप उसे लाख मुक्त करने की कोशिश करें, लेकिन वह 'हीरो' नहीं हो सकता। 'नायक' से ज्यादा 'हीरो' के करीब आने वाला शब्द 'पुरुष' है। समस्याग्रस्त नायक ऐसा पुरुष है जिसकी अपने समाज से अनबन हो, जिसको पूरा अहसास हो कि उसके आस-पास का पूरा समाज भ्रष्ट है, मूल्यहीन है। ऐसे भ्रष्ट और मूल्यहीन समाज में अपने अकेलेपन के गहरे अहसास के साथ वह वांछित मूल्यों और आदर्शों के लिए छटपटाता रहता है। जिस कृति में यह मिले वह उपन्यास है न मिले वह उपन्यास नहीं है। इस दृष्टि से लुकाच ने स्टेन्डिल, फ्लाबेयर, दोस्त्योवस्की और तोल्सतोय के उपन्यासों को चुना तो दूसरी और बहुत सारे उपन्यास इस कसौटी पर खरे नहीं उतरे।

योरोप में लम्बे कथात्मक प्रबन्ध गद्य में बहुत सारे लिखे गए हैं लेकिन 'नावेल' शब्द सबके लिए उपयुक्त नहीं पाया गया। एक विशेष प्रकार के वैचारिक अभिनिवेश के साथ यह शब्द जुड़ा रहा है। यह सही है या गलत—ये अलग विषय है। आप इस पर विचार कर सकते हैं। 'नावेल' और 'रोमान' शब्द दूर तक मूल्य बोधक और गुणबोधक शब्द रहे हैं, यह वर्णनात्मक नहीं रहा है। हिन्दी के आध्यापकों को खास तौर पर ध्यान देना चाहिए कि रूपगत भेदों पर विचार करते समय वे आम तौर पर इसे वर्णनात्मक मान लेते हैं, मूल्य बोधक नहीं मानते।

हेनरी जेम्स ने तोल्सतोय के 'वार एण्ड पीस' और 'अन्ना केरेनिना' तक को कहा कि यह नावेल नहीं है। ये ऐसा ढीला-ढाला जेली है, जो उपन्यास की विधागत शर्तों को पूरा नहीं करता है। यह कृति महान होगी लेकिन यह नावेल नहीं है। इसलिए आप देखें कि 'उपन्यास' संज्ञा वर्णनात्मक (Formal description) रूपविधा नहीं रहा है। अंग्रेजी शब्द इस्तेमाल करूँ तो ये Juridical रहा है, ये निर्णयगत रहा है। निर्णय का मतलब है मूल्य निर्णय। इस सन्दर्भ में हम योरोप के पूरे विमर्श को ध्यान में रखें। मैंने कहा कि मध्यवर्ग का उदय सबसे पहले योरोप में हुआ था। उस मध्यवर्ग के उदय के साथ उसकी एक जीवन दृष्टि भी विकसित हुई थी। उसकी कुछ ऐसी विचारधारायें थी, जो नई रूपविधा को आकार देने में सहायक हुईं। उनमें से एक व्यक्तिवाद है और दूसरा अनुभववाद है। इसके साथ उपन्यास में कुछ और विशेषताएँ हैं, जैसे जीता जागता इंसान अपने वास्तविक परिवेश के साथ चित्रित किया जाता है, जहाँ परीकथाओं की कपोलकल्पना न हो, केवल रोमांस न हो या जिसे दास्तान या किस्सा कहा है, वह न हो। अंग्रेजी में कहा जाए तो एक 'फॉर्मल रियलिज़्म' के साथ नावेल जुड़ा हुआ है। ध्यान दीजिएगा मैं 'फॉर्मल रियलिज़्म' कह रहा हूँ। इस रूपगत यथार्थ के साथ एक नई विधा का जन्म हुआ था।

इन तमाम बातों की ओर लोगों ने ध्यान आकृष्ट किया, लेकिन इसके साथ एक और बात भी जोड़ी और वो ये कि उपन्यास का गुण, उसका मूल्य और उसकी सारी

विशेषताएँ अन्ततः सत्ता से जुड़ी हुई हैं। यह परिभाषा सत्ता या पॉवर से जुड़े रहने के कारण व्यापक और गहरे अर्थ में राजनीतिक हो जाती है। पश्चिमी देशों में नारीवादी आन्दोलन चला है, इन नारीवादी लोगों ने कहा कि उपन्यास की परिकल्पना के मूल में ही सत्ता को चुनौती देने का आधार था। उपन्यास की परिभाषा में ही लिंग भेद या Gender difference रहा है। इस नए मध्यवर्ग के उदय के साथ सही अर्थों में नारी की स्थिति में बहुत बड़ा परिवर्तन हुआ। योरोप के आरम्भिक उपन्यासों में यह तथ्य दृष्टिगोचर करने योग्य है कि इतिहास में जिस नारी को वाणी नहीं प्राप्त हुई थी, जो मूक थी, मुखर नहीं हुई थी, वह उपन्यास विधा के साथ कर्ता या कर्त्री के रूप में सामने आई है। यह आकस्मिक नहीं है कि आरंभिक अंग्रेजी साहित्य की तीन महान और प्रसिद्ध उपन्यास लेखिकाएँ नारियाँ ही थीं। जेन आस्टिन, ब्रोंके सिस्टर्स और जार्ज इलियट ये तीनों सामान्य लेखिकाएँ ही न थीं। बल्कि निर्विवाद रूप से उच्च कोटि की, क्लासिक की रचना करने वाली महिलाएँ थीं। मदाम स्टील और उनके बाद भी फ्रांस में भी उसकी महिमा है। इसलिए एक तो कर्त्री के रूप में आना महत्वपूर्ण है। इससे बढ़कर नारी इस नई विधा के केन्द्र में थी। हीरो कहने के लिए भले ही पुरुष हो, लेकिन अधिकांश उपन्यास नारी केन्द्रित थे।

बंकिम का बंगला में पहला महत्वपूर्ण उपन्यास 'दुर्गेशनन्दिनी' जब आया तो उसमें स्त्री आयशा इतनी महत्वपूर्ण चरित्र थी कि नायक की अपेक्षा उस आयशा ने लोगों का ध्यान अधिक खींचा। भारत में जो आत्मकथाएँ लिखी गईं, उनमें अधिकांश की लेखिका स्त्रियाँ हैं। हिन्दी में तो नहीं हुआ लेकिन अन्य भारतीय भाषाओं में देखें तो उन्नीसवीं शताब्दी स्त्रियों की लिखी हुई आत्मकथाओं से भरी पड़ी है। बंगला और मराठी दो की जानकारी मुझे है। सम्भव है अन्य भारतीय भाषाओं में भी हो। जिस उर्दू भाषी समाज में पुरुष को बहुत ज्यादा प्रधानता मिली थी और नारी को पर्दे में दबा कर रखा गया था, उसमें पहला महत्वपूर्ण उपन्यास 1899 में रुस्वा का 'उमराव जान अदा' छपा है। यद्यपि उसके पहले सरशार उपन्यास लिख चुके थे। लेकिन नारी की वेदना और पीड़ा का वर्णन सबसे पहले वहाँ शुरू हुआ। उसके बाद उपन्यास एक नया मोड़ लेता है। उर्दू में भी और अन्य भारतीय भाषाओं में भी।

मैं भारतीय उपन्यास की चर्चा उतने विस्तार से न करके केवल यह कहना चाहता हूँ कि उपन्यास का सम्बन्ध योरोप में केवल मध्यवर्ग ही नहीं है, बल्कि उसका गहरा सम्बन्ध उस नई नारी की परिकल्पना के साथ जुड़ा हुआ है, बल्कि यह कहें कि एक नई नारी का आदर्श उपन्यासों के उदय के साथ जुड़ा हुआ है। इस नई नारी का उदय सम्भव ही नहीं था, यदि समाज एरिस्टोक्रेट रहता। अपने साहित्य में स्वकीया की जगह परकीया की बड़ी महिमा है। राधा-कृष्ण के पूरे उपाख्यान में परकीयायें भरी पड़ी हैं। हमारे यहाँ दो स्पष्ट विधान हिन्दुओं में हैं--एक धर्म पत्नी

है बाकी पत्नी हैं। जिसे अंग्रेजी में मिस्ट्रेस कहते हैं हिन्दी में सीधे-सीधे वह रखैल थी। इस पूरे मूल्य विधान को तोड़ कर मध्यवर्ग के उदय के साथ एक नए नारी आदर्श की परिकल्पना हुई जहाँ नारी उस घुटन भरे दायरे से निकल कर अपनी अस्मिता को प्राप्त करने का प्रयास कर रही है। उसका भी स्वतन्त्र अस्तित्व है। यह नया ऐतिहासिक परिवर्तन नए सामाजिक संक्रमण के साथ सम्भव हो सका था। इसका सम्बन्ध भी उपन्यासों के उदय के साथ जोड़ा गया है।

इस पृष्ठ भूमि में हम भारतीय समाज, भारत में उपन्यास के उदय और उन तात्कालिक परिस्थितियों के बारे में विचार करें तो तथ्यों की ओर हमारा ध्यान जा सकता है। यह इसलिए भी जरूरी है कि हम अध्यापकों को भी अक्सर यह समझते हुए कठिनाई होती है कि इस देश में गद्य में भी लम्बे कथा प्रबन्ध लिखने की परम्परा बड़ी पुरानी है। आखिर 'कादम्बरी' बाणभट्ट ने लिखी ही थी। 'दश कुमार चरित्र' यहीं लिखा गया था, 'कथा सरित्सागर' यहाँ पहले मौजूद था। लम्बी जातक कथाओं को कहानी मानें या कहानी चक्र के रूप में लम्बा उपन्यास माने। कथा और आख्यायिकाओं की लम्बी परम्परा इस देश में रही है। उन तमाम चीजों से अलग इस नए रूप विधान के भीतर वह विभाजक रेखा कौन सी है? किनको हम उपन्यास माने किनको न माने? उन्नीसवीं शताब्दी की यह एक बहुत बड़ी समस्या है। समस्या यह भी है कि इसका विकास कब से माना जाए। इस स्वरूप का निर्धारण और विवेचन बहुत गहराई और विचार से किया जाना चाहिए।

मेरी जानकारी में ऐसे नए ढंग से कथा प्रबन्धों की शुरुआत प्रायः नई पत्रकारिता के साथ हुआ। नए पत्र और पत्रिकायें निकलीं, जैसा कि विदेशों में भी हुआ था। धारावाहिक रूप में बहुत से उपन्यास विभिन्न भाषाओं में उन्नीसवीं सदी के मध्य में छपे थे। सम्भव है पहले भी छपे हों। लेकिन लोग कहते हैं कि बंगला में प्यारी मोहन मित्र ने 'आलाल भरे गुलाल' नाम से 1854 में पहला उपन्यास लिखा। यानी 1857 के पहले। सरशार ने 1857 के बहुत बाद 'फसाने आजाद' लिखा। 'फसाने आजाद' भी धारावाहिक रूप से छपा था। आप्टे के ऐतिहासिक उपन्यास भी धारावाहिक रूप से पत्रिकाओं में छपे थे। पत्रिकाओं में धारावाहिक उपन्यासों का प्रकाशन एक नई घटना थी। बाद में वे पुस्तकाकार प्रकाशित हुए। इनके कारण गद्यात्मक कथाओं ने क्या रूप लिया, इस पर भी विचार किया जाना चाहिए। बहरहाल इन तमाम कृतियों के बीच जो उल्लेखनीय तथ्य दिखाई पड़ता है, वह यह कि 1862 में भूदेव मुखोपाध्याय ने 'ऐतिहासिक उपन्यास' नामक एक लेख लिखा। उसमें उपन्यास नाम का पहली बार प्रयोग किया गया। उसके बाद 1902 में जयपुर से हिन्दी की पत्रिका निकलती थी 'समालोचक'। उसमें माधव प्रसाद मिश्र ने एक लेख लिखा 'उपन्यास और समालोचना।' जिसमें उन्होंने बताया कि 'उपन्यास' शब्द बंगला

में पहले प्रयुक्त हुआ और हम 'नावेल' के लिए 'उपन्यास' शब्द हिन्दी में ग्रहण कर रहे हैं। यही नहीं उपन्यास का रूप विधान हिन्दी ने बंगला से लिया है। ये ऐसा कथन है जिसको हिन्दी में आचार्य रामचन्द्र शुक्ल ने भी स्वीकार किया है कि 'उपन्यास' शब्द और उपन्यास का रूप विधान दोनों हिन्दी ने बंगला से लिया। अब इस बात से बहुत से लोगों की नाक नीची होने लगी है। हिन्दी अंधराष्ट्रवाद इतना प्रबल होने लगा है कि लोग अपनी अस्मिता उद्घोषित करने के लिए भारतीय भाषाओं में जो आदान-प्रदान हुआ, उस पर भी पानी फेरने की कोशिश कर रहे हैं। अगर बंगला से 'उपन्यास' शब्द लिया है, रूप विधान लिया है तो इससे नाक नीची नहीं होती। क्या कीजिएगा, अंग्रेजी हुकूमत पहले बंगाल में ही कायम हुई। आपकी राजधानी कलकत्ता थी। अंग्रेजी की शिक्षा वहीं शुरू हुई। पहला विश्वविद्यालय वहीं खुला। ये सारी चीजें हुईं। इस तरह अंग्रेजी पढ़ा-लिखा आधुनिक समाज कायम हुआ और एक नई विधा चली। इससे किसी भाषा की नाक नीची नहीं होती।

भारतीय भाषाओं में लगभग उन्नीसवी शताब्दी के उत्तरार्ध में गद्य में लिखी जाने वाली लम्बी कथाओं की शुरुआत हुई। कुछ नाम सुविधा के लिए लिये जा सकते हैं—बंगला के बंकिमचन्द्र, मराठी के हरिनारायण आप्टे, गुजराती के गोवर्धन राम त्रिपाठी, उर्दू के सरशार। इस तुलना में आप हिन्दी में लाला श्रीनिवासदास ('परीक्षा गुरु' के लेखक) और देवकी नंदन खत्री, (जिन्होंने 'चन्द्रकान्ता सन्तति' लिखी थी) को जोड़ सकते हैं। किशोरी लाल गोस्वामी जिन्होंने करीब हजार उपन्यास लिखे। उनके बारे में शुक्ल जी ने लिखा है कि उपन्यास क्या लिखा उपन्यास का अटाला खड़ा कर दिया है। यह अटाला अट्टालिका नहीं है।

क्या ये सब उसी अर्थ में उपन्यास हैं जिस अर्थ में उपन्यास संज्ञा का योरोप चयन करता है। यहाँ तक कि वह रिचर्डसन, फिल्डिंग टाम गोम्स और हमेला को खारिज करता है। हम लोग अपनी उदारता में उन्नीसवीं शताब्दी की समस्त कृतियों को 'उपन्यास' कहते चले जा रहे हैं। ये कहके हम लोग अपने इतिहास का महिमामंडन किए जा रहे हैं। यद्यपि हम जानते हैं कि इससे बहुत गौरव नहीं बढ़ने वाला। फिर भी योरोप से आप ऐतिहासिक दृष्टि से पीछे हैं। योरोप में उन्नीसवीं शताब्दी में लिखे उपन्यासों से भारत का कोई उपन्यास मुकाबला नहीं कर सकता, क्योंकि उन्नीसवीं शताब्दी के उत्तरार्ध में भले ही विक्टोरियन काल में उपन्यास का थोड़ा ह्रास हुआ हो, लेकिन फिर भी भारतीय उपन्यास उस गरिमा को नहीं छूता। इसका कारण है कि हमारा मध्यवर्ग उतना विकसित नहीं था। मध्यवर्ग उदित भी हो गया हो तो उसकी संस्कृति नहीं बन सकी थी। हमारे समाज में आज भी बीसवीं सदी में भी, अभिजात संस्कृति और पुराने कुलीन तन्त्र की संस्कृति इतनी जबर्दस्त ढंग से जमी है कि 1947-48 में भी गांव लोगों को कहते सुना है कि (यदि कोई

कलकत्ता, बम्बई में जाकर बहुत रुपया कमाकर आए तो लोग कहते हैं) 'नए धनी हैं। ये खानदानी आदमी थोड़े हैं।' ये खानदानी होना और बात है। पैसा होना और बात है। यह बात 1989-90 में भी की जा रही है। कुछ लोग ऐसे हैं जिन्होंने पैसा बहुत कमा लिया है पर उनके पास अपनी संस्कृति नहीं है। संस्कृति-सभ्यता वाली चीज तो जो खानदानी लोग हैं, वहाँ पाई जाती है। अब आप उन्नीसवीं सदी का अन्दाजा लगा सकते हैं। जो सम्यता और संस्कृति नाम की चीज है, जिसे 'अखलाक' कहा जाता है, पैसे से नहीं पाया जा सकता। अखलाक तो खानदानी चीज है। अब एरिस्टोक्रेटिक संस्कृति उन्नीसवीं सदी में कितनी मजबूत रही होगी, इसका अन्दाज लगाया जा सकता है। ऐसी अभिजात संस्कृति के बीच अंग्रेजी पढ़ लिख कर सरकारी नौकरी पा जाने वाले इस नए उभरते वर्ग की सभ्यता-संस्कृति क्या रही होगी? उस पूरे समाज में उसका स्थान क्या रहा होगा? फिर वो नया साहित्य रूप कितना प्रभावशाली रहा होगा? प्राचीन साहित्य रूपों का मुकाबला कर सकेगा? प्राचीन महाकाव्यों या नाटकों का कुछ कर सकेगा कि नहीं?—इसका अन्दाजा आप लगा सकते हैं। इसलिए मध्यवर्ग के साथ अगर यहाँ उपन्यास को जोड़ते हैं तो उसके साथ लगी विचारधाराओं को भी जोड़ना होगा।

उन्नीसवीं सदी में यहाँ किस हद तक उस व्यक्तिवाद का उदय हुआ था? किस हद तक उस अनुभववाद का उदय हुआ था? किस हद तक हमारे यहाँ उस विवेकवाद, बुद्धिवाद का उदय हुआ होगा—जिसके द्वारा वह यथार्थवाद विकसित होता है जिसे हम 'फॉर्मल रियलिज्म' के नाम से जानते हैं? मैं ये खुले हुए प्रश्न आपके सामने छोड़ रहा हूँ, उत्तर देने का प्रयास नहीं कर रहा हूँ। लेकिन प्रश्न जिस रूप में रखे जा रहे हैं, उनमें ठीक उत्तर किस हद तक निहित हैं, ये आप में से अधिकांश लोग स्वयं महसूस कर सकते हैं। मैं पहले भी कह चुका हूँ कि भारत में उपन्यास का उदय इस दृष्टि से तो मध्यवर्ग के उदय से जुड़ा है कि इसके अधिकांश लेखक नई अंग्रेजी शिक्षा प्राप्त पढ़े-लिखे लोग हैं, किन्तु उपन्यास की अन्तर्वस्तु मध्यवर्ग के महाकाव्य के रूप में यहाँ नहीं दिखाई देगी। सरशार का खोजी मध्यवर्गीय बुर्जआ चरित्र है या उसकी जड़ें पुरानी समाज व्यवस्था, पुराने मूल्यों में हैं? स्वयं 'परीक्षा गुरु' का नायक भले ही एक नया वाणिज्य करने वाला आदमी हो, लेकिन उसमें आदि से अन्त तक यही बताया जाता है कि जो पश्चिमी तौर तरीका है या पश्चिम से आई नई-नई चीजों को अपने शौक के लिए खरीद कर रखना बड़ी खराब बात है। जिस तरह से पूरब बनाम पश्चिम में, पश्चिम की आलोचना करने के साथ ही समूची आधुनिकता को चुनौती दी जा रही है और उन पुराने सामन्ती मूल्यों को प्रतिष्ठा दी जा रही है, उस हिसाब से 'परीक्षा गुरु' किसी भी रूप में उस मध्यवर्ग को प्रतिष्ठा प्रदान करने वाला उपन्यास नहीं है। इस दृष्टि से छानबीन की जानी चाहिए कि स्वयं

बंकिम के उपन्यासों में जिन मूल्यों की प्रतिष्ठा की जा रही है, वो सब कितनी दूर तक नए उभरने वाले मध्यवर्गीय मूल्य हैं? किस हद तक वे पुराने सामन्ती मूल्य भले न हों लेकिन उस आभिजात्य परम्परा से हैं? मसलन उनके उपन्यासों से विशेष प्रकार के शौर्य, पराक्रम और प्राणों का बलिदान देने वाली क्षमता दिखाई देती है। किस चीज के लिए बलिदान दिया जा रहा है? इसमें कहीं मीडिवल सिवेलरी जैसे गुण दिखाई पड़ते हैं। कहीं-कहीं नारी की मुक्ति के लिए, नारी के उद्धार के लिए, देश को स्वाधीन करने के लिए भी एक बेचैनी उपन्यासों में दिखाई देती है। लेकिन देश का स्वरूप राष्ट्र का है या कुछ और, उसकी गहराई से छानबीन करने की जरुरत है।

इस प्रकार उन्नीसवी शताब्दी में उपन्यास के नाम पर जो कुछ हमारे यहाँ आया उसमें आप को दास्तान, किस्सागोई, आख्यानक और कथात्मकता आदि ये सारी चीजें मिलेंगी। हो सकता है ये रोमान्स की कोटि में आ जाएँ, लेकिन ठेठ पारिभाषिक अर्थ में ये नावेल बनते हुए दिखाई नहीं पड़ते हैं। इसी अर्थ में मैंने कहा कि भारत में उपन्यास का उदय मध्यवर्ग के महाकाव्य के रूप में नहीं हुआ। क्योंकि भारत में मध्य वर्ग इस लायक नहीं था कि उन्नीसवीं शताब्दी में किसी नई रूप विधा को जन्म दे सके और अपनी संस्कृति का विकास कर सके। भारत में उभरने वाले इस नए मध्यवर्ग की वजह से जो पहला अच्छा और महत्वपूर्ण काम हुआ, वह ये कि रोमेन्टिक मनोवृत्ति का उत्थान हुआ। जिसकी सफल अभिव्यक्ति कविता में हुई है। उन्नीसवीं शती में माइकेल मधुसूदन दत्त और रवीन्द्र नाथ ठाकुर की कविताओं में पहले नवीनता आई।

यह ऐतिहासिक तथ्य है कि आधुनिकता का समावेश, हमारे यहाँ कायदे से गद्य में होना चाहिए था, निबन्धों में आधुनिकता आई है, लेकिन निबन्धों के बाद आधुनिक बोध का समावेश सबसे पहले कविता में हुआ। आपके यहाँ श्रीधर पाठक पहले पैदा हुए। श्रीधर पाठक के समकालीन कथाकारों को देखिए वो कहाँ हैं? यह दुर्भाग्य है कि श्रीधर पाठक जिस समय 'एकान्तवासी योगी' का सर्जनात्मक अनुवाद कर रहे थे, नए ढंग की कविताएँ लिख रहे थे, ठीक उसके समानान्तर किशोरी लाल गोस्वामी कैसा घटिया उपन्यास लिख रहे थे। दूर-दूर तक जिनका आधुनिकता से कोई ताल्लुक नहीं था। हिन्दी के लिए एक बहुत बड़ी कठिनाई यह थी कि आधुनिक काल में खड़ी बोली गद्य में पहले आई। उन्नीसवीं शताब्दी यह बहस करने में लगी रही कि कविता ब्रज भाषा में ही हो सकती है, खड़ी बोली में हो ही नहीं सकती। ये दुविधा स्वयं भारतेन्दु हरिश्चन्द्र से पैदा हुई थी। उन्नीसवीं शताब्दी का हिन्दी का सबसे महान साहित्यकार जिसने हिन्दी साहित्य में आधुनिकता का प्रवर्तन किया—भारतेन्दु हरिश्चन्द्र-उनका उपन्यास न लिखना इस बात का प्रमाण है। क्यों उन्नीसवीं शताब्दी में उपन्यास सम्भव नहीं हो सका? महान साहित्यकार जो कुछ लिखते हैं वो

महत्वपूर्ण होता ही है। महान साहित्यकार जो नहीं लिखते, वह उससे कम महत्वपूर्ण नहीं हुआ करता। भारतेन्दु ने एक उपन्यास शुरू किया था। 'कुछ आप बीती कुछ जग बीती' नाम से और दो पन्ने उसके मिलते हैं। आगे वह पूरा नहीं हो सका। जिस आदमी ने इतने समर्थ नाटक 'अन्धेर नगरी', 'वैदिक हिंसा हिंसा न भवति' लिखे। वह आदमी उपन्यास लिखना शुरू करे और लिख न पाए, ये किसी बात का सूचक है। लेकिन मेरी समझ में उपन्यास न लिखते हुए भी भारतेन्दु उपन्यास की सबसे सटीक और सबसे अच्छी परिभाषा दे रहे थे और वह परिभाषा है 'कुछ आप बीती कुछ जग बीती'। 'आप बीती और जग बीती' यह कहते हुए वे वैयक्तिकता और सामाजिकता दोनों का निर्वाह करने की बात करते हैं। इसमें वे Subjectivity और Objectivity, यथार्थ और कल्पना इन दोनों का समन्वय जिस खूबी से कर ले गए और जिसकी ओर संकेत किया, उपन्यास की इससे सटीक और कोई दूसरी परिभाषा नहीं हो सकती। जो सचमुच नावेल पर घटित होती है, केवल रोमाँस पर नहीं घटित होती। इसलिए हिन्दी की तो कठिनाई मेरी समझ में आती है; लेकिन ये कठिनाई बंगला की नहीं थी, उर्दू की नहीं थी, मराठी की नहीं थी, गुजराती की नहीं थी। जहाँ गद्य और पद्य की एक भाषा थी अलग-अलग भाषाएँ नहीं थी, इसलिए उपन्यास हिन्दी में इतने विलम्ब से विकसित हुआ। इसके अन्य कारणों पर भी विचार किया जाना चाहिए।

मेरा एक ख्याल ये है कि सामन्तवाद हिन्दी भाषा भाषी प्रदेश में इतना मजबूत रहा है और आज भी मजबूत है कि वह सांस्कृतिक दृष्टि से हमारे पिछड़ेपन का प्रत्यक्ष प्रमाण है। यह आकस्मिक नहीं है कि रीतिकाल इतना लम्बा, इतना बड़ा और व्यापक भारत की किसी भाषा में नहीं है। यहाँ ढाई सौ साल तक रीति काव्य की रचना होती रही। इस परिस्थिति को ध्यान में रखें तब आप को हिन्दी में प्रेमचन्द का महत्व समझ में आएगा। जिस प्रदेश में सामन्तवाद इतना मजबूत रहा हो, जिस प्रदेश की भाषा गद्य और पद्य के बीच इतनी खण्डित रही हो, जो साहित्यिक दृष्टि से दो जीभों वाला प्रदेश रहा हो—कविता ब्रज में लिखता रहा हो, गद्य खड़ी बोली में लिखता रहा हो उस प्रदेश में प्रेमचन्द जैसा एक उपन्यासकार अचानक पैदा हो यह अपने आप में चमत्कार है। जब वह चमत्कार घटित हुआ तो अद्‌भुत ढंग से घटित हुआ।

मैंने स्थापना की कि मध्यवर्ग से उपन्यास का उदय नहीं हुआ भले ही हमारे लेखक मध्यवर्ग के रहे हों। मेरी समझ में उपन्यास के उदय और विकास की दो स्थितियाँ हैं—एक रेखीय विकास के रूप में और दूसरा एक से अधिक रूपों में विकसित हुआ। मैंने बहुत पहले कहा था कि भारत में उपन्यास का उदय मध्यवर्ग के महागाथा के रूप में नहीं, बल्कि किसान जीवन की महागाथा के रूप में हुआ। विकास की कड़ी वहाँ से शुरू होती है। विचित्र बात है कि ऐसी भाषा से शुरू होती

है, जो भारतीय भाषाओं में छोटी थी। दबी हुई थी। उन्नीसवीं शताब्दी में अस्मिता के लिए संघर्ष कर रही थी। मेरी दृष्टि से सही अर्थों में पहला भारतीय उपन्यास उड़िया भाषा में लिखा गया। 1897 में उसका प्रकाशन हुआ। लेखक फकीर मोहन सेनापति थे। उसका नाम है–'छह माण आठ गुंठ'। छोटा सा उपन्यास है। फकीर मोहन सेनापति अंग्रेजी पढ़े–लिखे आदमी थे। सरकारी नौकरी करते थे। उनका जीवन विचित्र था। वह अलग कहानी है। बंगला ने उड़िया और असमिया इन दो भाषाओं को इतना दबा रखा था कि वो मानते ही नहीं थे कि उड़िया कोई स्वतन्त्र साहित्यिक भाषा हो सकती है। उड़िया में उपन्यास का उदय उस भाषा में अस्मिता के संघर्ष से और उड़िया जाति की अपनी जातीयता के उदय से जुड़ा हुआ है। उसके साथ ही फकीर मोहन सेनापति ने उपन्यास को वह अन्तर्वस्तु दी जो भारतीय उपन्यास का मूलाधार होने जा रहा था। वह है–एक गरीब किसान के द्वारा जमीन के लिए किये जाने वाले संघर्ष और उस संघर्ष के साथ ही उपनिवेशवादी तन्त्र से भारत की स्वाधीनता। ये दोनों चीजें 'छह माण आठ गुँठ' नाम के उपन्यास में मिलेंगी। फार्म और भाषा दोनों दृष्टियों से, मैं नहीं समझता कि, उस समय का कोई और उपन्यास उसका मुकाबला कर सकता है। इसे विस्तार से कहने की जरूरत नहीं है कि उपन्यास की यह धारा भारतीय उपन्यास को वह रूप देती है, जो योरोपीय नावेल से उसे अलग करती है। भारतीय ही नहीं, बल्कि तीसरी दुनिया के जितने पिछड़े हुए उपनिवेशवाद से ग्रस्त उसके शिकार उपनिवेश थे, चाहे वे लैटिन अमेरिकी देश हों, चाहे अफ्रीकी हों, चाहे एशिया के हों और उसके अन्तर्गत स्वयं भारत हो, उस औपनिवेशिक समाज में उपन्यास राष्ट्रीय मुक्ति के आन्दोलन के प्रवक्ता के रूप में विकसित हुआ। उस राष्ट्रीय मुक्ति आन्दोलन का सम्बन्ध किसानों के संघर्ष से, किसानों की भूमिका से है। उपन्यास ने सही अर्थों में अपनी अस्मिता प्राप्त की। इसलिए भारत में जितने महत्वपूर्ण उपन्यास लिखे गए हैं, कहीं न कहीं उनका मूलाधार और अन्तर्वस्तु वह किसान चेतना है जो एक ओर प्रेमचन्द के प्रेमाश्रम, रंगभूमि, कर्मभूमि और गोदान में है, तो दूसरी ओर वह चेतना विभूतिभूषण बंदोपाध्याय, मानिक बंदोपाध्याय, ताराशंकर बंदोपाध्याय के अधिकांश उपन्यासों में है। वही आगे चलकर हिन्दी में रेणु में, गुजराती में पन्नालाल पटेल में, मराठी में बेंकटेश नागुलकर और उनके समवर्तियों में, मलयालम में तकषी शिवशंकर पिल्लै के उपन्यासों की मुख्य धारा रही है, बल्कि मैं इसे ही भारतीय उपन्यास का मूल स्वरूप मानता हूँ। उसकी अपनी पहचान मानता हूँ।

किन्तु आज मैं एक दूसरी और धारा की ओर इशारा करना चाहता हूँ, जिसकी शुरुआत उन्नीसवीं सदी में ही हो चुकी थी। इसी समाज के अन्तर्गत नए नारी आदर्श और नारी की स्वाधीनता से उपन्यास गहराई से जुड़ा हुआ था। 1897 में यदि उड़िया

का 'छह माण आठ गुंठ' लिखा गया तो 1899 में रुस्वा का 'उमराव जान अदा'' नामक उपन्यास छपा और मेरी समझ में उमराव जान अदा अपने रूप विधान में, अपनी यथार्थवाद चेतना में भी दूसरे तरह के भारतीय उपन्यास का सूत्रपात तो करता ही है। स्वयं अपनी अन्तर्वस्तु में नारी की वेदना, पीड़ा और करुणा के साथ उपन्यास का गहरा सम्बन्ध है। मैं फिर कहूँ कि मध्यवर्ग से इस उपन्यास का कोई लेना देना नहीं है। ये दूसरी बात है कि नारी या तो समाज के हाशिए पर पड़ी हुई थी या आगे चलकर ये स्त्रियाँ स्वयं किसान जीवन में संघर्ष करने वाली रहीं। संयोग से हिन्दी उपन्यास में नारी लगभग हाशिये पर (मार्जिनलाइज्ड) कर दी गई थी। उस हाशिए पर पड़ी हुई नारी को, उसकी स्थिति पहचान कर इस धारा ने उपन्यास के केन्द्र में लाने का प्रयास किया। यह उपन्यास के विकास की दूसरी धारा है। इन्हें आप ठेठ मध्यवर्ग न मानें। इस धारा का विकास आगे चलकर हुआ और उसके सर्वोत्तम और लोकप्रिय कथाकार शरतचन्द्र हैं। आगे चलकर जैनेन्द्र और अज्ञेय के माध्यम से हिन्दी में इसका विकास हुआ। 'शेखर एक जीवनी' का नायक भले ही शेखर हो, लेकिन उपन्यास की स्त्रियाँ जितनी सहानुभूति प्राप्त करती हैं और उपन्यास को मार्मिक और वास्तविक बनाती हैं, स्वयं अहंकारी और विद्रोही शेखर वह सहानुभूति नहीं प्राप्त करता।

हम भारत के अन्य भूभागों में, अन्य भाषाओं गें भी इन दोनों धाराओं के बीच सम्बन्ध देखें। भारतीय उपन्यास को परिभाषित करने के मूल में एक तो वह किसान जो उपेक्षित पीड़ित है, जिसे साहित्य में स्थान ही नहीं मिला था, वह पहली बार नायक बना। हीरो बना। दूसरी ओर वह नारी जो हाशिए पर थी, उपन्यास विधा में समस्त संवेदनाओं का केन्द्र बनी। इन दोनों के साथ भारतीय उपन्यास ने वह रूप प्राप्त किया। इन उपन्यासों में हम भारतीय नारी को पहचान सकते हैं। भारतीय मनुष्य को पहचान सकते हैं। भारतीय मनुष्य और भारतीय नारी के जो रिश्ते हैं, ये कुल मिलाकर उस उपनिवेशी आधिपत्य के ढाँचे में भारतीय समाज की समस्त अच्छाइयों और भारतीय समाज में जो उत्पीड़न और दमन है, उसकी वेदना को किस रूप में समाहित करते हैं? ये सम्बन्ध शायद भारतीय उपन्यास को परिभाषित करने में सहायक हों।

प्रेमचन्द का स्थान शायद इसलिए महत्वपूर्ण है। जैसा मैंने कहा प्रेमचन्द पहले महत्वपूर्ण उपन्यासकार थे, जिन्होंने इन दोनों को एक जगह किया। प्रेमचन्द का पहला महत्वपूर्ण उपन्यास 'सेवासदन' है, जिसने ध्यान आकृष्ट किया। सेवासदन के मूल में नारी है–सुमन। सेवासदन के बाद प्रेमाश्रम, जहाँ किसान मूल में है। गोदान वह उपन्यास है जहाँ गंगा और यमुना जैसी ये दोनों धाराएँ–नारी वाली धारा और किसान वाली धारा, यानी 'सेवासदन' की और 'प्रेमाश्रम' की दोनों धाराएँ–समन्वित

और एकीकृत रूप में एकत्र होती हैं। यद्यपि उसकी शुरूआत 'रंगभूमि' में ही होती है। 'गोदान' में जाकर दोनों एक ही जगह, किसान के घर में, होरी और धनिया के रूप में, गोबर और झुनिया के रूप में दिखाई पड़ते हैं। मध्यवर्ग का चरित्र इतना कमजोर होता है, वह मेहता और मालती के रूप में है, नए मूल्यों की एक पीत छाया मात्र है, जो निरे आदर्शवाद से आतंकित हैं, जो यथार्थ की जमीन को धारण ही नहीं कर पाता है। इन युग्मों के साथ अकेले प्रेमचन्द के हाथों दोनों धाराएँ एकजुट होकर उस बिन्दु पर पहुँचती हैं, जहाँ भारतीय उपन्यास पैदा होने के साथ ही सहसा वयस्क होता है। यह वयस्कता इसलिए उल्लेखनीय है क्योंकि इसी तरह का प्रयास ऐसे ही पिछड़े हुए देश में एक दूसरे साहित्यकार कथाकार के हाथों हुआ था, जिन्हें हम लेव तोलस्तोय के रूप में जानते हैं। जिसने 'अन्ना करेनिना' और 'युद्ध और शान्ति' इन दोनों उपन्यासों के द्वारा उस किसान चेतना और साथ ही उस दुविधाग्रस्त नारी, इन दोनों को अपने उपन्यासों में चरितार्थ किया। अर्थात यह विडम्बना ही है कि भले ही पश्चिमी यूरोप ने उपन्यासों को पैदा किया हो, लेकिन इस उपन्यास का सर्वोत्तम विकास उन जगहों में हुआ जो पश्चिमी यूरोप की सभ्यता से बाहर थे। रूस यूरोप में होते हुए भी हाशिए पर था और भारत तो स्वयं उसके बाहर है ही। इसीलिए बीसवीं शताब्दी का उत्तरार्ध ऐसे उपन्यासों का आभास देता है। गैब्रियल गार्सिया मार्केज ऐसे ही लैटिन अमेरिकी उपन्यासकार हैं जिनको नोबेल पुरस्कार मिला है। इसलिए जरूरी नहीं कि कोई विधा जहाँ जन्म ले वहीं पूर्ण विकास प्राप्त करे—'मणि मानिक मुकता छबि ऐसी, उपजहिं अनत अनत छवि लहहीं।' उपन्यास पैदा जरूर पश्चिमी यूरोप में हुआ, लेकिन वह आज इतने वर्षों के बाद बीसवीं शदी के उत्तरार्ध में उन जगहों पर वह छवि प्राप्त कर रहा है, जो उस दायरे से बाहर थे।

(15 अप्रैल 1990 को प्रेमचन्द साहित्य संस्थान के एक आयोजन में दिया गया व्याख्यान, संस्थान की स्मारिका 'कर्मभूमि' में 1994 में 'प्रेमचन्द और भारतीय उपन्यास' शीर्षक से प्रकाशित)

आलेख

प्रेमचन्द और भारतीय कथा साहित्य में भारतीयता की समस्या

सवाल यह है कि एक भारतीय लेखक के लिए भारतीयता आज समस्या क्यों है ? कहीं यह हमारे मध्यवर्गीय अपराधबोध का प्रक्षेपण तो नहीं ? भारतीयता की समस्या को लेकर सबसे ज्यादा परेशान वही लेखक दिखते हैं जो इस अपराधबोध से सबसे ज्यादा ग्रस्त हैं। शायद मूल पाप वह है जब भारत ने पहले पहल पश्चिम के ज्ञान का फल चखा। भारत को एकाएक यह एहसास हुआ कि वह पूर्व है पश्चिम से भिन्न; और एक भारतीय को पहली बार यह महसूस करना पड़ा कि उसे वस्तुतः भारतीय होना है। भारतीयता अचानक एक समस्या हो गई। अब सहज रूप से भारतीय होना सम्भव न रहा। एक जमाना था जब हर कलाकार को सहज रूप से भारतीय होने की स्वतन्त्रता थी। रवीन्द्रनाथ ठाकुर ने यह कहा था तो वह अतीत की एक मधुर स्मृति होने के साथ ही वर्तमान की कटु अनुभूति भी थी।

इतिहास की यह भी एक विडम्बना ही है कि जिस पश्चिम ने पुरातन भारत को मारकर उसे दफन किया उसी ने बाद में अस्थि-पंजर की खुदाई करके इतिहास से परिचित कराने का दम भी भरा। समस्यामूलक भारतीयता, वस्तुतः, इसी उपनिवेशवाद की सन्तान है और इसी कारण मूलतः उपनिवेशवादी विचारप्रणाली का एक अंग भी—एक ऐसी मिथ्या चेतना जिसकी अभिव्यक्ति बंकिमचन्द्र से अब तक अनेक रूपों में हुई है। पश्चिम के द्वारा भारत जैसे भारतीय होने के लिए अभिशप्त था। पश्चिम की चुनौती के सम्मुख भारतीय होने का हर सम्भव प्रयत्न एक प्रकार की मिथ्या चेतना बनता गया; क्योंकि भारतीय होने की हर अदा पश्चिम द्वारा निर्धारित थी। स्वर्णिम अतीत का गौरवबोध हो या फिर भविष्य में उस अतीत के प्रत्यावर्तन की आशा, पश्चिम के भौतिकवाद के विरुद्ध भारत के अध्यात्मवाद का औचित्य स्थापन हो या पाश्चात्य परिवर्तनशीलता के विपरीत अपनी स्थिरता का आत्मतोष—भारतीय मनीषा द्वारा निर्मित सारे सुरक्षा कवच, वस्तुनिष्ठ रूप से उपनिवेशवादी विचारप्रणाली के ही अस्त्र साबित हुए। विडम्बना यह है कि जातीय अस्मिता के ये सारे प्रयत्न

आत्मोपार्जित प्रतीत होते थे जबकि सचमुच वे पश्चिम प्रदत्त थे। दृष्टि इस बात की ओर नहीं गई कि स्वयं पश्चिम और पूर्व की इस द्वैधता में ही मिथ्या चेतना अन्तर्निहित है।

इस दौर के अनेक लेखकों की तरह प्रेमचन्द भी इतिहास के इस चक्र में बँधे थे और अपने रचनाकर्म के आरम्भिक दौर में काफी दिनों तक उन्होंने भी इसी ऐतिहासिक सीमा में भारतीय अस्मिता की खोज की। किन्तु प्रेमचन्द की विशिष्टता यह है कि वे बहुत जल्द ही इस प्रदत्त भारतीयता की सीमा से मुक्त होने में समर्थ हो सके। शायद इसलिए कि पश्चिम के ज्ञान का फल उन्होंने कम ही चखा था; किन्तु इससे भी ज्यादा इसलिए कि जनजीवन में उनकी जड़ें ज्यादा गहरी थीं। उनकी रचनाओं में इस बात के पर्याप्त संकेत मिलते हैं कि 1918 के आसपास प्रेमचन्द के दृष्टिकोण में गहरा परिवर्तन आया। यह वही समय है जब गांधी जी भारतीय राजनीति में आए और रूस में पहली समाजवादी क्रान्ति हुई। प्रेमचन्द ने 1918 में 'स्वदेश' के प्रवेशांक के सम्पादकीय में लिखा : 'हिन्दुस्तान का उद्धार हिन्दुस्तान की जनता पर निर्भर है।' फिर 1919 में जमाना में 'पुराना जमाना : नया जमाना' शीर्षक लेख में घोषित किया कि आनेवाला जमाना अब किसानों और मजदूरों का है। इसी विश्वास के साथ प्रेमचन्द ने 'प्रेमाश्रम' उपन्यास की रचना शुरू की जो औपनिवेशिक शासन के विरुद्ध भारतीय किसान के संघर्ष का पहला विराट् प्रयास है। औपनिवेशिक प्रश्न तत्वतः किसान प्रश्न है और औपनिवेशिक दासता के सभी रूपों से किसान की मुक्ति में ही भारत की मुक्ति है, यह बोध राष्ट्रीय चेतना में एक गुणात्मक छलाँग का संकेत है। प्रेमचन्द का सम्पूर्ण प्रौढ़ लेखन इसी बोध का सर्जनात्मक विकास है, जिसकी मुख्य उपलब्धियाँ 'रंगभूमि' (1925) और 'गोदान' (1936) है। प्रेमचन्द की इसी चेतना और सर्जना में उनकी भारतीयता की परिकल्पना विकसित हुई है। इस उपक्रम में प्रेमचन्द ने भारतीयता की उस मिथ्या चेतना को भी तोड़ने का प्रयास किया, जिसका निर्माण उपनिवेशवादी विचारप्रणाली के अस्त्र के रूप में हुआ था।

प्रेमचन्द के विद्रोही किसान चरित्र भारतीयता के नाम पर प्रचलित उस भाग्यवाद को चुनौती देते हैं जिसके अनुसार यह माना जाता है कि भारतीय साहित्य में वह वस्तु एकदम नहीं मिलेगी जिसे पश्चिम के साहित्य में समाज के प्रति विद्रोह भावना कहा जाता है। इस धारणा की पुष्टि के लिए कहा जाता है कि वस्तुतः प्राचीन हिन्दू कवि इस जगत् के समस्त विधान को सामंजस्यपूर्ण और उचित मानता था। धनी या निर्धन होना पुराने पुण्य या पाप का परिणाम है, अच्छे या बुरे कुल में जन्म लेना सुकृत या दुष्कृत का फल है, इसमें कहीं विरोध या विद्रोह की जरूरत ही नहीं है। साहित्य में इसीलिए विद्रोह नामक वस्तु का यहाँ एकदम अभाव है। उल्लेखनीय है कि इस तरह की बात उन्नीसवीं सदी के ब्रिटिश प्राच्यविद्याविद् ही नहीं कहते, बल्कि बीसवीं

सदी के आल्बेयर कामू जैसे विद्रोही और वी.एस. नायपाल जैसे उपनिवेशवाद के भुक्तभोगी लेखक भी कहते हैं। भारतीय निष्क्रियता का मिथक इतनी बार और इतने मोहक शब्दों में दोहराया गया है कि बहुत से भारतीय लेखक भी इसे अपने जातीय गौरव नहीं तो जातीय स्वभाव के रूप में स्वीकार करते दिखाई पड़ते हैं। जो अतीतजीवी हैं अथवा जो भारतीयता की खोज कालजयी ग्रन्थों में करने के अभ्यस्त हैं, वे इस भ्रान्ति के शिकार सहज ही हो सकते हैं, किन्तु जो प्रेमचन्द के समान भारतीयता को कोई शाश्वत या कालातीत तत्व नहीं मानते और जो उसे पुस्तकों की अपेक्षा जीवन और यथार्थ में देखने के लिए प्रयत्नशील हैं, वे भारतीयता के इस मिथक के विरुद्ध विद्रोह किए बिना नहीं रह सकते।

विचित्र विडम्बना है कि कुछ लेखकों ने स्वयं प्रेमचन्द को भी इस भारतीय निष्क्रियता का विश्वासी बतलाया है और इसके लिए उनकी यथार्थवादी दृष्टि की सराहना भी की है। इस प्रसंग में प्रायः गोदान के नायक होरी की मिसाल दी जाती है। होरी की कोई महत्वाकांक्षा नहीं है, वह अल्पसन्तोषी है, थपेड़े पर थपेड़े आते हैं, पर वह एक ऐसे वृक्ष की तरह है जो हवा के थपेड़ों से कभी झुकता है, कभी सिर उठाता है, लेकिन अपनी जमीन नहीं छोड़ता। होरी में स्थिरता है किन्तु विरोध या विद्रोह का एक कण भी नहीं। किन्तु क्या होरी की यह निष्क्रियता ही गोदान का कथ्य है ? पत्नी धनिया और पुत्र गोबर के बार-बार फूट पड़नेवाले विद्रोह के बीच भी होरी की समझौतापरस्ती क्या अन्ततः पाठक-हृदय में विस्फोट पैदा नहीं करती? प्रेमचन्द की इस यथार्थवादी कला में होरी भारतीय किसान की एक प्रतिमा ही नहीं, बल्कि दर्पण भी है जो भारतीय किसान को उसकी निष्क्रियता की त्रासदी का अभाव प्रतिबिम्बित दिखाकर विद्रोह के लिए ललकारता है।

इसी प्रकार रंगभूमि के सूरदास के चरित्र के आधार पर प्रेमचन्द की भारतीयता को विकृत रूप में उपस्थित करने की कोशिश की गई है। एक व्याख्या तो यह है कि सूरदास द्वारा फैक्टरी-निर्माण का विरोध औद्योगीकरण के विरुद्ध प्राचीन ग्रामीण अर्थव्यवस्था की हिमायत है। इस व्याख्या के अनुसार 'रंगभूमि' तत्वतः गांधीजी के 'हिन्द स्वराज' का कथात्मक रूपान्तर है। किन्तु यहाँ महत्वपूर्ण प्रेमचन्द का मनोगत अभिप्राय नहीं, बल्कि 'रंगभूमि' द्वारा प्रस्तुत यथार्थ है जो अन्ततः लेखक के मनोगत अभिप्राय पर विजयी होता है। होता यह है कि सूरदास के प्रतिरोध के बावजूद उसकी जमीन छिन जाती है, फैक्टरी खुल जाती है, सूरदास हार जाता है और अन्त में मर भी जाता है। औद्योगीकरण की ऐतिहासिक गति के सम्मुख प्राचीन ग्रामीण व्यवस्था का पूर्वाग्रह पराजित होता है। किन्तु 'रंगभूमि' सामन्तवाद से पूँजीवाद में संक्रमण की कथा नहीं, बल्कि औपनिवेशिक दमन की त्रासदी है, जिसमें पाँच बीघे जमीन के मालिक सूरदास का हीरोइक विरोध अपने पूरे गौरव के साथ प्रकट होता है। 'रंगभूमि'

भारतीयता की ऐसी तेजस्वी प्रतिमा प्रस्तुत करता है जिसमें शारीरिक दुर्बलता के बीच भी अलौकिक बल है, परहित के लिए आत्मत्याग की भावना है, निष्काम संघर्ष की नैतिकता है, और है भारतीय किसान की आश्चर्यजनक दृढ़ता। वैसे, कुछ लोगों ने 'रंगभूमि' नाम के आधार पर लीलाभाव अथवा क्रीड़ाभाव को भी प्रेमचन्द की भारतीयता सम्बन्धी परिकल्पना के रूप में रखना चाहा है। यदि भिखारी सूर में हिन्दी के मध्ययुगीन सन्तों का अक्खड़पन और फक्कड़पन दिखाई पड़ता है तो इसका अर्थ यह है कि प्रेमचन्द की रचना में हमारे साहित्य की परम्परा झंकृत हुई है, जिसे उन्होंने साधारण जनता के जीवन में गूँजते हुए पकड़ा था। किन्तु क्रीड़ा भाव का अर्थ यदि समूचे जीवन-संघर्ष को नाटक के एक रंगमंच के रूप में बदल देने का है तो प्रतिवाद स्वरूप कहना ही पड़ेगा कि यह वह गम्भीर खेल है जिसमें नायक अपनी जान की बाजी लगा देता है।

राष्ट्रीय मुक्ति आन्दोलन के दौर में जहाँ अनेक लेखक समर से भागकर किसी अमूर्त भारतीयता में शरण ढूँढ़ रहे थे, प्रेमचन्द ने स्वयं जीवन्त इतिहास के अन्दर उस जुझारू भारतीयता को पहचानने का प्रयास किया और इस प्रयास में इस सत्य का उद्घाटन किया कि भारतीयता भारत की वास्तविक चेतना ही नहीं, बल्कि एक सम्भाव्य चेतना है। कहने की आवश्यकता नहीं कि सम्भाव्य चेतना आदर्श चेतना नहीं है। इसी चेतना ने प्रेमचन्द को अतिरंजित आत्मगौरव और आत्मदया–दोनों ही प्रकार की दुर्बलताओं से उबारकर अन्ततः अपने आपको–वास्तविकता को सहज सीधे और निर्निमेष रूप में देखने की यथार्थ दृष्टि दी जो वी.एस. नायपाल के अनुसार केवल गांधी में थी क्योंकि वे कम-से-कम भारतीय थे और नेहरू में न थी क्योंकि वे अपेक्षया अधिक भारतीय थे। स्वयं प्रेमचन्द नायपाल के शब्दों में अदना किस्सागो थे जो ज्यादातर विधवाओं और बहुओं की अवस्था जैसी सामाजिक समस्याओं से ग्रस्त रहे। स्पष्ट है कि इन पंक्तियों का लेखक कफन, पूस की रात, सद्गति, ठाकुर का कुआँ जैसी कहानियों के लेखक को नहीं जानता और शायद जानना भी नहीं चाहता। फिर भी दम्भ यह है कि वास्तविक भारत को एक पश्चिमी दृष्टि ही देख सकती है। यथार्थवादी प्रेमचन्द ने भारतीय दृष्टि के बारे में इस पश्चिमी मिथक को भी तोड़ा कि वह अपने-आप को–अपनी वास्तविकता को सीधे-सीधे देख ही नहीं सकती।

किन्तु प्रेमचन्द ने अपनी भारतीयता प्रमाणित करने के लिए अपने रचना संसार को ठेठ भारतीय उपकरणों से सुसज्जित नहीं किया, जैसा कि बाद के कुछ आंचलिक उपन्यासकारों और कहानीकारों ने सायास किया है। इस सन्दर्भ में अर्जेंटीनी लेखक होर्खेस लुइस बोर्खेस का यह कथन काफी प्रासंगिक है–"*कुछ दिन पहले मेरे सम्मुख इस तथ्य की विचित्र ढंग से पुष्टि हुई कि जो सचमुच देशी है वह स्थानीय रंगत को*

छोड़ सकता है और छोड़ देता है। यह पुष्टि 'गिबन' के 'रोमन साम्राज्य के ह्रास और पतन' में हुई। गिबन का कहना है कि सर्वश्रेष्ठ अरब ग्रन्थ 'कुरान' में ऊँट नहीं है। मेरा विश्वास है कि यदि कुरान की प्रामाणिकता को लेकर कहीं कोई सन्देह है तो ऊँटों की यह अनुपस्थिति उसे एक अरब ग्रन्थ प्रमाणित करने के लिए काफी है। इसे मोहम्मद ने लिखा था और अरब होने के नाते मोहम्मद को यह जानने की जरूरत न थी कि ऊँट विशेष रूप से अरब हैं। उनके लिए वे 'वास्तविकता' के एक अंग थे और उन्हें ऊँटों पर जोर देने की जरूरत न थी। दूसरी ओर कोई जालसाज, टूरिस्ट, या अरब राष्ट्रवादी पहला काम यह करेगा कि हर पन्ने पर ऊँटों का कारवाँ, उनका हुजूम खड़ा कर देगा। लेकिन एक अरब होने के नाते मोहम्मद इस ओर से बेफिक्र थे; उन्हें पता था कि वे ऊँटों के बिना भी अरब हो सकते हैं।" बोर्खेस का यह उदाहरण देते हुए कुछ समय पहले *संस्कार* के लेखक कन्नड़ के उपन्यासकार यू.आर. अनन्तमूर्ति ने एक भारतीय लेखक की अस्मिता की खोज का प्रश्न उठाया था। अनन्तमूर्ति का 'संस्कार' हिन्दी के बहुत सारे आंचलिक उपन्यासों से स्थानीय रंगत के मोहक चित्रों के कम होते हुए भी अपनी चेतना में कहीं अधिक भारतीय है। स्पष्ट है कि भारतीयता आंचलिकता नहीं है। आज जब बहुत से हिन्दी लेखक प्रेमचन्द में स्थानीय रंगत की कमी की शिकायत करते हैं तो प्रेमचन्द की सच्ची भारतीयता और अधिक निखर उठती है। दरअसल जब चेतना के स्तर पर भारतीयता नहीं होती तो वह कमी भारतीय उपकरणों से पूरी करने की कोशिश की जाती है। कहना न होगा कि आज यह छद्म भारतीयता हमारे साहित्य में ज्यादा दिखाई पड़ रही है—शायद इसलिए कि आज इसका निर्यात मूल्य है। क्या यह भी एक प्रकार की मिथ्या चेतना नहीं है जिसका सम्बन्ध नव-उपनिवेशवादी विचार प्रणाली से है।

प्रेमचन्द का निर्यात-मूल्य, निश्चय ही, इतना अधिक नहीं है। इसके मूल कारण में न जाकर कुछ हिन्दी लेखकों ने यह शिकायत की है कि उन्होंने भारतीय अन्तर्वस्तु के अनुरूप अपने उपन्यासों के रूप को भारतीय बनाने की सर्जनात्मक चुनौती स्वीकार नहीं की। गरज कि उन्नीसवीं सदी के पश्चिमी उपन्यास का रूप अपनाने के कारण ही प्रेमचन्द पश्चिमी पाठकों की दिलचस्पी खो बैठे हैं। इस प्रकार भारतीय अन्तर्वस्तु और पाश्चात्य रूपविधान के अनमेल विवाह के कारण ही प्रेमचन्द के उपन्यास अनुवाद के लायक नहीं पाए जाते और यदि किसी तरह एकाध उपन्यास का अनुवाद हो भी गया तो वे पढ़ने के लायक नहीं पाए जाते। साहित्य में भारतीय उपन्यास, भारतीय रूप और भारतीय विधा की प्रकृति का प्रश्न निश्चय ही काफी गम्भीर है, जो स्वतन्त्र चर्चा का विषय है। प्रसंगवश यहाँ मैं अपनी बात केवल एक प्रमेय के रूप में ही रख सकता हूँ। मेरी धारणा है कि पश्चिम में उपन्यास का उदय भले ही एक बुर्ज्वा रूप में हुआ हो किन्तु भारतीय उपन्यास का विकास मुख्यतः

औपनिवेशिक दासता में छटपटाते हुए किसान की जीवनगाथा से हुआ है।

ठेठ भारतीय उपन्यास मध्यवर्ग के महाकाव्य के रूप में नहीं, बल्कि ग्रामीण समाज के आख्यान (नेरेटिव) के रूप में उदित और विकसित हुआ। भारतीय उपन्यास का नायक मूल्यवंचित समाज में मूल्यों की खोज का असफल प्रयास करनेवाला समस्यामूलक नायक नहीं, बल्कि अर्धसामन्ती-अर्धपूँजीवादी औपनिवेशिक समाज में किसी तरह जीवित रहने भर के लिए संघर्ष करनेवाला त्रासदीय नायक है, जिसे अ-नायक भी कह सकते हैं। यदि समस्त भारतीय भाषाओं के पिछले सौ वर्षों के साहित्य पर दृष्टिपात करें तो उपन्यास की मुख्य जीवन्त धारा सर्वत्र वहीं दिखाई पड़ेगी, जिसका सम्बन्ध मूलतः गाँवों से है। भारत की अपनी स्वकीय उपन्यास परम्परा मूलतः ग्रामीण ही है। स्वभावतः इस ठेठ भारतीय उपन्यास का उदय पहले-पहल भारत के उस भू-भाग में सम्भव न था, जहाँ पश्चिम के सर्वप्रथम सम्पर्क के कारण मध्यवर्ग विकसित हो चुका हो। उसके उदय के लिए अपेक्षाकृत पिछड़े हुए इलाके ज्यादा उपयुक्त हो सकते हैं—ऐसे इलाके जहाँ औपनिवेशिक लूट ने परम्परा को कम से कम नष्ट किया हो। आकस्मिक नहीं है कि भारतीय किसान के शोषण को लेकर लिखा हुआ पहला सशक्त भारतीय उपन्यास उड़िया में लिखा गया, फकीर मोहन सेनापति का छमाण आठ गुँठ (छह बीघा जमीन) जो 1897 में प्रकाशित हो चुका था। फकीर मोहन का भगिया सम्भवतः भारतीय उपन्यास का पहला जीवन्त किसान चरित्र है—एकदम एक नया कथानायक। उड़िया आलोचकों के अनुसार यह उपन्यास ठेठ जनभाषा पर आधारित उड़िया गद्य की सर्जनात्मक क्षमता का पहला दस्तावेज है। उल्लेखनीय है कि भारत के एक नितान्त पिछड़े समझे जानेवाले इलाके में भारतीय उपन्यास का किसान नायक उसी समय आ चुका था, जब भारत के राष्ट्रीय क्षितिज पर जनजागरण के अग्रदूत गांधी जी का दूर-दूर तक कहीं पता भी न था। यदि बीस वर्ष बाद भारतीय उपन्यास की यह लोकधर्मी परम्परा हिन्दी के पिछड़े इलाके में प्रेमचन्द के हाथों और अधिक व्यापक फलक पर विकसित हुई तो अकारण नहीं। इसके पीछे 1857 के प्रथम भारतीय स्वतन्त्रता संग्राम की चेतना का हाथ है। स्पष्टतः भारतीय उपन्यास के उदय का अविच्छिन्न सम्बन्ध भारतीय अस्मिता के पुनराविष्कार से है और हमारे इतिहास की यह कोख ही भारतीयता की जननी है।

किन्तु इसका अर्थ यह नहीं कि भारतीयता किसानवाद का पर्याय है। स्वयं प्रेमचन्द को किसानवाद का तरफदार समझना भूल होगी। किसानवाद पश्चिम-प्रदत्त भारतीयता की मिथ्या चेतना का ही एक रूप है, जिसका इतिहास-विरोधी रूप आज भी भारतीय राजनीति में अनेक रूपों में प्रकट हो रहा है। किसान प्रेमचन्द के कथा साहित्य के समान ही भारतीय उपन्यास का केन्द्र भर है, जहाँ खड़े होकर उपन्यासकार

समूचे भारतीय समाज को पूरे परिप्रेक्ष्य में उन्मीलित करता है।

इस परिप्रेक्ष्य में यदि प्रेमचन्द के प्रेमाश्रम, रंगभूमि और गोदान जैसे उपन्यासों की औपन्यासिक संरचना और रूपविन्यास का विश्लेषण करें तो पाएँगे कि पश्चिम के किसी बने बनाए ढाँचे में भारतीय अन्तर्वस्तु को किसी तरह ठूँस देने का हास्यास्पद प्रयास नहीं है, जैसा कि कुछ लेखक समझते हैं, बल्कि नई अन्तर्वस्तु अपने अनुरूप अनायास ही नया रूपविन्यास कर लेती है। प्रेमचन्द की कला की यह विशेषता है कि वे प्रयोगवादियों और रूपवादियों के समान रूप सम्बन्धी नवीनता का ढोल नहीं पीटते और पाठक को इस रूपान्तरण का एहसास भी नहीं होने देते। यदि किसी को 'गोदान' में होरी का चरित्र भारतीय कालबोध की स्थिरता का आभास देता है और 'गोदान' का घटनाक्रम औसत पश्चिमी उपन्यास के एक रेखीय विकास और गतिशील कालबोध का, तो स्पष्ट है कि यहाँ कालबोध सम्बन्धी भ्रम उभयपक्षी है। न होरी ही इतना स्थिर है और न गोदान की रूप, रचना ही ऐसी गतिशील। प्रेमचन्द का कालबोध बाणभट्ट या सोमदेव का कालबोध नहीं है–न अन्तर्वस्तु के स्तर पर और न रूपविन्यास के स्तर पर। प्रेमचन्द ने पश्चिमी उपन्यास की रूपगत संरचना ली है और बीच खेत ली है। जो भारतीयता हठपूर्वक पश्चिम का तिरस्कार करने में ही अपनी अस्मिता को सुरक्षित समझती है, वह भारतीयता प्रेमचन्द की नहीं हो सकती। प्रेमचन्द की भारतीयता पांडे की रसोई नहीं है जो पश्चिम के स्पर्श से भ्रष्ट हो जाए। साहित्य में यह अस्पृश्यता समाजविज्ञान की एशियाई असाधारणता के समान ही एक प्रकार की मिथ्या चेतना है, जिसके शिकार कालबोध से ग्रस्त कुछ आधुनिकतावादी लेखक भी दिखाई पड़ते हैं। प्रेमचन्द की भारतीयता मनोगत काल के अमूर्तलोक में नहीं, बल्कि जीवन्त इतिहास के बीच विकसित हुई थी, इसीलिए वह बिना किसी अपराधबोध के प्रदत्त भारतीयता की आलोचना करने में भी नहीं हिचकती और अभारतीय कहे जाने का खतरा उठाकर भी अपने सर्जनात्मक अभियान में भारतीयता का अतिक्रमण करती है।

यह सही है कि प्रेमचन्द कबीरदास जी या तुलसीदास जी के समान सहज भाव से भारतीय न थे–किन्तु आज के कुछ आधुनिकतावादियों की तरह वे भारतीय होने के लिए इतने असहज भी नहीं हो उठे थे। इतना तय है कि भारतीयता के सवाल को लेकर उनके मन में कोई अपराधबोध न था। यदि कुछ था तो एक सृजनशील लेखक का आत्मसंघर्ष और आज हमारे लिए वह आत्मसंघर्ष ही मूल्यवान है।

(साहित्य अकादमी द्वारा आयोजित अन्तर्राष्ट्रीय संगोष्ठी,
26 से 28 मार्च, 1981 में पठित)

प्रेमचन्द : दृष्टि और कला रचना

वात्स्यायन जी की अध्यक्षता में इस विषय का प्रवर्तन करना मेरे लिए एक दुर्लभ संयोग है और मुझे चूँकि प्रेमचन्द के शताब्दी समारोह के उपलक्ष्य में आयोजित 'दृष्टि और कला रचना' पर चर्चा करने का अवसर मिल रहा है, इसलिए इस पर कुछ देर के लिए इतिहास या अतीत की स्मृति होना स्वाभाविक है। विषय 'दृष्टि और कला' वही है जिस पर पिछले तीस वर्षों से कम-से-कम चर्चा तो होती ही है। प्रेमचन्द समारोह का उद्‌घाटन करने के लिए वात्स्यायन जी को बुलाकर इतने महत्वपूर्ण विषय पर चर्चा के लिए उन्हें अध्यक्षता के लिए आमंत्रित करना निश्चय ही यह संयोग ही हो सकता है लेकिन मुझे ऐसा लगता है कि इसी प्रयाग में 'विचार बनाम अनुभूति', 'दृष्टिकोण बनाम कला' पर चर्चा का जो प्रगतिशील लेखकों के और 'परिमल' के लेखकों के बीच जो विवाद चलता रहा है, उस विवाद की यह एक कड़ी है। और तीस वर्षों पहले इसी प्रकार वात्स्यायन जी ऐसी ही चर्चाओं में अग्रणी भूमिका अदा करते रहे। इन तीस वर्षों के बाद ऋत्विक भी बुलाए गए और यजमान भी वही हैं। इतिहास यानी—'सखि, वे हम वे तुम वेई कछू के कछू मन है के रहे।'

इन तीस वर्षों में भारतीय समाज में परिवर्तन हुआ है, साहित्य में परिवर्तन हुआ है। कहते हैं, इतिहास अपने को दुहराता नहीं है लेकिन जब दुहराता है तो या वह 'ट्रेजेडी' होती है या वह 'फार्स' होता है। 'ऐटीन्थ ब्रूमेर' में मार्क्स ने कहा था...और इसके केन्द्र बिन्दु और आधार स्वयं प्रेमचन्द हैं जिन्होंने 'प्रगतिशील लेखक संघ' की स्थापना की और साहित्य सम्बन्धी उन विचारों में परिवर्तन किया था, जिसके इर्द-गिर्द सन् 36 से लेकर आज तक वैचारिक संघर्ष चल रहा है। इस क्रम में यदि किसी की बुद्धि मंद नहीं पड़ी है तो देखेंगे कि बहुत-सी युक्तियाँ और बहुत-से तर्क भी वही दुहराये जा रहे हैं। यह सही है कि विचार के बिन्दु वही हैं, सन्दर्भ बदल गया है और तीस वर्षों में जिस प्रगतिशील साहित्य चेतना और जिसे संक्षेप में मैं कहूँ कि आधुनिकतावादी साहित्य चेतना का जो द्वन्द्व है, इस द्वन्द्व में कुछ फैसला भी समाज ने किया है, साहित्य ने किया है और यह स्पष्ट है कि जिस आधुनिकतावादी जीवन दृष्टि और कला दृष्टि का बोलबाला छठे दशक में था, छठे दशक के समाज

के बाद वह समाप्त हो चुका है। नई कविता नई कविता नहीं रही। उन लोगों ने नए मोड़ लिये और उनमें अनेक ऐसी प्रवृत्तियाँ आईं जिसकी चर्चा करना जरूरी नहीं है। कितनी संकुचित हुई, सीमित हुई और वह व्यक्तिवादी धारा, परम्परा विरोधी धारा भारतीयता की समर्थक बनी। आधुनिकतावादी जीवन दृष्टि रहस्य की ओर उन्मुख हुई और प्रगतिशील चेतना नए युवकों और नए साहित्यकारों के द्वारा उस क्रान्तिकारी मोड़ को लेकर अग्रसर हुई जहाँ साहित्य में ऐसी जनचेतना या सामाजिक चेतना ही प्रवृत्तियाँ पैदा हुईं जो निश्चय ही इस बदले हुए सन्दर्भ की ओर संकेत करती हैं।

इसलिए प्रेमचन्द की चर्चा करते समय हमें बराबर ध्यान रखना चाहिए। प्रश्न वही उठाये जा रहे हैं, ताम-झाम वही है, सब है लेकिन परिस्थितियाँ बदल चुकी हैं, और शायद कहें कि अंग्रेजी में 'एज' (AGE) शब्द जो दोनों का संकेत करता है; हम लोगों की उम्र का भी और ज़माने का भी। वही रामस्वरूप जी हैं, रघुवंश जी हैं। मैं भी हूँ, अनेक व्यक्ति हैं, कुछ नहीं रह गए हैं, कुछ अब भी हैं। इस बदले हुए सन्दर्भ में हम प्रेमचन्द में आधार पूरक दृष्टि और कला रचना की चर्चा कर रहे हैं तो पहला निवेदन हम करना चाहते हैं कि इस चर्चा का आधार एक तो जिसे डॉ. लोहिया कहा करते थे कि पीछे देखो वाली दृष्टि है और दूसरी है आगे देखो वाली दृष्टि। प्रेमचन्द के अतीत की परम्परा के सन्दर्भ में और पीछे की ओर देखने पर चर्चा बिलकुल दूसरी दिशा में होगी और यदि हम अपने भारतीय समाज के भविष्य और साथ ही भारतीय साहित्य की सृजनधर्मिता की जो नई सम्भावनाएँ उभर रही हैं इनको ध्यान में रखकर चलेंगे तो चर्चा बिलकुल दूसरी दिशा में होगी। इसलिए इस सत्य को ध्यान में रखना बहुत जरूरी है कि औपनिवेशिक भारत की दासता में ग्रस्त समाज व्यवस्था के अन्तर्गत प्रेमचन्द ने जो रचना की थी, आजादी के बाद स्वाधीन भारत में जो नया पूँजीवादी उभार आया इसके अन्तर्गत जो जनतन्त्र के, जनवाद के, तमाम मूल्यों के संकट जो बढ़ गए हैं, इन दोनों स्थितियों के बीच जो 'कन्टीन्यूटी' है और 'डिसकन्टीन्युटी' है, उन दोनों में जो निरन्तरता है और जो विच्छिन्नता है, जब इस अन्तर को ध्यान में नहीं रखेंगे और जो नया मोड़ लेने जा रहा है उसमें प्रेमचन्द किस रूप में आज जो हमारे प्रासंगिक रूप में उपस्थित होते हैं—यह आधार होना चाहिए जिस आधार पर हम 'प्रेमचन्द की दृष्टि और कला' के माध्यम से दृष्टि और कला सम्बन्धी सम्पूर्ण चर्चा पर आज नए सन्दर्भ में विचार करेंगे। और मुझे ऐसा लगता है कि यह इन दोनों परिप्रेक्ष्यों का अन्तर है। उदाहरण के लिए यदि इन दोनों परिप्रेक्ष्यों का अन्तर देखा जाय तो कल आदरणीय वात्स्यायन जी ने कहा कि प्रेमचन्द का कथा साहित्य में वही स्थान है जो कविता में मैथिलीशरण गुप्त का। मैं समझता था कि प्रेमचन्द पर विचार करते समय जो सही तात्कालिक सन्दर्भ है—प्रेमचन्द के

समकालीन निराला, रामचन्द्र शुक्ल, सुमित्रानन्दन पन्त, जयशंकर प्रसाद हैं। प्रेमचन्द मैथिलीशरण गुप्त के न समकालीन थे, न हैं। इसलिए जब भी हम सन्दर्भ के रूप में मैथिलीशरण गुप्त को चुनते हैं तो मुझे लगता है कि इतिहास दूसरे समय से हम देख रहे हैं। एक आदमी जो 'भारत भारती' का लेखक और साथ ही 'साकेत' का लेखक है। जो सुधारवादी युग के बल्कि पुनरुद्धारवादी युग की भावनाओं और आदर्शों को रखते हुए जिस अतीत के स्वप्न को वर्तमान पर प्रक्षेपित करने की कोशिश करता है, एक लेखक वह है। और उसके बाद के काल में प्रेमचन्द और उनके समकालीन जो गांधीवादी कवि थे वे भी क्षितिज के पार देखते थे लेकिन–'कहाँ आज वह पूर्ण पुरातन वह सुवर्ण का काल। भूतियों का दिगन्त छविजाल' कहते हुए भी पंत जैसे परिवर्तन की जिस दिशा की ओर संकेत करते थे यह मैथिलीशरण गुप्त की दिशा न थी। इसलिए उस प्रेमचन्द की ठीक ऐतिहासिक स्थिति के मूल्यांकन में निश्चय ही मैथिलीशरण गुप्त का उल्लेख करके, हो सकता है कि मैथिलीशरण जी के प्रति अपनी अतिरिक्त श्रद्धा अनुभव करें किन्तु उस ऐतिहासिक सन्दर्भ से प्रेमचन्द को जोड़ कर निश्चय ही प्रेमचन्द को ठेलकर हम और पीछे करते हैं। प्रेमचन्द के साथ, जैसा मैंने कहा विचार करने की यह स्थिति है।

...हिन्दी साहित्य में रोमेण्टिक कल्पना और भाव प्रसार का प्राधान्य था और जिसके कई ग्रन्थ जिसमें 'बादल राग' के रचयिता और 'राम की शक्ति पूजा' 'सरोज स्मृति' के, 'तुलसीदास' के लेखक निराला भी थे, जिसमें जयशंकर प्रसाद जो अतीत को वर्तमान में रूपांतरित कर रहे थे और देश-प्रेम और राष्ट्रीयता की नई भूमिका तैयार कर रहे थे साथ ही शुक्ल जी के शब्दों में 'साम्यवादी अनुगूँज वाला' 'कामायनी' नाम का महाकाव्य भी लिख रहे थे--यह सन्दर्भ था ऐतिहासिक युग का। विचार करने की चीज है कि जिस दौर में रोमेण्टिक उत्थान था उसी समय हिन्दी साहित्य में यथार्थवाद का और सम्पूर्ण रोमांसिकता के जो निषेधात्मक पहलू हैं उनसे होकर के एक नया साहित्यकार उभर रहा था जो जन-जीवन के व्यापक आधार पर उस साहित्य को नया मोड़ दे रहा था जो भारतेन्दु की परम्परा को यथार्थवाद की दिशा में और भी आगे बढ़ा रहा था। और रोमेण्टिक उत्थानों से अपने को अपेक्षाकृत मुक्त कर रहा था।

ऐतिहासिक परिप्रेक्ष्य हिन्दी साहित्य का ठेठ यही था। मैं यह कहना चाहूँगा कि इस परिप्रेक्ष्य का गहरा सम्बन्ध इतिहास की समझ से था और यहाँ एक दूसरी बात दिखाई पड़ती है। मुझे थोड़ा आश्चर्य हुआ–वात्स्यायन जी ने कहा–प्रेमचन्द ने डिकेन्स से लेकर गाल्सवर्दी तक की लम्बी यात्रा की। और डिकेन्स और गाल्सवर्दी के साथ रख करके प्रेमचन्द को जैसे ही हम देखते हैं तो मैं कहूँगा कि मुझे ऐसा लगा कि हम प्रकारान्तर से उस औपनिवेशिक ज़ेहनियत के शिकार हो रहे हैं जो उस

जमाने के बुद्धिजीवियों का संस्कार बना हुआ था। प्रेमचन्द के ऐतिहासिक महत्व को समझने के लिए यदि मैं कहूँ कि जिस तरह भारतीय स्वाधीनता संग्राम में गांधी की भूमिका समझने के लिए रस्किन के 'अनटू दिस लास्ट' का अनुवाद किया; वह जिस तरह अपर्याप्त है, गांधी को समझने के लिए जिस तरह हम टॉल्सटाय के पास जाते हैं—केवल ईविन के प्रति अपना अप्रतिरोध का साहित्यिक विचार रखने वाला टॉल्सटाय नहीं, बल्कि जो 'वार एण्ड पीस' में 'कतोन' के माध्यम से उस किसान के माध्यम से उभरते हुए नैपोलियन के आक्रमण के विरुद्ध समस्त रूसी जनता के प्रतिरोध को रखने वाला टॉल्सटाय है। गांधी को समझने के लिए यदि हम टॉल्सटाय को सामने रखते हैं, रस्किन को नहीं रखते, उसी तरह औपनिवेशिक भारत की दासता से मुक्त होने वाला जो जन उभार था, उस जन उभार के लेखक प्रेमचन्द को समझने के लिए डिकेन्स और गाल्सवर्दी काफी नहीं हैं। प्रेमचन्द ने भी गाल्सवर्दी का अनुवाद किया है। प्रेमचन्द उस ऐतिहासिक मोड़ के लेखक हैं जिसको समझने के लिए मुझे ऐसा मालूम होता है कि 1848 के आसपास के बाल्ज़ाक और रूस में उभरते हुए पूँजीवाद के दौर में जो कृषक क्रान्ति के टॉल्सटाय हैं, उसी तरह के विश्व स्तर पर उपनिवेशवाद के मुल्क में उभरने वाले नए क्रान्तिकारी आन्दोलन में प्रेमचन्द को रख कर देखें, जो ज्यादा जरूरी होगा। हम केवल यथार्थवाद के नाम पर डिकेन्स से लेकर के गाल्सवर्दी के 'माडल' पर प्रेमचन्द को नहीं समझ सकते। इतिहास को बिलकुल दूसरे ढंग से देखना होगा। इसलिए मैंने कहा कि प्रेमचन्द को समझने के लिए यदि हम अंग्रेजी उपन्यासकारों को और विक्टोरियन उपन्यासकारों को आधार बना करके चलेंगे तो हम यथार्थवाद की नितान्त कलावादी और रूपवादी दृष्टि के अन्तर्गत एक लेखक में निहित जो अन्तर्वस्तु है, जो नवीन राष्ट्रीय अन्तर्वस्तु है, उसकी उपेक्षा करके नितान्त रूपवादी साहित्य की व्याख्या करेंगे साहित्य के इतिहास की व्याख्या करेंगे। इसलिए मैंने कहा कि प्रेमचन्द के ऐतिहासिक महत्व को समझने के लिए संसार के इतिहास में जहाँ-जहाँ जो क्रान्तिकारी मोड़ और परिवर्तन के बिन्दु थे, उन बिन्दुओं को पकड़ना होगा। वह कौन सा संक्रमण बिन्दु था जिन पर बाल्जाक उभरते हुए पूँजीवाद और ढहते हुए सामंतवाद के बिन्दु पर खड़ा हुआ दृष्टि और कला के अन्तर्द्वन्द्वों को सुलझाने की कोशिश कर रहा था, दूसरा ऐसा ही बिन्दु था जो अपेक्षाकृत पिछड़े हुए पूँजीवादी समाज का विरोध करता है। जहाँ टॉल्सटाय उभरते हुए पूँजीवाद के आघात से ग्रस्त रूसी ग्रामीण समाज की विच्छिन्नता और किसान की दुर्दशा के बीच समस्त पश्चिम को चुनौती देते हुए टॉल्सटाय 'वार-एण्ड-पीस' या 'अन्ना केरेनीना' लिख रहे थे। लगभग पश्चिम और पूर्व का यही द्वन्द्व और संघर्ष जो दरअसल उपनिवेशवाद के विरुद्ध नए जन-आन्दोलन के उभार के रूप में था, प्रेमचन्द उस बिन्दु पर खड़े थे। उनके लिए प्रासंगिक भारत के बारे

में मार्क्स का वह कथन है कि आक्रमण पहले भी हुए लेकिन अंग्रेजी साम्राज्य में पहली बार भारत में बुनियादी परिवर्तन किया गया और वह विनाशकारी अनुभव जिसमें सम्पूर्ण सदियों की ग्रामीण व्यवस्था टूट चुकी थी, अतीत खो चुका था, नया प्राप्त नहीं हुआ था और उसमें उन्होंने खासतौर से किसान के विशेष प्रकार के अवतार का जिक्र किया है।

इस भारतीय समाज के इस संक्रमण युग को जब तक हम नहीं समझेंगे तब तक हम गोदान के होरी को नहीं समझ सकते हैं। जब तक हम यह नहीं समझ सकते हैं कि क्यों प्रेमचन्द ने इस पूरी ऐतिहासिक पृष्ठभूमि में केवल किसानों को ही चुना था अन्यथा हम प्रेमचन्द के साहित्य को प्रायः किसानों के बारे में लिखी हुई उस जमाने की बहुत सी कविताओं के समान ही एक दूसरे प्रकार की साहित्य-रचना कहेंगे।

मित्रों, उन्नीसवीं सदी की समाप्ति और बीसवीं सदी के प्रारम्भ में हिन्दी किसानों पर कई कविताएँ लिखी गईं। मैथिलीशरण गुप्त ने स्वयं लिखा, लेकिन प्रेमचन्द का किसानों के बारे में लिखा हुआ साहित्य वैसा ही है जैसा किसानों की दया और करुणा जगाने वाला—'जल रहा भूतल तवा सा, तन से पसीना ढल रहा' और 'कृषक हल चला रहा'—जैसा साहित्य ही प्रेमचन्द का है? अगर, हम देखेंगे तो फिर कहूँगा कि हम 'एपियरेन्स' को 'रियल्टी' समझ रहे हैं, हम 'फार्म' को भी 'कन्टेन्ट' समझ रहे हैं, अर्थात हम कला का मूल्यांकन और उसका निरूपण इस प्रकार कर रहे हैं जहाँ दो भिन्न अन्तर्वस्तुओं का बिम्ब उभर रहा है। इसलिए इस बात को समझने का गहरा ताल्लुक मैं कहूँगा कि इस बात से है कि जब स्वाधीनता के बाद भारत में फिर नया उभार हुआ और जिसे मैं कहूँ कि पंचवर्षीय योजना के दौरान एक नए पूँजीवाद का उत्थान हुआ जिसके अन्तर्गत पूरी ग्रामीण व्यवस्था में, कोई उद्योगों में नहीं, नए सिरे पर 1947 के बाद क्रमशः एक सम्पूर्ण व्यवस्था पर दूसरा गहरा आघात था जब स्वदेशी पूँजीवाद बना था और इस दौरान किसान जिस अनुभव से गुज़र रहे थे और इन अनुभवों के आधार पर उस बीच कहानी और उपन्यास साहित्य लिखा जा रहा था। इसके आधार पर कविता के क्षेत्र में भी कुछ प्रयत्न हुए। इस नए संघर्ष से जिस प्रकार प्रेमचन्द ने उपनिवेश विरोधी राष्ट्रीय आन्दोलन में साहित्य के लिए, साहित्य रचना के लिए के लिए, कला के लिए अपार सम्भावनाओं का द्वार खोला था और हमारे आधुनिक युग का सर्वश्रेष्ठ साहित्य जिस दौर में लिखा गया था आज वही अपार सम्भावनाएँ पैदा हुई हैं; एक नए उभरते पूँजीवादी दौर के विरुद्ध व्यापक धरातल पर किसानों का आन्दोलन हो रहा है। सत्ता भी आज किसानों की 'रैली' करके स्वयं किसानों को कल वात्स्यायन जी कह रहे थे कि प्रेमचन्द को खत्ती में डाल देना चाहते हैं। इतने बड़े किसान आंन्दोलन को दूसरे लोग खत्ती में नहीं बैंक में डालने

की कोशिश कर रहे हैं। इसलिए मित्रो, यह परिवर्तन है इस नए संघर्ष में। मैं फिर कहूँगा अत्यन्त नम्रता के साथ कहूँगा, कि जिस प्रकार हमारे राजनीतिक जीवन में नई सम्भावनाएँ पैदा हो रही हैं विकास की, इस द्वन्द्व, संघर्ष और विरोध के बीच साहित्य में भी वैसी ही सम्भावनाएँ पैदा हुई हैं। आज लेखक, बुद्धिजीवी, रचनाकार, आलोचक सभी का दायित्व है इन सम्भावनाओं की चुनौती के आधार पर प्रेमचन्द पर विचार करें।

यह सही है कि विषय 'दृष्टि और कला' की बहस वही है जो हम करते आ रहे हैं लेकिन इस परिप्रेक्ष्य को यदि हम भूलेंगे, व्यक्तिगत मार-काट की इनकी बात का खण्डन करो, उनकी बात का खण्डन करो, मोर्चाबन्दी हो गई है, प्रगतिशील लोग कहेंगे, मुझे यह कहना ही नहीं। अत्यन्त नम्रता के साथ हम कहेंगे कि यह सम्भावनाओं का अपार द्वार खुला हुआ है रचना का और जो रचनाकार यह समझते हुए साहित्य में नया सृजन कर रहे हैं, उन्हें पहचान करके हम पुराने लोग भी अपने पूर्वग्रहों से, उन दृष्टियों से कला की और उन विचारों से निकल कर बाहर होकर सोचने की कोशिश करेंगे तो शायद हम प्रेमचन्द का मूल्यांकल तो करेंगे ही, उनकी प्रासंगिकता को पहचानेंगे ही, यह ज्यादा सर्जनात्मक रचनात्मक कार्य होगा, वरना हम लोग केवल पक्ष-विपक्ष के परिवर्तनों में लगे रहेंगे।

इस सिलसिले में प्रश्न यह है कि दृष्टि और कला का सम्बन्ध आज के सन्दर्भ में क्या होगा? और प्रेमचन्द की दृष्टि को किस रूप में हम निरूपित करते हैं?

यहाँ वात्स्यायन जी ने कल कहा कि प्रेमचन्द उस रूप में आधुनिक नहीं हैं। यहीं इलाहाबाद के दर्शनशास्त्र के प्राध्यापक डॉ. विश्वनाथ नर्वणे की अंग्रेजी में एक बहुत अच्छी किताब आई है, निस्सन्देह विवादास्पद है—'प्रेमचन्द हिज़ लाइफ़ एण्ड वर्क'। और उसमें नर्वणे ने लिखा कि आश्चर्यजनक रूप से प्रेमचन्द आनुधिक मनुष्य हैं। वे 'सेकुलर' थे, रैसलिस्ट' थे, 'सोशल जस्टिस' को मानने वाले थे जो आधुनिक मनुष्य के लिखाफ थे, जनवाद के पक्ष में थे, आधुनिक मनुष्य के जो लक्षण हो सकते हैं, विवेक परम्परा को, अनुभव को महत्व देने वाले यथार्थवादी, अन्धविश्वासों से मुक्त और साथ ही 'सेकुलर', ऐहिक, समाजवादी विचारधारावादी थे। उन्होंने कहा कि आज तमाम चीज़ों में आश्चर्यजनक रूप से वे आधुनिक थे और यह आश्चर्य और भी बढ़ जाता है क्योंकि प्रेमचन्द का पालन-पोषण एक ऐसे ग्रामीण और कस्बाई वातावरण में हुआ था कि उन्हें आधुनिक देख करके आश्चर्य होता है। यह ध्यान देने की बात है अर्थात् इसके पीछे यह धारणा छिपी हुई है कि आधुनिक होने के लिए शहरी वातावरण आधुनिक शिक्षा बहुत जरूरी है। एक पिछड़े हुए वातावरण में रहने वाला आदमी आधुनिक हो नहीं सकता है, प्रेमचन्द हुए तो यह एक करिश्मा है। मैं समझता हूँ कि यहाँ एक सही बात कहते हुए भी और इस

आधुनिकता के पीछे छिपी हुई जो दृष्टि है, वह नर्वणे ने रख दिया है। वात्स्यायन जी ने जब कहा कि प्रेमचन्द आधुनिक नहीं हैं, तो क्यों नहीं हैं, वह पूरा ब्यौरा हमें नहीं मिल सका है। कदाचित वह और बात होगी। लेकिन नर्वणे ने बहुत स्पष्ट लिखा है कि ऐसे तमाम मुद्दों पर बल्कि बातों में गांधीजी को मानते हुए भी प्रेमचन्द; अनेक बातों में गांधीजी मध्ययुगीन धारणाओं के शिकार दिखाई पड़ते हैं, प्रेमचन्द अपेक्षाकृत आधुनिक दिखाई देते हैं। हर महत्वपूर्ण, व्यावहारिक जो मुद्दे हो सकते हैं मनुष्य के और समाज के, उनमें वे आधुनिक थे। किन्तु नर्वणे ने एक दूसरी बात कही है और वह है कि बावजूद इसके कि 'यूनीफाइड विज़न ऑव रियलिटी' प्रेमचन्द के पास नहीं थी यानी दृष्टि नहीं थी। अगर पूछा जाए कि उनकी 'फिलासफी ऑव लाइफ' क्या थी प्रेमचन्द की तो उन्होंने कहा है कि हमें निषेध में उत्तर देना पड़ेगा, उनकी कोई जीवन-दृष्टि थी नहीं। और इसलिए इस 'यूनीफ़ाइड विज़न ऑव रियलिटी' के लिए उन्होंने कहा कि प्रेमचन्द के पास समय नहीं था। अनुचिन्तन करके वे जीवन-दृष्टि बनाते थे। आश्चर्य हुआ अलग-अलग मुद्दों पर वे आधुनिक हैं—आधुनिक ढंग से बोलते हैं किन्तु एक समग्र जीवन दृष्टि, एक विज़न नहीं था प्रेमचन्द के पास। मित्रो, ऐसी बात कभी-कभी गांधी के बारे में भी कही गई है। गांधी जी सामाजिक विचारंक थे किन्तु गांधी का दर्शन क्या था। नहीं, मैं जानना चाहता हूँ कि यह सवाल गांधी जी के सन्दर्भ में अपनी जगह पर उत्तर देंगे। पूछा जाए कि जीवन दृष्टि निराला की क्या थी? पंत नहीं की ही क्या थी? प्रसाद में सुसंगत जीवन दृष्टि 'सामरस्य दर्शन' के रूप में अवश्य निर्मित हुई लेकिन ऐसे साहित्यकार होते हैं कि जो उस विज़न को, जिसे कहें कि सूत्र-बद्ध करके, व्यवस्थाबद्ध करके सभी साहित्यकार उपस्थित नहीं करते। प्रसाद भाग्यशाली थे कि उन्होंने अपने निबन्धों के द्वारा, अपने काव्य के द्वारा एक व्यवस्थित दर्शन उपस्थित किया। निराला ने यह काम नहीं किया।

दोनों प्रकार के लेखक मिलते हैं, कुछ का विजन व्यक्त रूप में, व्यवस्थित रूप में सामने आता है। कुछ का विजन व्यवस्थित रूप से सामने आता नहीं है; रचनाओं के माध्यम से—कृतियाँ उनकी किसी न किसी विजन का संकेत किया करती हैं। पूछा जाए कि अंग्रेजी के महान नाटककार, साहित्यकार शेक्सपियर का क्या दर्शन है? जो कहते हैं कि या तो वह एक बहुत बड़ा ईडियट था दर्शन के मामले में या फिर बहुत गहरा दार्शनिक नहीं था क्योंकि उसकी कृतियों में कोई व्यवस्थित दर्शन नहीं दिखाई पड़ता। यह सही है कि शेक्सपियर दाँते की तरह से उस व्यवस्थित दर्शन को व्यक्त करने वाला नहीं था। इसलिए हम जब भी किसी साहित्यकार या प्रेमचन्द पर विचार करते समय बराबर यह ध्यान में रखें कि ऐसे जो साहित्यकार हुए हैं जिन्होंने अपने विज़न को व्यवस्थित सुसंगत रूप में नहीं रखा है किन्तु अपनी रचनाओं के माध्यम

से उन्होंने जिस 'विज़न' को प्रक्षेपित किया है वह 'विज़न' अलग-अलग कृतियों में है। यह आलोचक का, पाठक का काम है। सामान्य पाठकों पर वह अनजाने भी जादू की तरह से एक रूप ग्रहण कर लेता है जिसे हम कहें कि वह विज़न कम्युनीकेट तो हो जाता है लेकिन अण्डरस्टुड नहीं होता है सम्प्रेषित हो जाता है, वह बिन्दु उतर जाता है, दिमाग में नहीं पहुँच पाता है। विचारकों, साहित्यकारों का यह काम होता है कि ऐसे साहित्यकारों के उस 'विज़न' को व्यवस्थित रूप में कृतियों से निकाल करके रखें।

प्रेमचन्द के बारे में, क्या उनका 'विज़न' वही था जो 'प्रेमाश्रम' के अन्त में व्यक्त होता है जहाँ वे एक आदर्शग्राम स्थापित करते हैं। क्या उनका 'विज़न' वह है जिस अनासक्त कर्मयोगी के दर्शन को सूरदास 'रंगभूमि' पर उपस्थित करता है या उनका विजन वह है, ट्रेजिक विजन जिसे कहूँगा, जो 'गोदान' के अन्त में व्यक्त होता है–पराजय और समझौता की संरचना से। मैं उसे किसान की पराजय नहीं मानता और ट्रेजडी की व्याख्या की जानी चाहिए कि होरी निरन्तर सोंच रहा है कि शायद समझौता करके मैं उबर जाऊँ, बच जाऊँ और वह पुरानी व्यवस्था निरन्तर समझौता करते रहने की प्रक्रिया में अन्ततः पराजित होती है, टूटती है। यह ट्रेजडी या 'ट्रेजिक विज़न' है। कभी-कभी कुछ लोग कहते हैं कि प्रेमचन्द ने दार्शनिक पात्र के रूप में पैदा किया–मेहता। और वह मेहता, गोदान के मेहता के उत्तर वाक्यों को लेकर कुछ लोग कभी-कभी कहते हैं कि शायद मेहता के माध्यम से प्रेमचन्द कह रहे हों लेकिन मेहता के प्रति प्रेमचन्द ने जो विडम्बना का रुख अपनाया है वह पूरा का पूरा समर्थन नहीं करता है बल्कि मालती और मेहता के सभी सम्बन्ध जिस विडम्बनापूर्ण स्थिति में पैदा होते हैं, तमाम नैतिकताओं को चुनौती देते हुए प्रेमचन्द क्या उस हद तक मेहता के...। लेकिन उन विचारों में भी आभास मिल जाता है उदाहरण के लिए 'मैं प्रकृति का पुजारी हूँ और मैं मनुष्य को उसके प्राकृतिक रूप में देखना चाहता हूँ जो खुश होने पर दिल खोल कर हँसे और जो नफ़रत भी कर सकता हो और क्रोध आने पर मार भी सकता हो।' यानी शुक्ल जी जब कहते थे कि लोभियों का दमन लोभियों के दमन से किसी प्रकार कम नहीं होता है इसलिए अपनी मनोवृत्तियों का दमन करके जो मनुष्य नहीं बल्कि देवता हो जाना चाहते हैं। प्रेमचन्द जिस प्राकृतिक मनुष्य के कि प्रेम का भाव आने पर उमड़ पड़ता हो और क्रोध आने पर जो मार भी डालता हो। हो सकता है कि उस प्राकृतिकवाद का सब कुछ रूप प्रेमचन्द में हो लेकिन जरूरी नहीं है कि सारा का सारा हम उसी रूप में ग्रहण करें।

प्रेमचन्द की समग्र जीवन दृष्टि को जैसा मैंने कहा कि एक दार्शनिक ने कहा कि 'नहीं है'। साहित्य के सन्दर्भ में हम जानते हैं कि अनेक रचनाकार व्यवस्थित

दार्शनिक नहीं होते और प्रेमचन्द नहीं थे। और यह कोई दोष नहीं है और यह और भी नहीं कि रचनाकार की इस प्रकार सुसंगत बनी बनाई दृष्टि हो। कभी-कभी कला के लिए बाधक होती है और कभी-कभी वरदान। नर्वणे ने उस सिलसिले में आश्चर्यजनक रूप से; मैं जानता हूँ, आप लोगों ने शायद वह पुस्तक न देखी हो देखी भी हो तो वात्स्यायन जी पहले से ही कहते चले आ रहे हैं—प्रेमचन्द की जीवन-दृष्टि को किस रूप में परिभाषित किया जाए। आश्चर्यजनक रूप से दोनों आदमी एक ही बात कहते हैं। नर्वणे प्रेमचन्द के समस्त पात्रों और उपन्यासों में 'रंगभूमि' को श्रेष्ठ मानते हैं—गोदान से भी। और उसमें भी सूरदास चरित्र को होरी से बेहतर मानते हैं। उन्होंने कहा है और दोनों का अन्तर बताया है—बड़े विस्तार से कि सूरदास का संघर्ष होरी के संघर्ष से किसी भी प्रकार कम नहीं है। होरी का तो परिवार है, सूरदास का तो परिवार भी नहीं है। सूरदास की वाणी में हमें कभी-कभी कबीर की वाणी का आभास मिलता है। निष्कर्ष निकाला है उन्होंने कि रंगभूमि का सूरदास यदि आधुनिक भारत का बोधिसत्व है तो गांधी आधुनिक भारत के बुद्ध हैं। यह बुद्ध और बोधिसत्व—याद रखें; महाकरुणा की ओर संकेत करते हैं; वात्स्यायन जी ने प्रेमचन्द की दृष्टि को परम कारुण्य के रूप में रखा था और करुणा और कारुण्य कह करके प्रेमचन्द को निश्चय ही अपनी भारतीय परम्परा के साथ जोड़ कर वात्स्यायन जी भी रखने की कोशिश हैं और नर्वणे उसी के साथ बोधिसत्व और बुद्ध का नाम लेकर के स्थापित भी करने की कोशिश कर रहे थे। प्रेमचन्द यदि करुणा की महान परम्परा में हैं तो प्रेमचन्द का गौरव ही बढ़ता है। कोई घटता नहीं है। लेकिन है कि नहीं, वे इस करुणा की परम्परा को हम अपने आदिकाल से मानते हैं और वाल्मीक का—

'मा निषाद प्रतिष्ठा त्वमगम, शाश्वती समा।
यत् क्रौंच मिथुना देकम् अवधीः काम मोहितम्

करुणा कहते समय हमें नहीं भूलना चाहिए कि इस करुणा के भूल में अन्याय के विरुद्ध यदि बहुत बड़ा क्रोध तथा शाप छिपा हुआ है। प्रेमचन्द की करुणा यदि वह पानी मिली हुई 'गैरिक वसना करुणा' है जो कुछ लोगों की वाणी हुआ करती थी तो यह जो सन्यासी और गौरिक वसना करुणा, यह नहीं है प्रेमचन्द में और उसे देखना चाहते हो तो करुणा का आधार वह शाप होना चाहिए जो अन्यायी व्याघ्र को दिया था। भारतीय कारुण्यबोध, यदि वात्स्यायन जी ने उसको व्याख्यायित नहीं किया लेकिन आगे चलकर के उन्होंने संवेदना शब्द के द्वारा उस को सपाट कर दिया जिसमें क्रोध के लिए, शाप के लिए, सात्विक क्रोध के लिए स्थान नहीं था। वह संवेदना कम से कम उस क्रोध को आत्सात नहीं करती।

होरी के बारे में जो भी कहा जाए लेकिन रंगभूमि का सूरदास—प्रेमचन्द ने टिप्पणी की है कि सूरदास देवता नहीं था, साधु नहीं था, महात्मा नहीं था और लोगों

की तरह जो अनेक दोष थे उस पात्र में, जो अनेक छिद्र थे, एक ही गुण था जो समस्त दोषों का मार्जन कर देता था और वह यह कि अन्याय उससे सहा नहीं जाता था। यह सूरदास का; रंगभूमि के सूरदास की परिकल्पना का सबसे बड़ा गुण मानवीय गुण अन्याय का प्रतिरोध अपने विरुद्ध होने वाले अन्याय का नहीं, कहीं किसी के विरुद्ध होने वाला अन्याय हो। सुभागी के साथ अन्याय हुआ और सूरदास ने अपनी जान लड़ा दी। इसकी परवाह किए बिना कि स्वयं सुभागी के साथ नाजायज सम्बन्ध होने का आरोप पूरा मुहल्ला लगा रहा था, बावजूद इसके सूरदास ने सुभागी का पक्ष लिया। ऐसा लगता है मित्रो, कि इस करुणा की व्याख्या करते समय प्रेमचन्द में संवेदना शब्द एक चरण शायद हो लेकिन प्रेमचन्द के उस कारुण्य का पूरा भाष्य नहीं था, वह आत्मा नहीं थी और उसके मूल में कहीं न कहीं यदि है–संघर्ष के बिना प्रेमचन्द की जीवन दृष्टि की व्याख्या नहीं की जा सकती है। और इसे प्रेमचन्द ने कला के सन्दर्भ में कहा है– 'कहानी-कला' शीर्षक निबन्ध प्रेमचन्द ने लिखा है और 'कहानी-कला' के सिलसिले में एक विचित्र बात उन्होंने कही है–'शक्ति संघर्ष में ही है और संघर्ष में ही साहित्य उत्पन्न होता है।' ध्यान रखें कि प्रेमचन्द यह बात कहानी-कला के सिलसिले में कह रहे हैं कि 'शक्ति संघर्ष में ही है और संघर्ष से ही साहित्य उत्पन्न होता है।' प्रेमचन्द के पूरे साहित्य की जीवन-दृष्टि यदि है तो–अन्याय के विरुद्ध संघर्ष और इस संघर्ष के पक्ष और विपक्ष दोनों के प्रति जो दृष्टिकोण बनता है। संवेदना शत्रु के प्रति नहीं है, संवेदना मित्र के प्रति है, मित्र-वर्गों के प्रति है। जो सहयात्री हो सकते हैं उनके साथ है और जहाँ यह संवेदना कलाकार के रूप में व्यक्त करते हैं, वह अन्य पात्रों को जिसे मैं कहूँ कि वह कलादर्श के दूसरे नियम हैं जहाँ वे गोदान में राय साहब को भी सहानुभूति देते दिखाई पड़ते हैं, मेहता को भी, खन्ना को भी, तंखा को भी, दुजारी सहुआइन को भी, झींगुर सिंह को भी, दातादीन को भी, मातादीन को भी। इसलिए उस संवेदना को हम शीघ्र ही अगर मानवीय और नैतिक परिभाषा में व्यक्त कर की कोशिश करेंगे तो कठिनाई होगी।

यहाँ मैं यह भी कहूँ कि इसलिए 'करुणा बनाम संघर्ष' में वात्स्यायन जी इस पर और प्रकाश डालें, दूसरे मित्र भी प्रकाश डालें। इसकी व्याख्या की जानी चाहिए कि इस मूल में करुणा की, संघर्ष की भावना है या कोई और है। मैं इसे संघर्ष मानता हूँ और करुणा उस संघर्ष से उत्पन्न उसका एक आयाम है लेकिन मूल भाव वह नहीं है। यहाँ एक और भी उल्लेखनीय बात है और वह यह कि इस दृष्टि को जब हम व्याख्यायित करते हैं तो उसके साथ यह भी कल कहा गया और दूसरे लोगों के बारे में कहा कि यह नैतिक दृष्टि है, राजनैतिक नहीं, सामाजिक नहीं और कहा गया कि साहित्य में राजनैतिक, सामाजिक, आर्थिक आदि दृष्टियाँ नैतिक रूप में ही व्यक्त

होती हैं। मैं इसे रिडक्सिनिज़्म के अलावा और कुछ नहीं कह सकता। दृष्टि एक है जिसके कई आयाम होते हैं, राजनैतिक भी होंगे, सामाजिक भी होंगे, आर्थिक होंगे, नैतिक हो सकते हैं, कलात्मक साहित्यिक सौन्दर्यबोध भी हो सकते हैं। यदि सभी दृष्टियो को हम नैतिक दृष्टि में निक्षेप करें तो दूसरे प्रकार का रिडक्सिनिज़्म होगा और वहाँ एक दूसरी कठिनाई होती है कि दृष्टि कहना ही पर्याप्त नहीं है। नैतिकता नैतिकता में भी अन्तर होता है। शोषक की नैतिकता वहीं नहीं होती जो शोषित की नैतिकता हुआ करती है। राय साहब की जो नैतिकता है, वही नैतिकता होरी की नहीं है। जानसेवक भी धार्मिक है, उसकी वही नैतिकता नहीं है जो अन्धे भिखारी सूरदास की नैतिकता है।

इसलिए जैसे ही हम नैतिक दृष्टि कहते हैं तो तत्काल सवाल होता है कि अखण्ड, अविभाज्य नैतिक दृष्टि नहीं हुआ करती है। एक वर्ग विभक्त समाज में नैतिकताओं में भी संघर्ष होता है, द्वन्द्व होता है और विभिन्न प्रकार के नैतिक मूल्य टकराव में आते हैं। प्रेमचन्द का साहित्य उन नैतिक मूल्यों के टकराव का मार्मिक स्थल है। जहाँ अतीत के मूल्य वर्तमान से टकराते हैं, जहाँ भविष्य का स्वप्न वर्तमान यथार्थ से टकराता है और उनके साथ जुड़े हुए आर्थिक मूल्य भी, राजनैतिक मूल्य भी, नैतिक मूल्य भी। इसलिए नैतिक मूल्य कहकर के, संघर्ष को हम नैतिक आधार देकर के, हम भले ही प्रभामंडित करना चाहें लेकिन राजनैतिक और आर्थिक स्तरों या उस आयाम का निषेध करके हम मनुष्य के बहुत बड़े भाग का अपमान कर रहे हैं। भूख के लिए मरते हुए किसान में रोटी के सवाल को नैतिक कहके हम भले ही एक प्रभामंडल कायम कर दें लेकिन उसका संघर्ष तो राजनैतिक और आर्थिक संघर्ष से ही दूर होगा। इसलिए समस्त प्रश्न को नैतिक का रूप दें करके और मैं कहना चाहूँगा कि इस देश के इतने बड़े नैतिकिता गांधी ने भी रोटी के सवाल को केवल नैतिक ही नहीं माना था, रोटी के सवाल को बहुत ही व्यावहारिक और यथार्थवाद के सवाल पर भी उतार कर देखा था। यदि कोई साहित्यकार केवल समस्त संघर्ष को ही नैतिक संघर्षों का रूप देता तो एक 'एथिक्स' की किताब ही वह लिखेगा और उसका सारा का सारा यथार्थ बहुत ही पतला होगा अमूर्त होगा। हो सकता है कि वह दार्शनिक मात्र हो लेकिन यथार्थ अपनी समस्त जटिलता और पेचीदगी में व्यक्त नहीं हो पाएगा। ऐसे नैतिक संघर्ष की गाथाएँ लिखी हैं लोगों ने। 'कामायनी' का उत्तरार्द्ध इसी नैतिक द्वन्द्व के कारण अमूर्त हुआ है लेकिन होरी का यथार्थ नैतिकता के एक आयाम लेकिन अन्य आयामों के समेटने के कारण 'गोदान' ज्यादा बेहतर यथार्थ को समझता है 'कामायनी' के उत्तरार्द्ध की अपेक्षा। इसलिए दृष्टि पर विचार करते हुए हमें जरूरी है जितना कि केवल नैतिकता ही एक मात्र आयाम नहीं है।

इस क्रम में एक और बात है और वह यह कि 'दृष्टि और कला' के बीच सम्बन्ध क्या होता है और अंतिम निर्णायक प्रश्न यही है। इसी पर अपनी बात कहकर मैं समाप्त करूँगा।

ऐसा मुझे लगता है और स्वयं वात्स्यायन जी के कथन की 'शाश्वती' नाम की एक पुस्तक है और मैं वात्स्यायन जी का सक्रिय पाठक हूँ। वात्स्यायन जी ने उसमें–'शाश्वती' में यथार्थ पर विस्तार से विचार किया है। उपन्यास पर विस्तार से विचार किया है। उन्होंने लिखा है कि एक जीवन, असम्बद्ध, अनायास लेकिन खुले छोरों वाला है। उपन्यास पूरा और बन्द छोरों वाला है। क्योंकि कलाकृति है और दृष्टि भी इसी प्रकार सम्पूर्ण और बन्द छोरों वाली है। आगे उन्होंने जो प्रश्न उठाया है कि एक तो यथार्थ जो खुले छोरों वाला है और उपन्यास कला रूप के नाते बन्द छोरों वाला है कैसे दोनों के बीच संगति हो, यह कलाकार की बहुत बड़ी समस्या है और उस कलाकार की और भी होती है जो जीवन दृष्टि भी उसमें डालना चाहता है क्योंकि जीवन दृष्टि स्वयं बन्द छोरों वाली है। अर्थात् जीवन दृष्टि यथार्थ के लिए बाधक है। और आगे उन्होंने यह भी कहा है कि इसलिए यथार्थ के सम्बन्ध में, कि जहाँ यथार्थ पहले से ही जान लिया गया है वह आप रियलिस्ट होने का दावा करते हैं अर्थात् यथार्थ के बारे में पहले से बनी हुई धारणा लेकर के चलने वाला आदमी यथार्थ नहीं हो सकता, यथार्थवादी तो वह होगा जो यथार्थ को खुला हुआ मुक्त माने और उसे ग्रहण करने का प्रयत्न करे। सवाल यह है कि यह जो खुला हुआ यथार्थ है उसे केवल अनुभववाद के आधार पर हम ग्रहण करेंगे या एक दृष्टि लेकर चलेंगे। अन्तर जहाँ यथार्थ से होगा, दृष्टि को बदलेंगे, छोड़ेंगे, तोड़ेंगे फिर यथार्थ को ग्रहण करेंगे।

कला रचना का मेरा अनुभव प्रेमचन्द के यहाँ कला का सारतत्व है। दृष्टि और यथार्थ इन दोनों की डाइलेक्टिक, इन दोनों के 'तनाव' में ही उत्कृष्ट कला होती है। जहाँ-दृष्टि केवल होती है और यथार्थ उस पर फिट किया जाता है, यथार्थ दृष्टि का अनुवाद हुआ करता है वहाँ इकहरी रचना होती है। जहाँ तथाकथित यथार्थ को खुले रूप में व्यक्त करने के नाते जब हम अग्रसर होते हैं तो ऐसा लेखक एक विशेष प्रकार का दर्शन–अनुभववाद–इम्पीरिसिज़्म इम्पीरिकल नहीं–और साहित्य आमतौर पर प्रकृतिवादी या नैचुरलिजम का शिकार हुआ करता है। इसलिए कला रचना में दृष्टि का निषेध करके कि दृष्टि सम्पूर्ण होती है, इसलिए वह बाधक होती है और इसलिए उपन्यास भी यथार्थ के लिए बाधक होता है क्योंकि वह स्वतः सम्पूर्ण होता है, यह जो दिखाने की कोशिश की गई है–यह द्विभागिता है। मैं समझता हूँ कि प्रेमचन्द जीवन दृष्टि के विपरीत है, थी भी और है ही। निराला के भी विपरीत थी। दो बड़े लेखकों के निश्चय ही विरुद्ध और आधुनिक काल में गजानन मुक्तिबोध के

भी विरुद्ध है। यह टकराहट एक ओर दृष्टि और उपन्यास की बन्द विधा, और दूसरी ओर मुक्त यथार्थ और इन दोनों को द्विभागिता के रूप में देखना और दूसरा दोनों को अन्तःप्रवेश, अन्तःसंघर्ष के माध्यम से अधिक से अधिक यथार्थ को ग्रहण करना और दृष्टि का विस्तार करते हुए चलना—यह दूसरी चीज है। मुझे लगता है कि प्रेमचन्द की कला का रहस्य वह है जो इसीलिए प्रेमचन्द उपन्यास की विधा को तोड़ते हुए चलते हैं। प्रेमचन्द के उपन्यास योरोपीय यथार्थवादी उपन्यासों के रूप विधान को लेकर के नहीं चलते। दृष्टि और यथार्थ का यही द्वन्द्व टॉल्सटाय के 'कज़्ज़ाक' जैसे छोटे से उपन्यास की रचना करता है और उस ढीले आकार वाले बेइंतहा हाथ पैर फैलाने वाले 'वार एण्ड पीस' का भी निर्माण करता है। प्रेमचन्द की यही दृष्टि और यथार्थ का द्वन्द्व 'निर्मला' की भी रचना करता और प्रेमचन्द की दृष्टि और यथार्थ का यह द्वन्द्व और तनाव 'रंगभूमि' का भी निर्माण करता है, 'गोदान' का भी निर्माण करता है, 'प्रेमाश्रम' का भी निर्माण करता है इसलिए इस कला को दृष्टि और यथार्थ दोनों के तनाव के रूप में देख सकते हैं जो मैं कहूँगा कि आज के स्वस्थ सन्दर्भ में इस पूरी चीज़ को रचना की सम्भावनों को घटा करके देखते हुए चलें। मुझे लगता है कि वात्स्यायन जी जहाँ से बात रहे हैं, वहाँ यथार्थ से मुक्त हो करके दृष्टि एक ऐसी स्वतः सम्पूर्ण क्रिया के रूप विकसित हो रही है जहाँ कला स्वायत्तता का रूप ग्रहण करती है। कदाचित् वात्स्यायन जी का यह निष्कर्ष, मैं कह रहा हूँ—कदाचित् उनके स्वयं अपने रचनाधर्म के लिए पैदा हुआ हो जो उस रचनाधर्म की सीमाओं और शक्ति की ओर भी संकेत करता है। लेकिन दूसरा एक मार्ग है और मैंने कहा कि वह मार्ग प्रेमचन्द का है, वह निराला का है, वह मार्ग मुक्तिबोध का है, यह मार्ग दूसरा है। उस मार्ग को देखते हुए मैं यह कहूँगा कि वहाँ कला की परिभाषा और है।

प्रेमचन्द का प्रसिद्ध निबन्ध जिसे बार-बार लोगों ने पढ़ा होगा—लखनऊ प्रगतिशील लेखक संघ के अध्यक्ष पद से भाषण देते हुए उन्होंने कहा था कि मैं उपयोगितावाद का क़ायल हूँ। और कला नाम है, था और है—संकुचित रूपपूजा का आप मतभेद रख सकते हैं लेकिन कला नाम के साथ जुड़ी हुई यह पूरी ऐतिहासिक परम्परा सौ साल से कलावादियों की प्रेमचन्द के सामने स्पष्ट थी। प्रेमचन्द के उपयोगितावाद को स्थूल कह सकते हैं। सम्भव है आप उसे वेन्थमाइट यूटेलिटेरियनिज़्म से जोड़कर देख सकते हैं लेकिन प्रेमचन्द ने उस उपयोगितावाद को कि कला उस संकुचित रूपपूजा का नाम है और इसका गहरा सम्बन्ध एक परोपजीवी उपभोक्ता वर्ग से है जो उत्पादन के श्रम से दूर है। इसलिए प्रेमचन्द कहते हैं कि एक ही चीज़ जो कला के 'वाद' से मुक्त है, उपयोगितावादी मानदण्ड है। प्रेमचन्द कहते हैं कि हमें सौन्दर्य की परिभाषा बदलनी पड़ेगी। प्रेमचन्द को मैं कहूँगा, कि एक विशेष प्रकार

के उपभोक्ता वर्ग की जड़ीभूत सौन्दर्यानुभूति के लोग प्रेमचन्द के उस सौन्दर्य बोध को और सौन्दर्य की परिभाषा को नहीं समझ सकते हैं जिसके माध्यम से प्रेमचन्द ने सौन्दर्य की परिभाषा बदलने की बात कही थी और कहा था कि एक बनी-ठनी रूपवती उच्चवर्ग की महिला में सौन्दर्य निश्चय ही होता होगा लेकिन सौन्दर्य का एक दूसरा मानदण्ड है जो भूख में होता है, जो संघर्ष में होता है, जो मेड़ पर बैठी हुई मजदूरिन में हुआ करता है। इसलिए यदि प्रेमचन्द बताने की कोशिश करते हैं—सौन्दर्य में भी वर्गभेद की उपयोगी और उत्पादक वर्ग के अनुसार सौन्दर्य की परिभाषाएँ भिन्न हुआ करती हैं। प्रेमचन्द में इसीलिए, जो कुछ लोगों को, उपन्यासों में वह कला नहीं दिखाई पड़ती है जो दूसरों को दिखाई पड़ती है।

जैनेन्द्र ने प्रेमचन्द के बारे में लिखा कि स्पष्टता के मैदान में प्रेमचन्द बड़ी-सी-बड़ी बात को बड़े उलझन के अवसर पर कुछ इस तरह सुलझा कर कह जाते हैं कि मुश्किल-से-मुश्किल बात हमारे रोजमर्रा के, घरेलू जीवन की जानी-पहचानी चीज हो जाती है। उनकी बातों में कुछ ऐसा अनुभव का मर्म भरा होता है कि आदमी उसे कण्ठस्थ कर लेना चाहता है। उनकी बात स्पष्ट, दो टूक निर्णय होती है। और उनकी कलम सब जगह पहुँचती है, अँधेरे में भी धोखा नहीं देती। कलम पकड़ने वाले बन्धु, छाती पर हाथ रख कर के देखें कि हमारी कलम सचमुच किस हद तक इस दायित्व का निर्वाह करती है कि अँधेरे-से-अँधेरे में भी धोखा नहीं देती है। यहाँ दिन दहाड़े उजाले में धोखा देने वाले लोग हैं।

इसलिए प्रेमचन्द की कला की यह सरलता, सादगी, चोट करने वाली, ये जो बेबाकपना ये सादगी, सरलता, ईमानदारी, सच्चाई जो यथार्थबोध था और क्या इसके पीछे कोई दृष्टि नहीं है? किन्तु यह कला है। जैनेन्द्र जी ने जिस कला की ओर संकेत किया है, इस कला के पीछे एक जीवन-दृष्टि है। यथार्थ को जिसने सुलझाया है, उलझनों को सुलझाकर जिसने आसान किया है। उस आदमी की भाषा सरल होती है। उसकी कला साफ-सुथरी पारदर्शी हुआ करती है। जो स्वयं दृष्टिकोण में उलझा होता है जिसको पक्ष और विपक्ष को चुनने में जो डाँवाडोल रहा करता है, ऐसा डाँवाडोल आदमी उलझी हुई भाषा लिखेगा, उलझा हुआ उपन्यास लिखेगा, दुनियाँ भरके जमीन-आसमान के कुलाबे मिलाएगा और सब पढ़ जाने के बाद कोई तत्व उसमें नहीं बचेगा। इसलिए प्रेमचन्द की ये जो साफगोई है, यह सपाटता नहीं है। इस साफगोई के पीछे सुलझी हुई साफ जीवन-दृष्टि है जिसमें लोगों को दर्शन की ऊँचाई और उदात्तता नहीं मिलती है लेकिन वह ज्यादा सही है। जमीन के करीब उस किसान की सच्चाई है। इसलिए प्रेमचन्द कला वाले सन्दर्भ में जब किसानों का नाम लेते हैं तो मैं कहना चाहूँगा कि प्रेमचन्द की जीवन-दृष्टि उस किसान-औसत भारतीय किसान की थी जिसकी दृष्टि निश्चय ही बहुत बुलंदियों को नहीं छूती लेकिन उस

किसान की तरह से जमीन की पकड़ और बहुत यथार्थवादी होता है और ठोसपन होता है। उसमें क्षितिज के पार आँकने वाली ऊँचाइयाँ तो नहीं होती हैं लेकिन निश्चय ही एक दूसरा आयाम है—सच्चाई का एहसास का। ऐसे विकास में वे ऐसे चिन्तक होते हैं जिनका एक-न-एक निश्चित उद्‌देश्य होता है। उस क्रम में लोगों ने कहा है कि प्रेमचन्द की जीवन दृष्टि जैसे नहीं है, उनकी कला में भी पोयट्री और लिरिकल एलीमेन्ट नहीं है। काव्यात्मकता गीतात्मकता नहीं है—नर्वणे जी ने कहा है, वात्स्यायन जी ने भी कहा है, निर्मल जी भी कहते हैं। इसलिए प्रेमचन्द में काव्यात्मकता का अभाव होता है, गीतात्मकता का अभाव होता है जो शायद उनकी दृष्टि में उस कला का बहुत बड़ा भारी रहस्य हुआ करता है। इसीलिए प्रेमचन्द में प्रकृति के प्रति वह अनुराग नहीं है जो अपने जमाने के साहित्यकारों में अनेक लोगों में मिलता था और दूसरे लोगों मिलता है।

मित्रो, जहाँ तक प्रकृति प्रेम और गीतात्मकता का सवाल है, इस गीतात्मकता के भी कई रूप हैं। शुक्ल जी ने भारतेन्दु के बारे में लिखा है कि वे दस तरह के लोगों में बैठने वाले आदमी थे, उनको प्रकृति से कोई बहुत अनुराग नहीं था। शुक्ल जी स्वयं बड़े प्रकृति प्रेमी थे, इसमें जो प्रकृति प्रेम होता है, कई तरह का होता है। उपन्यासकारों, कथाकारों में बड़े ही ललित लुभावन रूप में कविता की भाषा में भी व्यक्त होती है। शायद वहाँ गुण भी होता हो। प्रेमचन्द, ऐसा नहीं कि प्रकृति के प्रति उनकी दृष्टि जाती ही नहीं। लेकिन रूप में जाती है उसका एक उदाहरण है होरी, चैत के महीने में फसल कट रही है और उस चैत का थोड़ा सा वर्णन प्रेमचन्द करते हैं—'हिया जरत रहत दिन रैन।' सावन उनको पसन्द था कि नहीं था 'शरद की वह गुनगुनी नवम्बर वाली धूप जारजेट के पल्लू की तरह उँगलियों में लिपटती है' शायद उसका ज्ञान नहीं था लेकिन इस चैत वसन्त में जहाँ जो 'अंगारन के पूँज हैं पेड़-पेड़ पर', वहाँ 'हिया जरत रहत दिन रैन।' प्रकृति को होरी देखता है लेकिन किस रूप में? यह है कि इस प्रकृति को कौन लोग कहाँ से, किस जमीन से देख रहे थे? उस किसान की नज़र से प्रेमचन्द देख रहे थे और उसका उल्लेख उन्होंने अपने लखनऊ वाले भाषण में किया है कि एक वातावरण में सम्भव है कि यह काली-काली मेघमाला बहुत सुन्दर लगे लेकिन फसल के दिनों में अगर उसमें ललाई बहुत अच्छी मालूम पड़े लेकिन फसल आने वाली हो और इस मेघमाला में अगर ललाई दिखी तो फिर वज्रपात ही हो जाएगा। किसान का दिल इसे पसन्द नहीं कर सकता है इसलिए प्रेमचन्द प्रकृति को देखते हैं लेकिन इसी भारतीय किसान की दृष्टि से।

जहाँ तक काव्यात्मकता और गीतात्मकता का सवाल है, मैंने कहा कि गीतात्मकता के कई रूप हैं। रमणीय मनोहर, कमनीय, कोमल प्रकृति और इसका

वर्णन ही काव्यात्मकता और गीतात्मकता नहीं है, जो कर्कश, कठोर—यह भी और इसको भी समझना और ग्रहण करना वहाँ भी काव्यात्मकता है, वहाँ भी गीतात्मक है। निराला के 'बादराग' में गीतात्मकता और काव्यात्मकता दोनों रूप हैं। गर्जन का भी एक रूप है और मधुर-मधुर रोर का भी। इसलिए काव्यात्मकता और गीतात्मकता के रूप में देखें तो मुझे प्रसंगवश याद आ रही है और आश्चर्य मुझे हुआ, निश्चय ही प्रेरणा तो वहाँ से मिल गई—उपन्यासों में प्रेमचन्द दिखाते हैं काव्यात्मकता। गोदान में मेहता और मालती, जब काफी भ्रम दूर हो गए थे अंतिम दिनों में अचानक नदी के किनारे पहुँचे; तो वर्णन पढ़ा होगा कि सहसा बच्चे की तरह से तय करते हैं कि चलो एक फूस की नाव बनाए और उसमें बैंठे और पार हों और किस तरह प्रेमचन्द वर्णन करते हैं कि दोनों नाव बनाते हैं फिर जाने की कोशिश करते हैं और अन्त में किनारे लगाने के बाद उस दिन फैसला होने वाला था, मालती से उस दिन पूछने वाले थे कि तुम मुझसे विवाह करोगी कि नहीं और नाव किनारे लगी और पूरे बालपन, भोलेपन का वर्णन करते हुए प्रेमचन्द आखीर में जैसे मोहभंग तोड़ते हुए कहते हैं, मालती कहती है कि 'विवाह नहीं होगा।'

आप याद रखें, प्रेमचन्द के यहाँ इस तरह बच्चों की तरह नाव बनाना—दो प्रेमी युगल मध्यवर्गीय हैं। वात्स्यायन जी के 'नदी के द्वीप' में भी एक ऐसा प्रकरण आता है। यमुना के किनारे रेखा और भुवन भी एक नाव बनाते हैं। निश्चय ही कलात्मकता और काव्यात्मकता में परवर्ती शिल्प में परिष्कार हुआ है। निश्चय ही वह भाषा में बहुत सारी स्थिति है लेकिन वह जो एक काव्यात्मक स्थिति है और दोनों के ट्रीटमेंट भी अलग-अलग हैं। उसके बाद भी वे कैशोर भावुकता में रेखा भुवन लिपटे रहते हैं और मालती और मेहता उस कैशोर्य भावुकता से मुक्त होकर के दूसरी दिशा में अग्रसर होते हैं। अन्ततः इसलिए काव्यात्मकता और नर्वणे ने अद्‌भुत उदाहरण दिया है, कहा है कि रवीन्द्रनाथ की 'शेषेर कविता में जैसी काव्यात्मकता है, 'श्रीकान्त' के नदी वाले वर्णन में जैसी गीतात्मकता है, प्रेमचन्द में उस प्रकार नहीं मिलती है। 'शेषेर कविता' रवीन्द्रनाथ का दौ कौड़ी का उपन्यास है। बौद्धिक चर्चा-विचाद बहुत ज्यादा है। उपन्यास के रूप में 'शेषेर कविता' रवीन्द्रनाथ की उत्तम कृतियों में नहीं,—बंगाल में भी नहीं है। उसमें काव्यात्मकता का गुण ले आकर रवीन्द्रनाथ ने क्या खोया है, यह नर्वणे को नहीं मालूम है। निश्चय ही 'श्रीकान्त' का वह वर्णन जो रात को चन्द्रनाथ के साथ वर्णन है, अद्‌भुत वर्णन है, उसमें कोई शक नहीं है लेकिन इस एक वर्णन के अलावा कुल मिलाकर 'श्रीकान्त' में उस औपनिवेशिक भारत की दासता से मुक्त होने वाले संघर्ष का प्रतिबिम्ब 'श्रीकान्त' है या 'प्रेमाश्रम', कमजोर उपन्यास है प्रेमचन्द का या 'रंगभूमि' है या 'गोदान' है? एक काव्यात्मकता के लिए कलाकर कितनी बड़ी चीज है और उस काव्यात्कमा को खो करके कलाकार

कितना बड़ा एहसास प्राप्त है—इन दोनों को समूचे समग्र रूप में देख करके, जाँचने और आँकने की है।

इसलिए काव्यात्मकता कलात्मकता, गीतात्मकता और प्रकृतिप्रेम आदि मार्जिनल चीजों को लेकर एक गलत रास्ता तो दिखा ही रहे हैं, मैं कहूँगा कि स्वयं कविता आलोचना का भी अहित कर रहे हैं और क्षति कर रहे हैं।

इसलिए प्रेमचन्द की दृष्टि और कला को पहचानने के लिए, उस दिशा में विचार मैंने आप के सामने रखे हैं। सम्भव है विचार करने के क्रम में मित्र बन्धुलोग बराबर ध्यान रखें प्रेमचन्द की चर्चा करते समय कि हमें आज भी माहौल में उन रचनात्मक सम्भावनाओं को सामने रखते हुए इस पूरी चीज विचार करना है। केवल अतीत की जुगाली करने के लिए अथवा पक्षधरता के लिए नहीं।

** इलाहाबाद विश्वविद्यालय के प्रेमचन्द शताब्दी समारोह के अन्तर्गत एक विशेष आयोजन में दिया गया व्याख्यान*

** पहल, अंक-34, नामवर सिंह पर केन्द्रित*

सादगी का सौन्दर्यशास्त्र

प्रेमचन्द पर एक अरसे से अनेक कारणों से विचार होता रहा है और उनके साहित्य के सभी पक्षों पर कुछ न कुछ कहा जाता रहा है। ऐसा प्रतीत होता है कि उनके उपन्यासों की चर्चा अधिक होती है, कहानियों की अपेक्षाकृत कम। कुछ आलोचकों की तो यहाँ तक राय है कि प्रेमचन्द साहित्य में अपने उपन्यासों के लिए ही अमर रहेंगे, कहानियों के लिए नहीं। यह वक्तव्य किसी सामान्य आलोचक का नहीं बल्कि हिन्दी साहित्य के एक मूर्धन्य प्रगतिशील आलोचक का है।

कभी-कभी मैंने यह भी पाया है और प्रेमचन्द उन साहित्यकारों में से हैं जिन पर बड़े-बड़े विद्वान और आचार्य गुरु गम्भीर भाषा में जो कुछ कहते हैं, उससे ज्यादा चुभती हुई मौलिक समीक्षा वे लोग कर जाते हैं जिन्हें हम आलोचकों की कोटि में नहीं रखते। ऐसे ही लोगों में मेरे मित्र हरिशंकर परसाई हैं। उनका 'प्रेमचन्द के फटे जूते' नाम का एक लेख सम्भवतः आप लोगों ने पढ़ा होगा। प्रेमचन्द का एक फोटो मिलता है, जिसमें वह मुस्कराते हुए दिखाई देते हैं, लेकिन ध्यान से देखें तो उनके जूते फटे हुए हैं और उससे अँगुलियाँ झाँक रही हैं। परसाई की नजर उस जूते पर गई है। बहुत से लोगों की नजर प्रेमचन्द की मूछों पर जाती है। किसी की ठहाकों पर जाती है। परसाई की नजर फटे हुए जूते से झांकती अंगुली पर गई और कहा कि ये तुम्हारे जूते फटे क्यों हैं और फिर उन्हें कुम्भन दास याद आते हैं। 'आवत जात पनहियाँ टूटीं, बिसरि गयो हरिनाम। सन्तन को कहाँ सीकरी सो काम।' लेकिन परसाई देखते हैं कि ये जूते घिसे नहीं हैं। चलने से जूते घिसते हैं, फटते नहीं हैं। तुम्हारे जूते घिसे नहीं हैं। तुम कुम्भन दास नहीं हो, तुम्हारे जूते फटे हैं। लगता है, जरूर तुमने कहीं ठोकर मारी है। चाहते तो बच के भी निकल सकते थे। तुमने ठोकर मारी, और वह चीज इतनी सख्त थी, परत-दर-परत सदियों से जमा कोई ऐसी चीज थी, जिसे तुमने ठोकरों पर ठोंकरें मारीं। वो कितनी टूटी, कितनी फूटी, यह तो नहीं मालूम लेकिन हम देखते हैं कि तुम्हारी अँगुलियाँ घायल हुई हैं और जूते फटे हैं। इसके बाद भी तुम रोये नहीं बल्कि तुम्हारे चेहरे पर एक खास तरह की मुस्कान दिखाई पड़ती है—व्यंग्य बुझी हुई मुस्कान, दर्द से भरी मुस्कान, पीड़ा से भरी मुस्कान! परसाई

ने उस निबन्ध में केवल उस मुस्कान की व्याख्या की है। मैं समझता हूँ कि प्रेमचन्द की उस मुस्कान की व्याख्या डॉ. रामविलास शर्मा भी नहीं कर सके हैं। मैं भी नहीं कर सका हूँ। मैं सिर झुकाता हूँ कि कभी-कभी आलोचकों की नजर से जो बात छूट जाती है, वह एक कथाकार या रचनाकार कह जाता है। हरिशंकर परसाई का लेख ऐसा ही है। मुझे प्रेमचन्द पर आलोचनात्मक लेखों का संकलन करना हो तो मैं 'प्रेमचन्द के फटे जूते' सबसे पहले रखूँ और बहुत सारे मोटे-मोटे शोध प्रबन्धों को न रखूँ।

प्रेमचन्द की कथाकृतियों, उपन्यासों और कहानियों का कथासार, कन्टेन्ट या कथ्य बता करके आम तौर पर समीक्षाएँ की जाती रही हैं। लोगों की धारणा रही है कि प्रेमचन्द की रचनाओं का जो टेक्स्ट है, जो आलेख है, जिसे कुछ लोग 'पाठ' भी कहते हैं, उस 'पाठ' में ऐसी बारीकियाँ नहीं हैं, जैसे किसी काव्य कृति में। जहाँ हर शब्द को हर वाक्य को ध्यान से देखा जाए। शायद प्रेमचन्द के पाठ की इस दृष्टि से विश्लेषण की आवश्यकता लोग नहीं समझते। मैं कुछ ही कहानियों का जिक्र आपके सामने करूँगा। प्रेमचन्द के कहे हुए केवल दो वाक्यों से मैं अपनी बात शुरू करूँगा। 1936 में प्रलेस के प्रथम अधिवेशन में प्रेमचन्द ने जो व्याख्यान दिया था, उसमें एक वाक्य कहा था, जो उर्दू में है कि हमें सुन्दरता का मेयार बदलना होगा। हिन्दी में कहा गया है कि हमें सुन्दरता की परिभाषा बदलनी होगी। मेयार परिभाषा नहीं है। मेयार सुन्दरता की धारणा या प्रतिमान है। अर्थात् मानदण्ड बदलना पड़ेगा। इस कथन का क्या अभिप्राय था। कुछ उदाहरण दे करके प्रेमचन्द ने समझाया है कि आसमान में घिर आए बादल में एक किसान को वही नहीं दिखाई पड़ता, जो शहर में रहने वाले लोगों को दिखाई पड़ता है। मेड़ पर अपने बच्चे को लिटा करके काम करने वाली मजदूरनी की सुन्दरता और बनी-ठनी शहर की एक शहराती महिला की सुन्दरता दोनों एक ही नहीं है। एक की नजर में जो सुन्दर हो, जरूरी नहीं कि दूसरे की नजर में भी सुन्दर ही हो। सुन्दरता की समाज सापेक्षता, दृष्टि सापेक्षता की ओर उन्होंने इशारा किया। समाज में किसी आदमी की जगह क्या है कहां है इस दृष्टि से भी सुन्दरता निरूपित होती है। शाश्वत, सार्वभौम, देशकाल निरपेक्ष सुन्दरता जैसी कोई चीज हो, यह आवश्यक नहीं हैं।

यह वाक्य भी गूंजता रहा है कि प्रेमचन्द की अपनी कृतियाँ उस सुन्दरता को कैसे परिभाषित करती हैं। मानसरोवर भाग एक की भूमिका में कहानी पर एक लेख है। उसमें और चीजों के अलावा प्रेमचन्द कहते हैं कि यहाँ सरलता पैदा कीजिए, यही कमाल है। यहाँ सरलता पर जोर है। 'सुन्दरता का मानदण्ड बदलना चाहिए' और 'सरलता पैदा कीजिये'–इन दोनों में कोई रिश्ता होना चाहिए। ई.एम. फास्टर ने कहा है कि उन चीजों को जोड़ो जो एक साथ कभी जोड़ी नहीं जातीं। यही ज्ञान है और

इससे कभी-कभी नया सिद्धान्त पैदा हो जाता है। कहाँ वो पेड़ से गिरा हुआ सेब और कहाँ धरती, पर दोनों को जोड़कर न्यूटन ने गुरुत्वाकषर्ण का सिद्धान्त बना दिया। आखिर उपमा, उत्प्रेक्षा और रूपक में आप क्या करते हैं। प्रस्तुत को एक और अप्रस्तुत से जोड़ ही तो देते हैं और अचानक एक नया अलंकार पैदा हो जाता है। इमेजरी इसी तरह से पैदा होती है। मैं कहना चाहता हूँ कि साहित्य में सिद्धान्त, मान्यताएँ और अवधारणाएँ इसी तरह पैदा होती हैं--दो भिन्न चीजों को जोड़ने से। कुछ दिनों से मेरे मन में, यह बात रही है।

कुछ वर्ष पहले डी डी कोसम्बी द्वारा सम्पादित 'सुभाषित रत्नकोश' को देखते हुए मेरी नजर 'ब्रज्या' नामक खण्ड पर गई। उसमें अलग-अलग खण्ड हैं--जाति ब्रज्या और दारिद्रय ब्रज्या। इन्हीं दो खण्डों को देखते हुए अचानक इस बात पर मेरा ध्यान अटक गया कि संस्कृत में जिसे 'जाति ब्रज्या' कहते हैं उसका एक नाम स्वभावोक्ति भी है। ये स्वभावोक्ति नाम का अलंकार जिसे जाति व्रज्या भी कहा गया है, ये दारिद्रय वर्णन में ही सबसे ज्यादा क्यों दिखाया गया है, जबकि स्वभावोक्ति का लक्षण बताया गया है—पशुओं का व्यापार। वहाँ लोग स्वभावोक्ति देखते हैं, लेकिन स्वभावोक्ति दरिद्रता में होती है। इन दोनों में रिश्ता है। इन दोनों के आपसी सम्बन्ध को देखते हुए मैं बार-बार सोचता रहा है कि आखिर स्वभावोक्ति का रिश्ता दरिद्रता से कैसे होता है। मुझे प्रेमचन्द के सिलसिले में ये बात याद आई। आप कहेंगे कि कहाँ 'सुभाषित रत्नकोष' और वह भी काव्य का सन्दर्भ और कहाँ प्रेमचन्द। पर हुआ यह कि अचानक प्रेमचन्द की कहानियों को पढ़ते हुए लगा कि प्रेमचन्द की श्रेष्ठ कहानियों में कहीं न कहीं दलित या स्त्री अथवा जहाँ दलित और स्त्री दोनों की समस्याएँ ली गई हैं। उनकी सर्वश्रेष्ठ कहानी सामान्यतः 'कफन' मानी जाती है और वह दलितों की कहानी है। प्रेमचन्द की 'सद्‌गति', 'ठाकुर का कुआँ', 'दूध का दाम' ये तीन कहानियाँ आप अगर देखें तो उसी से जुड़ी हैं। इनमें कोई रिश्ता है कि नहीं। क्यों प्रेमचन्द अपनी सर्वोच्च कलाकृतियों में इन्हीं को लाते हैं। या फिर उसके बाद ऐसी कहानियों का क्रम आता है जो पिछड़े वर्ग के लोगों के जीवन पर हैं। यानी इस अन्तर्वस्तु में ऐसी क्या चीज है, जहाँ प्रेमचन्द इस सादगी को, कला की सुन्दरता को प्रकट करते हैं। चाहे वह उपन्यास हो या कहानी हो। आप देखें तो उनके सबसे अच्छे दो उपन्यासों में एक है रंगभूमि, जिसका नायक तथाकथित चमार जाति का सूरदास है। मेरे गुरुदेव आचार्य हजारी प्रसाद द्विवेदी कहा करते थे कि हिन्दी उपन्यास में अगर मुझसे कोई पूछे कि तुम्हारा सबसे प्रिय हीरो कौन है तो मैं कहूगा 'रंगभूमि' का सूरदास। अन्धा लेकिन दृढ़। डेढ़ पसली का आदमी इतनी बड़ी ताकत के खिलाफ डटकर के खड़ा होता है और शहीद हो जाता है। वैसा तेजस्वी चरित्र हिन्दी साहित्य में दूसरा नहीं दिखाई पड़ता। ये मेरे गुरुदेव प्रेमचन्द के उपन्यास

'रंगभूमि' के सूरदास के बारे में कहते थे। उनका दूसरा उपन्यास है—'गोदान'। 'गोदान' का होरी महतो चमार या दलित वर्ग का नहीं है, फिर भी पिछड़ी जाति का आदमी है।

आज की बातचीत मैं कहानियों पर केन्द्रित करना चाहूँगा, जहाँ प्रेमचन्द उन ऊँचाइयों को छूते हैं, जिससे पता चलता है कि इस सिलसिले में प्रेमचन्द ने एक लम्बा रास्ता तय किया है। अब आप कहेंगे कि दलित, स्त्री और इनके साथ कोई पशु यानी ऐसे समय जिनका कोई साथी नहीं होता, मनुष्य द्वारा सताया हुआ मनुष्य उसे अन्ततः साहचर्य मिलता है तो कुत्ते का। प्रेमचन्द के सम्बन्ध में आप कहेंगे कि यह एक साहित्यिक डिवाइस है अथवा जीवन की एक सच्चाई है। खास तौर से दो कहानियों 'पूस की रात' में सारी कहानी में हलकू के साथ कौन है हलकू अकेला लड़ता हुआ बिना चादर का ठण्ड में ठिठुरता हुआ-एक आदमी। उसके साथ कोई है तो उसका कुत्ता है। किस तरह वे आग जलाते हैं खेलते हैं, दौड़ते हैं। पूरा प्रसंग ऐसा है, जैसे प्रेमचन्द ने कविता लिख दी हो। लगभग यही स्थिति 'दूध का दाम' में है। उसमें एक लड़का है—मुगल, उसका जब कोई सहारा नहीं रहता तो आखिर में टामी सहारा मिलता है। मैंने कहा था कि एक दलित, एक स्त्री और फिर एक पशु, ये तीनों जहाँ होते हैं, प्रेमचन्द अपनी कहानी में या किसी कथाकृति में एक नई जान डाल देते हैं। जो प्रेमचन्द की रचनाओं में मोटे तौर से आरम्भ से ही मिलेगा। लेकिन ये ध्यान देने की आत है कि 28 में दलितों का कोई आन्दोलन दिखा हो और प्रेमचन्द ने सहसा यह सब कुछ कर दिया हो। ऐसा मेरी जानकारी में नहीं है। जैसा आजकल साहित्यकारों के साथ होता है। जब किसी सामाजिक, राजनीतिक आन्दोलन से, मसलन आजकल अम्बेडकर बनाम गांधी मायावती बनाम मुलायम आदि-आदि चल पड़ा है सहसा निकल पड़े और फिर साहित्य का विषय मालूम होने लगे। प्रेमचन्द के यहाँ ऐसा नहीं था बल्कि जीवन को देखने समझने की गहरी आस्था के कारण प्रेमचन्द अपनी जिन्दगी के आस-पास से जो समस्याएँ चुनते हैं वह बहुत महत्वपूर्ण नहीं समझी जाती थी। उनकी कहानियों में ये लाल धागा आपको दिखाई पड़ेगा। बाद में क्रमशः इन विषयों को लेकर के लोगों ने सिद्धान्त बनाए। बाकी चीज लिखी जिन पर लोगों का ध्यान गया।

मैं सबसे पहले प्रेमचन्द की कला की दृष्टि से महत्वपूर्ण कहानियों पर चर्चा करूँगा। 'कफन' की चर्चा बहुत हुई है और कफन पर पूरी चर्चा करने के लिए एक स्वतन्त्र अलग व्याख्यान चाहिए। हम बहक जाएँगे। 'सद्गति' पर चूंकि सत्यजित राय की फिल्म बन चुकी है। लोगों ने फिल्म को देखकर कहानी को पढ़ा होगा, कई दृष्टियों से कहानी पर लोगों का ध्यान गया होगा, इसलिए मैं 'सद्गति' को भी छोड़ देता हूँ। यद्यपि मेरी राय है कि 'सद्गति' और 'ठाकुर का कुआँ' दोनों

कहानियों को एक साथ पढ़ा जाना चाहिए। वे परस्पर पूरक हैं। 'सद्गति' पुरोहिती वर्ग से दलित का क्या रिश्ता है, इस पर आधारित कहानी है। पुरोहित वर्ग का आधार तथाकथित धर्म हुआ करता है। मैंने कहा तथाकथित यानी धर्म का वह रूप जिसे मैं कर्मकाण्ड भी नहीं कहूँगा बल्कि अत्यन्त विकृत रूप, जिस अर्थ में तुलसीदास ने लिखा था कि 'बेचहि वेद धरम दुहि लेहीं' इसलिए जो वेद को बेचने वाले हैं और धर्म को दुह करके पैसा वसूल करने वाले मक्खीचूस हैं। 'वेद धर्म, दुहि लेहीं' या 'पुरोहिती कर्म अति मन्दा' तुलसीदास ने जिस अर्थ में कहा है, उस अर्थ में सद्गति में धर्म का एक ठेकेदार है जिसके द्वारा शोषण होता है। उसका ठीक दूसरा पहलू है 'ठाकुर का कुआँ', जहाँ ठाकुर लाठी के बल पर आतंक के बल पर लागों का दमन करता है। ये दोनों पहलू हैं। इसलिए प्रेमचन्द दलितों पर होने वाले अत्याचारों को चाहे वे आर्थिक हों, सामाजिक, धार्मिक हों या ताकत से सम्बन्ध रखने वाले हों, उन सभी पहलुओं को एक-एक करके अलग-अलग कहानियों में लेते हैं। इस दृष्टि से 'सद्गति' के साथ 'ठाकुर का कुआँ' को देखा जाना चाहिए। यह 1932 की कहानी है और 'सद्गति' 31 की कहानी है। पहले उन्होंने 'सद्गति' लिखी है फिर 'ठाकुर का कुआँ', उसके बाद लिखी 'दूध का दाम' सन् 34 में और अन्त में 'कफन' सन् 35 में। इसलिए इन कहानियों का कालक्रम भी देखा जाना चाहिए। कालक्रम से यह मालूम होता है कि कैसे प्रेमचन्द में कला निखरती चली जाती है। इन कहानियों की चर्चा करने से पहले मैं प्रेमचन्द की एक और कहानी को आपके सामने रखूँगा।

प्रेमचन्द की 1929 की एक कहानी है—गुल्ली-डंडा। प्रेमचन्द ने कहानी कहने की कई शैलियाँ अपनायी हैं। कुछ कहानियाँ प्रेमचन्द शुरू करते हैं—निबन्ध की तरह। गुल्ली-डंडा मुझे बहुत प्रिय है। यह खेलों का राजा है। शुरू में प्रेमचन्द कहते हैं कि जो विलायती खेल हैं, उनके सामान बड़े महँगे होते हैं। बड़े लोगों के चोचले हैं। गुल्ली-डंडा आम आदमी का खेल है। पेड़ पर चढ़कर आपने डंडा काटा। गुल्ली बनाई। हर आदमी खेल सकता है। चूंकि देश उपनिवेशवादी दौर से गुजर रहा था, इसलिए लगे हाथों जो विलायती खेलों का नशा है प्रेमचन्द ने उस पर भी टिप्पणी की है। अब आप देखें कि गुल्डी-डंडा भी खेल हो सकता है। इसे कहते हैं सादगी का सौन्दर्यशास्त्र। क्रिकेट की कमेन्ट्री जिस भाषा में की जाती है और हाकी की कमेन्ट्री आप देखिए कि बड़े-बड़े लोग कमेन्ट्री के लिए पैसे देकर बुलाये जाते हैं। गुल्ली-डंडा पर आपको कोई कमेन्टेटर नहीं मिलेगा। प्रेमचन्द ने 'गुल्ली-डंडा' कहानी में गुल्ली के खेल पर जो कमेन्ट्री दी है, उसके वर्णन की सुन्दरता देखिए। एक आदमी जो बचपन में गुल्ली-डंडा खेलता था, वह इंजीनियर हो गया है। बीस साल बाद अपने गांव लौटता है। देखता है कि लड़के गुल्ली-डंडा खेल रहे हैं। तो पूछता

है कि तुम लोग गया को जानते हो। लड़के पूछते हैं कौन गया! वह चमार! तो कहता है–हाँ वही। और जिस गया के साथ वह खेला करता था उस गया को ढूँढ़ के बुलवाता है। वह बार-बार मना करता है, बड़ा संकोच करता है, इतने बड़े साहब आदमी गुल्ली-डंडा खेलने की बात कर रहे हैं। शहर से तीन मील दूर पर ताल के तरफ एकान्त में गए कि वहाँ खेलेंगे। वहाँ वो खेलते हैं। कहानी बताने की जरूरत नहीं है, केवल संकेत में बता देता हूँ। गया बचपन में इनको पदाया करता था, इनसे बीस पड़ता था। प्रेमचन्द ने इस शब्द का बेतकल्लुफ इस्तमाल किया है। पर आज बीस साल बाद ये बेईमानी करते हैं, धांधली करते हैं; बावजूद इसके वो बिल्कुल लड़ता नहीं है। पहले जरा-सी बेईमानी करने पर डंडे मार देता था। अब कुछ नहीं करता, हारता चला जाता है, हारता चला जाता है। पदाते चले जा रहे हैं। आखिर में ये कहते हैं–भाई एक दांव तुम्हारा है अब तुम पदाओ, मैं पदना चाहता हूँ। फिर भी वह इनको छोड़ देता है। चलते-चलते कहता है कि आप जब आए ही हैं तो कल शाम को अगर फुरसत हो तो आइए पुराने खिलाड़ियों को इकट्ठा करके गुल्ली-डंडा का खेल खेलते हैं। अगले दिन यहाँ ढेर सारे तमाशबीन हैं। वही गया जो मरियल जैसा था, खेलते हुए, खेलने का वही अन्दाज अपना वही जौहर दिखाता है। तब ये शर्मिंदा होते हैं और कहते हैं–मैं उसकी दया के काबिल भी नहीं रह गया था। वो खेल नहीं रहा था। वो मुझे खेला रहा था। मैं इतना रुपए वाला बड़ा आदमी हो गया, फिर भी बड़ा वह है, मैं छोटा हूँ।

मैं कहना चाहता हूँ कि हर कला चाहें पेंन्टिग हो, चाहे गद्य की कला हो चाहे कविता की कला हो। वह डिटेल्स में हुआ करती है, बारीकियों में हुआ करती है, निष्कर्षों में नहीं हुआ करती। कथासार में नहीं हुआ करती। ब्यौरों में हुआ करती है। 'गुल्ली-डंडा' की कला उस ब्यौरे में हैं, जहाँ पहली बार वे बचपन की स्मृतियों को दुहराते हैं। उसमें प्रेमचन्द धीरे से कहते हैं कि क्यों गुल्ली-डंडा का खेल और क्यों बचपन की याद मुझे अच्छी लगती थी। कहते हैं कि बचपन की मीठी स्मृतियाँ ही मूल्यवान हैं। याद करते है वो पदना-पदाना, वो लड़ाई-झगड़े, वह सरल स्वभाव। जिसमें छूत-अछूत, अमीर-गरीब का भेद लुप्त था तथा जिसमें अमीराना चोंचलों की, प्रदर्शन की, अभिमान की गुंजाइश न थी। कभी खेलते समय बचपन में उसे यह एहसास नहीं हुआ कि वह चमार है और मुझे यह एहसास नहीं कि मैं ऊँची जाति का हूँ। जब उसने मुझे धांधली करते देख डंडा चलाया तो बिल्कुल एहसास नहीं था। आज इतने दिनों बाद जब मैं कुछ और हो गया हूँ तो पूरा एहसास है और ये जो दूरी आ गई है, उसके कारण खेल उसी रूप में हो नहीं सकता। सच्चा खेल। गुल्ली-डंडा वह है जहाँ जाति-पाँति, वर्ण, हैसियत, ओहदा, सम्पत्ति का कोई भेद नहीं हो, वहीं यह सच्चा खेल हो सकता है। सच्ची आलोचना या सच्चा अध्यापन वहीं

होता है जहाँ भेद-भाव पूरा का पूरा मिट जाए। जहाँ शिष्य को यह अधिकार प्राप्त हो कि गुरु को चुनौती दे सके और जहाँ गुरु विद्या के मामले में ज्ञान के मामले में बराबरी का भाव रख सकता हो। प्रेमचन्द यहाँ जब वर्णन करते हैं तो उससे पूछते हैं कि आओ आज हम तुम खेलें। तुम पदाना, हम पदेंगे। तुम्हारा एक दांव बाकी है हमारे ऊपर, उसे ले लो और तुम्हारा वो डंडा जब तुमने तान कर मारा था, वो याद है न। वह कहता है—वह लड़कपन था सरकार। उसकी याद न दिलाओ। वाह! वही मेरे बाल जीवन की सबसे रसीली याद है। वह न आदर-सम्मान में पाता हूँ, न धन में। और फिर वही खेल, नकली ही सही, शुरू होता है। उसे पूरे खेल के वर्णन में देखें यद्यपि वह खेल नहीं था, खेल का भुलावा था। उस छद्म का वर्णन भी कितना रस लेकर प्रेमचन्द करते हैं। बारह तरह की तो गुल्लियाँ गिनायी हैं। जिन्हें मैं बचपन में भी नहीं जानता था कि गुल्लियों के इतने वर्गीकरण और भेद हो सकते हैं। प्रेमचन्द रस ले करके नुकीली गुल्ली, चपटी गुल्ली, ये गुल्ली वो गुल्ली दस-बारह तरह की गुल्लियाँ गिनाते हैं। जिस तरह की गुल्लियाँ हम खेला करते थे। मित्रो, मैं उस कहानी का इसलिए जिक्र कर रहा था कि प्रेमचन्द ने कहानी 'गुल्ली-डंडा' में दमन, शोषण और अत्याचार का जिक्र नहीं किया है, जैसा बहुत सारी कहानियों में होता है, पर जो संकेत से कहा है, वह बहुत अर्थगर्भी है।

'ठाकुर का कुआँ' कहानी में जोखू के कहने पर कि पानी में दुर्गन्ध है, उसकी पत्नी गंगी यह कह कर पीने से रोकती है कहती है—दूसरा पानी लाए देती हूँ। पर ला नहीं पाती। ऐन वक्त पर ठाकुर का दरवाजा खुलता है और वह रस्सी छोड़ भागती है। घर पहुँच कर गंगी ने देखा, जोखू लोटा मुँह से लगाये वही मैला गंदा पानी पी रहा है। जिस गन्दे पानी को वह पीना नहीं चाहता था और उसकी पत्नी ने रोका था—'ठहरो मैं कुएँ से पानी ले आती हूँ' और आखिर में जब वह आई तो उसका हाथ खाली था और जोखू वही गन्दा पानी पी रहा। यह जीवन की विडम्बना है। इतना चक्कर लगा करके गंगी जोखू को वही गन्दा पानी पीते हुए देखती है। इस बीच में जिस कुएँ से वो पानी लेने गई है, उसके साथ पूरा चक्कर कहानी लगाती है। मुख्तसर। प्रेमचन्द ने जो विषय चुना वह जीवन की निहायत जरूरी लेकिन अदना-सी चीज पानी है। रोटी नहीं, कपड़ा नहीं, मकान नहीं। मनुष्य मनुष्य का इतना दूर तक दमन कर सकता है कि साधारण-सी चीज पानी, जो सहज मिलनी चाहिए, वही पानी नहीं मिल रहा है, जबकि कुएँ भरे पड़े हैं। यहाँ प्रेमचन्द एक साथ तीन वर्णों को पूरी चर्चा में ले आते हैं—जब उसने कहा कि मैं जा रही हूँ पानी लेने-जोखू कहता है कि 'बाभन देवता आशीर्वाद देगें, ठाकुर लाठी मारेंगे, साहू जी एक के पांच लेगे, गरीबों का दर्द कौन समझता है।' तो तीन वर्णों को चुन लिया—एक आशीर्वाद देंगे, पानी न देंगे, एक लाठी देंगे पानी न देंगे, एक एक के पांच लेंगे

फिर भी पानी न देंगे। आगे चल कर इस पूरी कहानी में कहीं कोई ऐसी बात नहीं करते। जोखू जो गन्दा पानी पी रहा है, उसकी बीबी का नाम गंगी है। प्रेमचन्द बहुत सोच समझ कर नाम रखते हैं। 'सद्गति' में पंडित जी का नाम है घासीराम।

'ठाकुर का कुआँ' में प्रेमचन्द कहते हैं—"गंगी का विद्रोही दिल रिवाजी पाबन्दियों और मजबूरियों पर चोटें करने लगा।" जो लोग पाबन्दियों में बन्धे हुए हैं, उनकी मजबूरियां भी हैं और जिन्होंने पाबन्दियाँ बना रखी हैं, उनकी भी अपनी मजबूरियाँ हैं। "हम क्यों नीच हैं और ये लोग क्यों ऊँचे हैं इसलिए कि ये लोग गले में तागा डाल लेते हैं।" तागा शब्द का प्रयोग प्रेमचन्द ने किया है यज्ञोपवीत नहीं कहा है। आगे—"चोरी ये करें, जालफरेब ये करें, झूठे मुकदमें ये करें। अभी इस ठाकुर ने उस दिन बेचारे गड़ेरिये की एक भेड़ चुरा ली और बाद को मार कर खा गया। इन्हीं पंडित जी के घर में तो बारहो मास जुआ होता है और यही साहू जी घी में तेल मिलाकर बेचते हैं। किस बाम में हमसे ऊँचे हैं।" प्रेमचन्द एक नई नैतिकता का सवाल उठाते हैं—कौन नीच है कौन ऊँच है। यदि मनुष्य कर्म से नीच होता है, कर्म से ऊँचा होता है तो कर्मों के आधार पर नियम होना चाहिए न कि जन्म के आधार पर होना चाहिए। गंगी सिर्फ सवाल पूछती है किस बात में हमसे ऊँचे हैं, कौन-सा कर्म इनका है जिनसे ये ऊँचे हैं और कौन-सा कर्म हमारा है जिससे हम नीच हैं। इस तरह कहानी पानी के बारे में नहीं रह जाती। बल्कि निहितार्थ यह है कि लोटे का पानी जो बदबू दे रहा है, उससे ज्यादा गन्दी बदबू—भरी ये समाज—व्यवस्था है, जो सड़ी हुई है। प्रेमचन्द की 'ठाकुर का कुआँ' कहानी यह अर्थ देती है। वो कुआँ जिसमें जानवर मरा हुआ था और जहाँ से बास आ रही है! शुद्ध जल पीने वाले लोग जो व्यवस्था बनाते हैं वह व्यवस्था उससे भी ज्यादा बदबूदार है। बदबूदार पानी पीने वाले दलित उनकी अपेक्षा कैसे चरित्र वाले हैं। ये कन्ट्रास्ट प्रेमचन्द दिखाते हुए जान पड़ते है। मैं कह रहा था कि यह मुकम्मल कहानी इसलिए भी है कि दलित के साथ प्रेमचन्द स्त्रियों की समस्या को भी छोटी-सी कहानी में रखते हैं। यद्यपि संकेत भर करते हैं। कुएँ पर जब गंगी पहँची तो दो औरतें बातें कर रही थीं और वे ऊँचे घरों की थीं। वे औरतें कह रही थीं कि रात को पतिदेव हम लोगों को ताजा पानी लाने का हुकुम दे देते हैं। अपने तो बैठे आराम कर रहे हैं, गुलछर्रे उड़ा रहे हैं और हमें भेज दिया है कि तुम ताजा पानी ले आओ। जैसे लौड़ियाँ हैं हम। जो औरते हैं उनमें से ही एक कहती है—लौड़ियाँ (दासी) नहीं हो तो क्या हो तुम। रोटी कपड़ा नहीं पाती, दस-पाँच रुपये भी छीन झपट कर ले ही लेती हो। लौडियाँ और कैसी होती हैं? अर्थात् वह व्यवस्था जो, समाज के एक तबके को पानी नहीं देती, उसी व्यवस्था के दावेदार अपने घर की स्त्रियों को दासी समझते हैं। अर्थात पूरी व्यवस्था पुरुष प्रधान है। यह पुरुष सत्ता समाज है जो

औरत अर्थात् आधी दुनिया को गुलाम बनाए हुए है। प्रसंगवश कुएँ पर दो स्त्रियों की बातचीत के जरिए प्रेमचन्द इस बात पर जोर डालते हैं। कहानी में एक बहुत छोटा-सा वाक्य है जिसकी ओर मेरा ध्यान गया। यहाँ दो चीजों को देखना होगा। आंतक दिखाने के लिए प्रेमचन्द केवल एक उपमा देते हैं। अचानक जैसे ही पानी का घड़ा रस्से में बांध कर उसने डुबोया ठाकुर का दरवाजा खुला। प्रेमचन्द उपमा देते हैं 'और शेर का मुँह इससे अधिक भयानक नहीं होगा।' 'दरवाजा शेर के मुख की तरह खुला'। इस आतंक को रात का सन्नाटा अच्छी तरह व्यक्त करता है। कह सकता हूँ कि पूरी कहानी में विद्रोह का एक भी वाक्य नहीं आया है। मैं एक एन्थ्रोपालजिस्ट की किताब पढ़ रहा था। मलेशियन या इण्डोनेशियन विलेज के बारे में–'वेपन आफ द वीक' अर्थात 'कमजोरों का हथियार'। कमजोर लोगों के कई तरह के हथियार होते हैं। उसने कहा है कि स्वीपर का काम करने वाले मजदूर विद्रोह नहीं करते, चोरी चकारी नहीं करते, उनका हथियार कई तरह का पैसिव ढंग का हुआ करता है। जैसे कि कामचोरी। थोड़ा हीला-हवाली करेंगे बीड़ी पीने के बहाने, काम करने से सुस्ताने के बहाने। और इस तरह धीरे-धीरे उनका एक तटस्थ भाव व्यक्त होता है। इस कहानी में आखिर तक जोखू कुछ नहीं कहता, गंगी कुछ नहीं कहती और डर कर वहाँ से लौटती है। जब वह लौटती है तो जोखू को वही बदबूदार पानी पीते हुए देखती है। मूक विद्रोह पाठक के मन में विस्फोट पैदा करता है। प्रेमचन्द उसका आभास कहानी में एक जगह कराते हैं। जब उसके हाथ से रस्सी छूट गयी और घड़ा कुएँ में गिरा, प्रेमचन्द कहते हैं धड़ाम से पानी में गिरा और कई क्षण तक पानी में हिलकोरों की आवाज सुनाई दी। अदना लेखक होता तो वह लिखता घड़ा गिरा और वहीं उसका काम खत्म हो गया। घड़ा गिरा और उसके बाद भी उस कुँए में पानी की हिलकोरों की आवाजें सुनाई पड़ती रहीं। इससे ज्यादा लेखक प्रेमचन्द कोई टिप्पणी नहीं करते। जो लोग समझते हैं कि प्रेमचन्द मोटी कलम से कहानियाँ लिखा करते थे, समझा दिया करते थे, निष्कर्ष निकाल दिया करते थे, उपदेश दे दिया करते थे उन्हें इन कहानियों को देखना चाहिए। 'ठाकुर का कुआँ' नाम की कहानी जिसमें कोई निष्कर्ष नहीं, कोई उपदेश नहीं। आजकल झंड़ा-वंडा उठा लेने वाले जो बात करते हैं, वैसा कहीं कुछ नहीं है। सिर्फ रस्सी हाथ से छूटी, धड़ाम से घड़ा गिरा और घड़ा गिरने के बाद पानी में हलकोरों की आवाजें–बस।

मित्रो यह है सादगी का वह सौन्दर्यशास्त्र जहाँ कोई अलंकार नहीं, कोई उपमा नहीं, कोई विचारधारा नहीं। मैंने 'दूध का दाम' कहानी को उतनी ही मार्मिकतापूर्ण पाया है। यह बाद की कहानी है और बहुत मार्मिक कहानी है। एक कहानी अभी हाल ही में मैंने पढ़ी है। मेरी भी नजर संयोग से ही पड़ी। अमृत राय ने जो 'गुप्त

धन' नाम का संकलन किया है, उसमें है और आखिर दिनों की कहानी है। कहानी 'माधुरी' में 1935 में छपी थी। शीर्षक है 'पैपुजी'। 'पैपुजी' अर्थात पाँव पूजी। इसमें बारात का जिक्र है। शुरू करते हैं सिद्धान्त का सबसे बड़ा दुश्मन लोग कठिनाइयों में दृढ़ सकल्प से और आत्म बल से। बाधाओं–प्रलोभनों का सामना करते हैं। लेकिन एक दिली दोस्त से वे मुरव्वती नहीं की जा सकती चाहे सिद्धान्त रहे या जाए। कहानी कुछ इस तरह है–कई साल पहले मैंने जनेऊ हाथ में लेकर प्रतिज्ञा की थी कि अब किसी की बारात में नहीं जाएँगे, चाहे इधर की दुनिया उधर हो जाए। ऐसी विकट प्रतिज्ञा करने की जरूरत क्यों पड़ी। इसकी कथा लम्बी है और आज उसे याद करके मेरी प्रतिज्ञा को जीवन मिल जाता है। बारात कायस्थों की थी। प्रेमचन्द जब कायस्थों के बारे में लिखते हैं, खासतौर से प्रेमचन्द और फिराक! तो उनकी कलम देखिए। बारात कायस्थों की थी। समधी मेरे पुराने मित्र। देहात की सैर रहेगी, मैं चल पड़ा'। लेकिन मुझे देख कर हैरत हुई कि बरातियों की वहाँ जाकर बुद्धि भ्रष्ट हो गई, बात-बात पर झगड़ा तकरार। सभी कन्या पक्ष वालों से मानों लड़ने को तैयार। ये चीज नहीं आई, वो चीज नहीं आई। मैंने उसी वक्त प्रतिज्ञा की। लेकिन प्रतिज्ञा जब की जाती है तो बार-बार की जाती है। फिर टूटी प्रतिज्ञा। इसलिए गत मंगलवार को जब मेरे परम मित्र सुरेश बाबू ने लड़के के विवाह का निमन्त्रण दिया तो मैंने दोनों हाथों को जोड़कर कहा-जी नहीं, मुझे क्षमा कीजिए, मैं नहीं जाऊँगा। अपने बेटे की बारात में भी नहीं? बेटे की बारात में तो खुद अपना स्वामी रहूँगा। तो समझ लीजिए आप ही का पुत्र है और आप यहाँ अपने स्वामी हैं। निरुत्तर हो गया। लेकिन प्रेमचन्द की भाषा देखिए मैं निरुत्तर हो गया फिर मैंने जरा और ठोंका लेन-देन का झगड़ा तो नहीं है। नहीं वे लोग अपनी खुशी से जो देंगे वही ले लूँगा। और फिर उसके बाद वे गए उसका वर्णन है। कहानी कहानी जैसी नहीं लगेगी। लगेगा कि लेख है। कन्यादान संस्कार शुरू हुआ कन्या का पिता एक पिताम्बर पहन आकर वर के सामने बैठ गया। उसके चरणों को धोकर उन पर अक्षत फूल आदि चढ़ाने लगा। मैं अब तक सैकड़ों बरातों में जा चुका था, लेकिन अब तक विवाह संस्कार देखने का अवसर नहीं मिला था। अपने विवाह की मुझे याद नहीं। इस वक्त कन्या के वृद्ध पिता को एक युवक के चरणों की पूजा करते देख कर मेरी आत्मा को चोट लगी कि ये हिन्दी विवाह का आदर्श है या उसका परिहास। कन्या का पिता वर का पाँव पूजे–ये तो न शिष्टता है, न धर्म, न मर्यादा। मेरी विद्रोही आत्मा किसी तरह शान्त न रह सकी। मैंने झल्लाये हुए स्वर मैं कहा–"ये क्या अनर्थ हो रहा है। कन्या के पिता का यह अपमान। कन्या के पिता महोदय बोले, ये मेरा अपमान नहीं मेरा अहो भाग्य है कि आज यह शुभ अवसर आया। आप इतने ही से घबरा गए अभी तो कम से कम सौ आदमी पैपुजी के

इन्तजार में बैठे हुए हैं। लोग प्रसन्न चित्त गद्गद नेत्रों से ये नाटक देख रहे थे। मैं मन में सोच रहा था जब समाज में औचित्य ज्ञान का इतना लोप हो गया है और लोग अपने अपमान को अपना सम्मान समझते हैं तो क्यों न स्त्रियों की इस समाज में दुर्दशा हो। क्यों न उनके आत्म सम्मान का सर्वनाश हो। वर-वधू मण्डप से निकले तो मैंने उसी समय थोड़े से फूल चुन लिए और एक अर्ध चेतन दशा में जाने किन भावों से प्रेरित होकर उन फूलों को वधू के चरणों पर चढ़ा दिया।" यहीं कहानी खत्म। मैंने इस कहानी का जिक्र आपसे इसलिए किया कि प्रेमचन्द के साथ बहुत बड़ा अन्याय हुआ है। प्रेमचन्द का जो कैनन तैयार किया गया है—सेलेक्शन किया गया है उसमें 'बड़े घर की बेटी' और कौन-कौन सी कहानियाँ रख करके, एक ऐसा माटी का माधो पाठकों के सामने प्रचार में रखा जाता है। देखें कि एक और प्रेमचन्द हैं। मैं समझता हूँ कि प्रेमचन्द की तीन सौ कहानियों को नए सिरे से पढ़ कर देखा जाना चाहिए। 1935 में प्रेमचन्द 'पैपुजी' नाम की कहानी लिखते हैं। हो सकता है लोग असहमत हों। लेकिन मैं कह रहा था कि प्रेमचन्द जब कहानी लिख रहे थे उस समय कोई नारी मुक्ति आन्दोलन नहीं चल रहा था। फेमिनिस्ट उस समय नहीं थे। प्रेमचन्द जहाँ भी समाज में अन्याय था, उसका प्रतिकार अपने ढंग से कर रहे थे। ईश्वर द्वारा मनुष्य के प्रति किया गया अन्याय ही नहीं, वे ग्रीक ट्रेजेडी नहीं लिख रहे थे, मनुष्य द्वारा मनुष्य के प्रति किया गया अन्याय, इसी समाज द्वारा इसी समाज में रहने वाले लोगों के प्रति किया गया अन्याय, उसे भी सतह पर लाकर दिखा रहे थे। जहाँ दमन और अन्याय था, उस अन्याय की व्यथा, पीड़ा सामने रख रहे थे और साथ ही उस व्यथा-पीड़ा का ऐसा चित्रण कर रहे थे, जो हमें आपको इस हद तक झकझोर दे कि हम स्वयं उस व्यवस्था के खिलाफ खड़े हो सकें, जो अमानवीय है गैरबराबरी पर खड़ी है, जिसको हम अनजाने संस्कारवश ढोए चले जा रहे हैं और कभी-कभी परम्परा के प्रति श्रद्धा के नाम पर हम जिसका पोषण-समर्थन करते हैं। 'पैपुजी' कहानी में वर पक्ष से जाने वाला बराती उसके चरणों पर जल्दी से फूल रख वहाँ से चल देता है।

मैंने 'सादगी के सौन्दर्य' की कोई व्याख्या नहीं की, न ही यह बताया कि उसका शास्त्र क्या होता है। प्रेमचन्द की इन कहानियों के माध्यम से मैंने सिर्फ बताना चाहा है कि ये सरल-सुस्पष्ट पारदर्शी कहानियाँ हैं, जिनकी व्याख्या की आवश्यकता नहीं है, बल्कि जहाँ अर्थ-गर्भ प्रसंग हैं, उनको केवल रखांकित कर देने की जरूरत है, वे अपनी व्याख्या करने में स्वयं समर्थ हैं। यही प्रेमचन्द की ताकत है। जहाँ ऐसी क्लिष्टता नहीं है जिसकी व्याख्या कर पन्ने के पन्ने रँगे जाएँ, बल्कि वह है जिसको टी.एस. ईलियट 'सेंस ऑफ फैक्ट' कहते थे। आलोचना में उन शब्दों को उन स्थलों को केवल दिखला दिया जाए कि यही है वह जगह जहाँ कहानी का प्राण निवास

करता है। मैं समझता हूँ आलोचना जितनी संक्षिप्त होगी उतनी ही सार्थक होगी। लोगों का श्रम बचेगा। पुस्तकें कम मोटी होंगी। प्रेमचन्द जैसे सरल-सीधे कथाकार के यहाँ सादगी और पुरस्कारी इतनी गहरी है कि किसी प्रकार की समीक्षा की आवश्यकता नहीं है। मैंने कोई मौलिक बात नहीं कही है। कोई गहरी गम्भीर बात नहीं कही है। वह जो दिन के उजाले की तरह है, मैंने केवल उसकी ओर इशारा भर किया है।

(प्रेमचन्द साहित्य संस्थान के प्रेमचन्द जयन्ती समारोह के उद्‌घाटन के अवसर पर 28 जुलाई, 1994 को दिया गया व्याख्यान। संस्थान की स्मारिका 'कर्मभूमि' में 1994 में पहली बार प्रकाशित)

साम्प्रदायिकता का सवाल
(प्रेमचन्द और अमृतराय)

[1]

'हिन्दू-मुस्लिम एकता का मसला निहायत नाजुक है और अगर पूरी एहतियात और धीरज और ज़ब्त और रवादारी से काम न लिया गया तो वह स्वराज्य के आन्दोलन के रास्ते में सबसे बड़ी रुकावट साबित होगा।' यह चेतावनी किसी राजनीतिक नेता की नहीं, साहित्यकार प्रेमचन्द की है और वह भी 1921 की, जब खिलाफ़त आन्दोलन के नशे में किसी को गुमान भी न था कि अगले दो-तीन सालों में ही हिन्दू-मुस्लिम दंगों का देशव्यापी सिलसिला शुरू हो जाएगा।

प्रेमचन्द का साहित्य आज़ादी के उस दौर का हिस्सा है जब राष्ट्रीय एकता के निर्माण में साम्प्रदायिक दिक्कतों का अनुभव पहली बार हुआ। बेशक अब हम आज़ाद हैं, लेकिन साम्प्रदायिकता के अज़दहे ने आज फिर अपना सिर उठाया है। राष्ट्रीय एकता खतरे में है। साहित्य से मदद चाहते हैं तो प्रेमचन्द से बढ़कर आज भी दूसरा लेखक मुश्किल से मिलेगा।

भारत में हिन्दू-मुस्लिम दंगों का पहला सिलसिला 1924 में शुरू हुआ; उसके पहले अप्रैल, 1923 में प्रेमचन्द ने एक मज़मून लिखा उर्दू में 'क़हतर्रिजाल', अर्थात् 'मनुष्यता का अकाल'। मज़मून इतना तेज था कि 'ज़माना' के एडीटर मुन्शी दयानरायन निगम छापने की हिम्मत न कर सके। काफी सोच-विचार के बाद आखिरकार फरवरी, 1924 में वह मज़मून 'ज़माना' में छपा। हिन्दू-मुस्लिम खींचतान के पीछे काम करने वाले दरअसल कौन-से लोग हैं, उन्हें बेनक़ाब करते हुए प्रेमचन्द उस 'मज़मून' में लिखते हैं : 'इस आन्दोलन के शुरू करने वाले और कार्यकर्ता अधिकतर वही लोग हैं जो राजनीतिक मामलों में हिस्सा लेने से कावा काटते रहते हैं या उसमें हिस्सा लेते भी हैं तो आबरू बनाये हुए, वर्ना हिन्दू संगठन के बनारस में आयोजित जलसे में जमींदारों और राजाओं की इतनी बड़ी संख्या न दिखाई देती। जिधर देखिए, राजे-महाराजे और सेठ-महाजन ही नज़र आते थे।

उनके पीछे चलने वालों में अधिकांशतः वे लोग थे जिनका पुश्तैनी पेशा गुलामी है, जिन्हें शुरू से यह शिकायत है कि मुसलमान सरकारी नौकरियाँ हड़प कर जाते हैं और हमारा हाल पूछने वाला कोई नहीं है, जिनके लिए एक मुसलमान सब-इंसपेक्टर या कुर्क अमीन की नियुक्ति चीन के इन्क़लाब या तुर्की की फ़तेह से ज़्यादा बड़ी घटना है।'

आज की तरह पहले भी गोकुशी को दंगा भड़काने का बायस बनाया जाता रहा है। इस सवाल के धार्मिक पहलू पर विचार करते हुए प्रेमचन्द उसी लेख में लिखते हैं : 'गोकुशी के मामले में हिन्दुओं ने शुरू से अब तक एक अन्यायपूर्ण ढंग अख्तियार किया है। हम को अधिकार है कि जिस जानवर को चाहें पवित्र समझें, लेकिन यह उम्मीद रखना कि दूसरे धर्म को मानने वाले भी उसे वैसा ही पवित्र समझें, खामखाह दूसरों से सर टकराना है। गाय सारी दुनिया में खाई जाती है, उसके लिए क्या आप सारी दुनिया को गर्दन मार देने के काबिल समझेंगे? अगर हिन्दुओं को यह जानना बाकी है कि इन्सान किसी हैवान से कहीं ज्यादा पवित्र प्राणी है, चाहे वह गोपाल की गाय हो या ईसा का गधा, तो उन्होंने अभी सभ्यता की वर्णमाला भी नहीं समझी।'

इस साफ़गोई की हिम्मत, मैं नहीं जानता, आज भी किसी में मुमकिन है। 1924 में जब दंगे शुरू हो गए तो निगम साहब को प्रेमचन्द ने एक ख़त में लिखा : 'हिन्दू-मुस्लिम फ़िसादात का सिलसिला जारी है। मैंने पहले ही पेशीनगोई की थी। वह हर्फ़-ब-हर्फ़ सही साबित हो रही है। हिन्दूसभा दिल्ली में भी शायद समझौता न होने दे। लखनऊ में ज़्यादती हिन्दुओं की तरफ़ से हुई, मगर बाद को किसी ने मुँह न दिखाया।' ध्यान देने की बात हैं कि यह बात एक हिन्दू दूसरे हिन्दू को लिख रहा है। स्वयं हिन्दू जाति में जन्म लेने के कारण, हिन्दुओं की ओर से होने वाली किसी भी ज़्यादती के प्रति, स्वभावतः प्रेमचन्द का रुख सख्त था।

उदाहरण के लिए उन्हीं दिनों चतुरसेन शास्त्री ने एक किताब लिखी : 'इस्लाम का विषवृक्ष'। सुनते ही प्रेमचन्द भड़क उठे। फौरन जैनेन्द्र को लिखा : 'इन चतुरसेन को क्या हो गया है कि 'इस्लाम का विषवृक्ष' लिख डाला? उसकी एक आलोचना तुम लिखो और वह पुस्तक मेरे पास भेजो।...इस कम्युनल प्रोपेगैण्डा का जोरों से मुकावला करना होगा और यह ऋषभ भला आदमी भी इन चालों से धन कमाना चाहता है!' इस घटना से प्रेमचन्द इतने विक्षुब्ध थे कि ऐसी ही बात उन्होंने बनारसीदास चतुर्वेदी को भी लिखी। 'जागरण' में स्वयं उस किताब पर अपना दुहत्तड़ चलाया और 'हंस' में उसकी खबर लिवाई कृष्ण देव प्रसाद गौड़ से। यह था एक साहित्यकार का सात्विक रोष, जो कम-से-कम साहित्य के क्षेत्र में इस तरह के 'विषवृक्ष' को पनपने न दे सकता था।

किन्तु प्रेमचन्द ने हिन्दू सम्प्रदायवाद तक ही अपने विरोध को सीमित नहीं रखा। मुस्लिम सम्प्रदायवाद पर भी उनकी नज़र उतनी ही तेज थी। लेखकों में प्रेमचन्द सम्भवतः अकेले हैं जो हिन्दू होते हुए भी मुस्लिम साम्प्रदायिकता के खिलाफ़ आवाज़ उठाने का साहस कर सके, क्योंकि उनके मन में कहीं कोई चोर न था। उन्होंने अपने समय में ही यह देख लिया था कि साम्प्रदायिक शक्तियाँ 'संस्कृति' के पर्दे में साम्प्रदायिकता का प्रचार कर रही हैं। इस धोखाधड़ी का पर्दा फाश करते हुए उन्होंने 'साम्प्रदायिकता और संस्कृति' शीर्षक एक लेख 1934 के 'जागरण' में लिखा। लेख का अंश आज भी प्रासंगिक है : 'साम्प्रदायिकता सदैव संस्कृति की दुहाई दिया करती है। उसे अपने असली रूप में निकलते शायद लज्जा आती है, इसलिए वह गधे की भाँति जो सिंह की खाल ओढ़कर जंगल के जानवरों पर रोब जमाता फिरता था, संस्कृति का खोल ओढ़कर आती है। हिन्दू अपनी संस्कृति को कयामत तक सुरक्षित रखना चाहता है, मुसलमान अपनी संस्कृति को। दोनों ही अभी तक अपनी-अपनी संस्कृति को अछूती समझ रहे हैं, यह भूल गए हैं कि अब न कहीं मुस्लिम संस्कृति है, न कहीं हिन्दू संस्कृति, न कोई अन्य संस्कृति; अब संसार में केवल एक संस्कृति है, और वह है आर्थिक संस्कृति, मगर हम आज भी हिन्दू और मुस्लिम संस्कृति का रोना रोये चले जाते हैं, हालाँकि संस्कृति का धर्म से कोई सम्बन्ध नहीं। आर्य सांस्कृति है, ईरानी संस्कृति है, अरब संस्कृति है लेकिन ईसाई संस्कृति और मुस्लिम संस्कृति या हिन्दू संस्कृति नाम की कोई चीज नहीं है...'

अपने इन दो-टूक विचारों के लिए प्रेमचन्द को हिन्दू और मुसलमान दोनों फिरकों के कट्टरपन्थी लोगों का कोपभाजन बनना पड़ा। हिन्दू-रूढ़ियों पर प्रहार करने के लिए उन्हें 'घृणा का प्रचारक' और 'ब्राह्मण-विद्वेषी' कहा गया, तो 'कर्बला' नाटक लिखने के लिए मुसलमानों की एक जमात की ओर से एतराज़ किया गया जब कि 'कर्बला' लिखने के पीछे उनका इरादा निहायत नेक था। कर्बला की लड़ाई में कुछ हिन्दू भी हज़रत हुसेन के साथ लड़े थे। प्रेमचन्द के लिए इस कहानी में सबसे बड़ा आकर्षण यही था। इस नाटक को उन्होंने छपाया भी पहले हिन्दी में, ताकि अधिक-से-अधिक हिन्दू पाठक उससे सबक ले सकें। 'कर्बला' अगर आखिरी नहीं तो, निर्विवाद रूप से पहली किताब जरूर है, जो एक हिन्दू लेखक द्वारा किसी मुस्लिम ईमाम की ज़िन्दगी की शानदार तस्वीर पेश करती है।

इसी तरह प्रेमचन्द का सारा साहित्य साम्प्रदायिक भेद की वर्जनाओं से मुक्त है। यही नहीं, बल्कि उन्होंने अपने उपन्यासों और कहानियों में अक्सर जीवन-संग्राम की वह सामान्य भूमि उभारकर रखी है जहाँ दीन-दुखी, सताये हुए गरीब हिन्दू और मुसलमान भाईचारे के धागे में बँधे ज़िन्दगी की लड़ाइयाँ लड़ते हैं। 'प्रेमाश्रम' में कादिर और बलराज जैसे किसान ज़मीदारों के अत्याचार के खिलाफ़ लड़ने में एक

साथ हैं। 'सेवासदन' की भोली और सुमन में बहनापा है। 'कर्मभूमि' की सकीना का साथ देने वाले ज्यादातर हिन्दू हैं। दरअसल, प्रेमचन्द के लिए धर्म के दो रूप हैं। एक अमीरों का धर्म, दूसरा गरीबों का। गरीबों के धर्म को, गरीब चाहे हिन्दू हों, चाहे मुसलमान—वे अत्यन्त सहानुभूति से देखते हैं। 'ईदगाह' कहानी इसका सर्वोत्तम उदाहरण है, जिसमें ईद के मेले से अपनी बूढ़ी दादी के लिए चिमटा लाने वाला हमीद हर किसी की आँखों को गीला कर देने के लिए काफी है। इसी तरह उनकी दूसरी कम मशहूर कहानी 'बौड़म' है, जिसका नायक एक मुसलमान है। वह 'बौड़म' इसलिए है कि गाय की कुर्बानी के खिलाफ़ वाबेला मचाता है और अपने घर में हुई कुर्बानी का प्रायश्चित इस तरह करता है कि अपनी सवारी का घोड़ा बेचकर तीन सौ फकीरों को खाना खिलाता है, और तब से जब भी क़साइयों को गाय लिये जाते देखता है तो कीमत देकर उन्हें खरीद लेता है और फिर छोड़ देता है। कुछ ऐसे ही बौड़म 'गोदान' के मिर्ज़ा खुर्शेद भी हैं जो अपनी मज़हबी लापरवाही और बेमिसाल दरयादिली में पुराने सूफियों की याद ताजा कर देते हैं। कहना न होगा कि यह साहित्य इंसान को साम्प्रदायिक संकीर्णताओं से ऊपर उठाकर मानवता की उस दिव्य भूमि पर ले जाता है, जहाँ दो हृदय अपने-आप एकता के धागे में बँध जाते हैं।

[2]

"उपन्यास सम्राट् मुंशी प्रेमचन्द के सुपुत्र श्री अमृतराय पुराने एवं प्रतिष्ठित साम्यवादी विचारक तथा लेखक हैं, और स्वयं को नाममात्र का हिन्दू कहते हैं। जनसंघ के बारे में उनका अज्ञान पर्याप्त है। दिल्ली से प्रकाशित साप्ताहिक 'मुक्तधारा' के 17 अगस्त के अंक में 'साम्प्रदायिकता का सवाल! एकांगी दृष्टिकोण के खतरे' शीर्षक लेख के द्वारा 'मुस्लिम साम्प्रदायिकता के खतरनाक इरादों' का एक वस्तुपरक विश्लेषण करते हुए भारतीय कम्युनिस्टों को उनकी मुस्लिम परस्ती, लिप्सा एवं 'डबल टाक' के लिए फटकारा है।" इस टिप्पणी के साथ 'पाञ्चजन्य' ने अपने 27 अगस्त' 68 के अंक में उस लेख के 'महत्वपूर्ण अंशों' को पुनर्मुद्रित किया है। 'पाञ्चजन्य' की यह गुणग्राहकता, मेरे खयाल में, अमृत भाई के लिए भी बहुत सुखद न होगी, लेकिन क्या इससे उनके 'सन्तुलित दृष्टिकोण' के खतरे उजागर नहीं हो जाते?

श्री अमृतराय के क्षोभ का कारण यह है कि 'जो भी बात करने उठता है वह हिन्दू साम्प्रदायिकता यानी जनसंघ को कठघरे में खड़ा करके सौ बात सुना देता है और चुप हो जाता है। अक्सर तो मुस्लिम साम्प्रदायिकता का नाम भी नहीं लिया जाता और लिया भी जाता है तो ऐसी दबी ज़बान से या इस तरह घुमा-फिराकर कि जैसे उसकी सफ़ाई पेश कर रहे हों।' इस 'एकांगी दृष्टिकोण' को सन्तुलित करने

के लिए श्री अमृतराय ने मुस्लिम साम्प्रदायिकता पर भी साथ ही चोट करने का प्रस्ताव रखा है। इसके लिए उन्होंने 'सत्य' और 'नैतिकता' की दुहाई दी है। किन्तु इस रौ में वे यह सत्य लेकर प्रकट होते हैं कि 'विचार करने पर तो शायद हिन्दू ही इस देश के अल्पसंख्यक ठहरेंगे! बात सुनने में उलटबाँसी जैसी लगती है मगर सच है, क्योंकि मर्दुमशुमारी में दर्ज कराने के अलावा और तो किसी वक्त कोई हिन्दू मिलता नहीं, जो मिलता है वह या तो ब्राह्मण होता है या क्षत्रिय होता है या कायस्थ होता है या वैश्य होता है या फिर और नीचे उतरकर श्रीवास्तव या सक्सेना होता है या सरयूपारी या कान्यकुब्ज होता है, गरज़ कि हिन्दू कोई नहीं होता।' दूसरी ओर 'मुस्लिम समाज जितना संगठिन और एकताबद्ध है, उनकी संख्या की गुरुता और भी बढ़ जाती है।' कहना न होगा कि सन्तुलन की यह मिसाल स्वयं 'पाञ्चजन्य' से भी दो जूती आगे है। इस युक्ति के बाद श्री अमृतराय यदि अपने-आपको नाममात्र का हिन्दू कहें तो भी उन पर हजारों हिन्दू-सभा निछावर हैं। कौन पूछे कि यदि मर्दुमशुमारी के अलावा कहीं हिन्दू नहीं मिलते, तो हिन्दू-मुस्लिम दंगों के अवसर पर मुसलमानों के खिलाफ़ इतने हिन्दू कहाँ से निकल आते हैं?

इसके सिवा, श्री अतृमराय द्वारा 'हिन्दू' की तलाश भी उल्लेखनीय है। ब्राह्मण से नीचे उतरकर वैश्य तक आते हैं और फिर वापस वहीं लौटकर सरयूपारी कान्यकुब्ज, श्रीवास्तव, सक्सेना के भेद में मज़ा लेने लगते हैं। कोई पूछ सकता है कि वैश्य से एक सीढ़ी नीचे उतरकर शूद्रों का ज़िक्र करते उनकी कलम को छूत लग रही थी? अपनी प्रगतिशीलता का परिचय देते हुए बड़ी शान से श्री अमृतराय कहते हैं कि 'मैं समझता हूँ कि मेरी ही तरह और भी बहुत से लोग होंगे जो केवल नाम से हिन्दू हैं।' गनीमत है उन्होंने अपने को 'नाम से हिन्दू' होना स्वीकार तो किया, शूद्र तो नाम से भी हिन्दू नहीं, वरना उनकी सूची में उनका नाम तो होता। क्या यह भूल आकस्मिक है? एक ओर बढ़ती हुई मुस्लिम साम्प्रदायिकता पर चोट करने की इतनी उतावली और दूसरी ओर सवर्ण हिन्दू का बद्धमूल संस्कार—यह चमत्कार श्री अमृतराय ही कर सकते हैं।

दरअसल मुस्लिम साम्प्रदायिकता पर चोट करने के लिए श्री अमृतराय इसलिए आतुर हैं कि उनके खयाल में 'इधर के वर्षों में मुस्लिम साम्प्रदायिकता निश्चय ही अधिक संगठित और बलवती हुई है।' इसके विपरीत हिन्दू साम्प्रदायिकता के बारे में उनका कहना है कि 'जहाँ तक मेरे देखने में आया है और मैं समझ पाता हूँ, साधारण हिन्दू पर जनसंघ की इस (हिन्दू राज्य की) कल्पना या परिकल्पना का कोई प्रभाव नहीं है।' इससे अपने-आप यह नतीजा निकलता है कि ज्यादा खतरा मुस्लिम साम्प्रदायिकता से है। श्री अमृतराय की दृष्टि में मुस्लिम साम्प्रदायिकता पर चोट करना इसलिए भी ज़रूरी है कि जनसंघ की बढ़ती हुई ताकत के लिए वही जिम्मेदार

है। उनके अनुसार 'जनसंघ की बढ़ती हुई ताकत का रहस्य है, संकीर्ण दलबंदी की राजनीति, चतुर्दिक विग्रह और विघटन को जन्म देने वाली शासनतन्त्र की व्यापक दुर्नीतियाँ और बढ़ती हुई मुस्लिम साम्प्रदायिकता।' अर्थात् जनसंघ मुस्लिम साम्प्रदायिकता की वृद्धि के लिए जिम्मेदार नहीं, बल्कि बढ़ती हुई मुस्लिम साम्प्रदायिकता का परिणाम है। श्री अमृतराय ने बड़ी गम्भीरता से यह प्रश्न उठाया है कि 'आजादी के ठीक बाद, जबकि देश के विभाजन का घाव अभी बिलकुल हरा था और दूसरी तरफ़ स्वाधीन भारत के नए राज्य का स्वरूप निहाई पर था, तब जनसंघ कहाँ था?' जवाब देने की बजाय यह सवाल पूछना बेजा न होगा कि गांधी के सीने में जो गोली लगी थी वह कहाँ की थी? क्या यह केवल संयोग है कि श्री अमृतराय साम्प्रदायिकता के सवाल पर इतना लम्बा लेख लिखते हैं और उसमें 'राष्ट्रीय स्वयंसेवक संघ' का जिक्र तक नहीं आता! जनसंघ की बढ़ती हुई ताकत का रहस्य समझाने के लिए राजनीतिक दलबंदी, विग्रह, विघटन, शासन की दुर्नीतियों और मुस्लिम साम्प्रदायिकता का उल्लेख तो किया जाता है किन्तु उसे जन्म देने वाली और पोषण करने वाली संस्था 'राष्ट्रीय स्वयं सेवक संघ' का नाम एकदम याद नहीं आता! निस्सन्देह यह बहुत बड़े शोध का विषय होगा, वरना श्री अमृतराय यह न कहते कि 'यह कोई यों ही सी बात नहीं है, बहुत गहराई से सोचने की बात है, क्योंकि उससे बड़े नतीजे निकलते हैं और मुझे हैरानी है कि क्यों किसी विचारक का ध्यान इस तथ्य की ओर नहीं गया।' कहना न होगा कि ध्यान गया तो श्री अमृतराय का, वरना विचारक तो दरकिनार, आम जनता भी इस बात को जानती है! 'पाञ्चजन्य' का कहना गलत नहीं कि 'जनसंघ के बारे में उनका अज्ञान पर्याप्त है।' उनके इसी अज्ञान का फ़ायदा उठाकर 'पाञ्चजन्य' ने उनका उपयोग कर लिया!

लेकिन ज्ञान के लिए श्री अमृतराय ज्यादा चिन्तित भी नहीं दिखते। उन्होंने साफ़ कहा है कि 'इस बहस में पड़ने से भी कोई फ़ायदा नहीं कि यह झगड़ा कैसे शुरू हुआ, किसने शुरू किया?' उनके खयाल में 'यह तो कुछ वैसी ही नातमान–और नाकाम–बहस होकर रह जायगी कि पहले कौन हुआ, अण्डा या मुर्गी।' यदि श्री अमृतराय की राय लें तो साम्प्रदायिक दंगों की जाँच कराना बेकार है। राँची और मेरठ के दंगों की जाँच से साफ मालूम हुआ कि उनमें राष्ट्रीय स्वयंसेवक संघ और जनसंघ का हाथ था। लेकिन श्री अमृतराय के लिए शायद यह जाँच 'अण्डा और मुर्गी' की तरह नातमाम और नाकाम बहस है। कहना न होगा कि इस तर्क से किसको शह मिलती है। इतिहास की बात को प्रागैतिहासिक रहस्य बनाकर श्री अमृतराय अपनी निष्पक्षता का दावा भले ही कर लें, सत्य की रक्षा नहीं कर सकते। उल्टे यह विचारधारा उस रहस्यवाद को बढ़ावा देती है जिसमें कहीं-न-कहीं साम्प्रदायिकता को बल मिलता है।

साम्प्रदायिकता के सवाल पर 'सन्तुलित दृष्टि' से विचार करने का यह अर्थ नहीं है कि हिन्दू साम्प्रदायिकता और मुस्लिम साम्प्रदायिकता दोनों पर एक साथ समान रूप से चोट की जाए, बल्कि चोट ठोस तथ्यों के आधार पर की जाए, चोट उस पर की जाए जो दोषी हो। और तथ्य यह है कि आजादी के बाद हिन्दू-मुस्लिम दंगों का सिलसिला तब शुरू हुआ जब जनसंघ एक अच्छी-खासी राजनीतिक पार्टी के रूप में प्रतिष्ठित हो गया तथा जनसंघ की छाया में राष्ट्रीय स्वयंसेवक संघ को अपने सैनिक कार्यों के विस्तार के लिए काफी सुविधाएँ सुलभ हो गईं। यह ऐतिहासिक तथ्य है कि देश के बँटवारे से उत्पन्न हिन्दू-मुस्लिम तनाव के बावजूद आजादी के आरम्भिक दस-बारह वर्षों तक साम्प्रदायिक दंगे नहीं के बराबर हुए। सबसे भयानक और देशव्यापी दंगे हुए 1964 में और फिर उसके बाद 1967-68 में। आर्थिक-राजनीतिक दृष्टि से भारतीय इतिहास का यह वह दौर है जब देश में पूँजी की इजारेदारी बढ़ी है तथा उन्होंने देश की राजनीति को दक्षिणपन्थी मोड़ देने की जी-तोड़ कोशिश की। पूँजीपतियों, रजवाड़ों और जमींदारों की मिली-जुली मदद से स्वतन्त्र पार्टी की स्थापना भी इसी बीच हुई। ये वही सामाजिक शक्तियाँ हैं जिन्होंने अंग्रेजी साम्राज्यवाद के साथ साठ-गाँठ करके, साम्प्रदायिक भेद का उपयोग करके देश का बँटवारा करवाया और आजादी के बाद मौका देखकर पुनः सक्रिय हो गईं। यदि आजादी के आरम्भिक दौर में ये ताकतें खामोश थीं तो इसलिए कि उस समय आम जनता में राष्ट्रीय निर्माण के लिए नया जोश था और नेहरू के नेतृत्व में उस दिशा में कुछ जनवादी कदम भी उठाए गए। जनविरोधी वर्गों के लिए यह वातावरण निश्चय ही अनुकूल न था। लेकिन वे उपयुक्त अवसर की घात में थे। शासक दल की कथनी-करनी में अन्तर, आर्थिक विकास की गति में मन्दी, जनता के जनतान्त्रिक अधिकारों में कटौती, वामपन्थी शक्तियों का आन्तरिक विघटन आदि ने मिला-जुलाकर अन्ततः वह अवसर सुलभ कर दिया, जिसमें काफी हाथ चीनी और पाकिस्तानी हमले का भी है। साम्प्रदायिकता जन-विरोधी वर्गों के लिए पहले ही से एक आजमाया हुआ अस्त्र रही है, जिसे उन्होंने जनता के एका को तोड़ने के लिए तुरन्त इस्तेमाल किया। दंगों के साथ सातवें दशक की शुरुआत की यह पीठिका है। इस ऐतिहासिक परिप्रेक्ष्य के बिना साम्प्रदायिकता के प्रश्न पर ठीक-ठीक विचार करना असम्भव है। स्पष्ट है कि श्री अमृतराय के सामने यह परिप्रेक्ष्य नहीं है। उनके लिए साम्प्रदायिकता का सवाल एक 'दुष्ट चक्र' है और 'इस उलझे हुए गोले का यह छोर कहाँ मिलने वाला है।' हताश होकर वे ईमान की शरण जाते हैं क्योंकि यह 'ईमान का खेल है, और ईमान का साहस आदमी को सदा पहले अपने भीतर पाना होता है।' अपने भीतर जाने पर कोई पाबन्दी नहीं; गांधीजी अक्सर अपने भीतर जाया करते थे। सवाल यह है कि आप बाहर क्या लाते हैं? श्री अमृतराय जिस 'साहस' के लिए गए, वह है मुस्लिम

साम्प्रदायिकता पर चोट। भारत में रहते हुए किसी हिन्दू के लिए मुस्लिम साम्प्रदायिकता पर चोट करने में भी किसी 'साहस' की जरूरत है? यदि यह साहस है तो जनसंघ और राष्ट्रीय स्वयंसेवक संघ वाले सबसे बड़े साहसी हैं। अन्तर की इतनी गहन यात्रा करके थी अमृतराय जो सत्य ढूँढ़ लाए उसे 'पाञ्चजन्य' ने सहज ही ले लिया तो शिकायत क्यों हो?

श्री अमृतराय को सबसे बड़ी चिन्ता इस बात की है कि 'मात्र हिन्दू साम्प्रदायिकता पर की गई एकपक्षीय चोट न केवल विफल रहती है बल्कि प्रकारान्तर से उसको भी बढ़ावा देती है क्योंकि अनीति का आश्रय लेने पर साधारण स्वस्थमनस्क हिन्दू लोग भी, जिनके मन का संस्कार करना, जिन तक अपनी बात पहुँचाना ही आपका अभीष्ट है, आपका साथ छोड़ देने को बाध्य हो जाते हैं और जनसघ वालों के लिए बहुत-सा आसान चारा आप-से-आप जुट जाता है।' श्री अमृतराय ने तो अपनी समझ से निश्चय ही एकपक्षीय चोट नहीं की, फिर भी जनसंघ वालों के लिए आसान चारा आप-से-आप कैसे जुट गया? 'जिन तक अपनी बात पहुँचाना ही आपका अभीष्ट है' क्या वे 'पाञ्चजन्य' के पाठक ही हैं?

अपने भीतर जाने के कायल श्री अमृतराय का 'साधारण स्वस्थमनस्क हिन्दू' लोगों के मन की चिन्ता करना उचित ही है, किन्तु एक लेखक के नाते उन्हें कभी किसी मुस्लिम के भीतर झाँककर देखने की भी चिन्ता होती है? 'पाञ्चजन्य' ने उन्हें उपन्यास सम्राट मुन्शी प्रेमचन्द के सुपुत्र के रूप में याद किया है और 'प्रेमचन्द : कलम का सिपाही' के लेखक श्री अमृतराय को यह याद दिलाने की जरूरत नहीं होगी कि प्रेमचन्द हिन्दुओं की तरह मुसलमानों के भी मन के अन्दर झाँककर देखने की कोशिश करते थे। उन्होंने 'ईदगाह' कहानी के गरीब बच्चे हमीद के मन के अन्दर की भी बात लिखी और अमीर चौधरी कायम अली की भी एक झलक दिखला दी। क्या श्री अमृतराय ने कभी इस बात पर भी सोचा है कि प्रेमचन्द के बाद हिन्दी कथा-साहित्य से मुसलमान चरित्र धीरे-धीरे क्यों गायब हो गए? मुसलमानों के बारे में आपकी जानकारी का यह हाल और चले हैं मुस्लिम साम्प्रदायिकता पर चोट करने! प्रेमचन्द की तरह दोनों साम्प्रदायिकताओं पर खुद ही चोट क्यों नहीं करते? यह बँटवारा क्यों कि हिन्दू साम्प्रदायिकता पर प्रबुद्ध हिन्दू चोट करें और मुस्लिम साम्प्रदायिकता पर प्रबुद्ध मुस्लिम! प्रबुद्ध मुसलमान मुस्लिम साम्प्रदायिकता पर प्रहार तो कर रहे हैं, लेकिन उसका कैसा 'सदुपयोग' किया जाता है, इसकी मिसाल स्वयं श्री अमृतराय ने अपने लेख में ही पेश कर दी है। 'धर्मयुग' ने श्री हमीद दलवाई और फीरोज अशरफ के मुस्लिम-साम्प्रदायिकता-विरोधी लेख छापे और आपने नजीर के रूप में उन लेखों को पेश करके दिखा दिया कि देखो खुद मुसलमान कबूल कर रहे हैं कि मुसलमानों में साम्प्रदायिकता बढ़ रही है। उससे यह नतीजा क्यों नहीं

निकाला जाता कि मुस्लिम साम्प्रदायिकता के विरुद्ध स्वयं मुस्लिम समाज में भी संघर्ष चल रहा है? यदि श्री अमृतराय के जेहन में यह नतीजा होता तो वे मुस्लिम साम्प्रदायिकता पर चोट करने के लिए स्वयं इतने उतावले न होते और तब शायद बढ़ती हुई मुस्लिम साम्प्रदायिकता के कारणों में जाकर सच्चाई का पता लगाने की जरूरत भी महसूस होती।

यह ऐतिहासिक तथ्य है कि मुस्लिम समाज में साम्प्रदायिकता की वृद्धि राष्ट्रीय स्वयंसवेक संघ और जनसंघ का असर बढ़ने के बाद हुई है। आजादी के बाद भारत में मुस्लिम लीग खत्म हो गई; रह गये सिर्फ दो संगठन 'तब्लिगी जमात' और 'जमात-ए-इस्लामी' जिनकी स्थापना 1941 में हुई थी। 'तब्लिगी जमात' ने मुसलमानों को राजनीति से दूर रहकर अपने धर्म-कर्म में दृढ़ रहने पर जोर दिया। आजादी के कुछ वर्ष बाद निस्सन्देह इसका जोर बढ़ा–खास तौर से निचले तबके के मुसलमानों में। 'जमात-ए-इस्लामी' का उद्‌देश्य निश्चय ही राजनीतिक रहा है, किन्तु शुरू के तीन आम चुनावों तक इस संगठन ने प्रायः कांग्रेस का ही साथ दिया। मुसलमानों का पहला स्पष्ट राजनीतिक संगठन 1964 में बना 'मुस्लिम मजलिस-ए-मुशवरात', जिसकी स्थापना की भूतपूर्व कांग्रेसी मन्त्री डॉ. सैयद महमूद ने, लेकिन अन्ततः वह भी 'जमात-ए-इस्लामी' के तहत काम करने लगी। इसके अतिरिक्त एक और संगठन है 'जमय्यत-उल-उलेमा-ए-हिन्द' जो अपने राष्ट्रीय विचारों के लिए विख्यात रहा है, किन्तु 'जमात-ए-इस्लामी' की प्रभाव-वृद्धि के साथ क्रमशः उसका ह्रास हुआ। इसके अतिरिक्त केरल की मुस्लिम लीग है जिसे जिन्दा करने का श्रेय स्वयं कांग्रेस को है–केरल का पहला कम्युनिस्ट मन्त्रिमंडल गिराने के लिए 1960 में पहली बार कांग्रेस ने मुस्लिम लीग से गठबन्धन किया। बहरहाल, इस ब्यौरे को फिलहाल छोड़ भी दें तो चार आम चुनावों में सभी राजनीतिक दलों द्वारा खड़े किये गए तथा जीते हुए मुसलमान उम्मीदवारों की संख्या का क्रमबद्ध विश्लेषण करने से साफ हो जाएगा कि अधिकांश राजनीतिक दल मुस्लिम समाज से क्रमशः कटते चले गए और 1967 के चौथे आम चुनाव में निर्दलीय मुस्लिम उम्मीदवारों की संख्या अप्रत्याशित रूप से बढ़ गई। सवाल यह है कि ऐसा क्यों हुआ? कम-से-कम इस तथ्य की जाँच तो होनी ही चाहिए कि शुरू में जिस कांग्रेस को मुसलमानों का इतना बहुमत प्राप्त था, उसने मुस्लिम समाज का सहयोग क्यों खो दिया। जाहिर है कि मुस्लिम समाज को अब यह विश्वास नहीं रहा कि शासक कांग्रेस दल के हाथों मुसलमानों की सुरक्षा सम्भव है। आजादी के बीस वर्षों में आम मुस्लिम समाज की आर्थिक स्थिति में जितनी गिरावट आई है, वह हिन्दुओं की तुलना में कहीं ज्यादा है। इसके अतिरिक्त जान-माल के लिए खतरा बढ़ गया है सो अलग। ऐसी स्थिति में मुस्लिम समाज में 'सुरक्षात्मक कवच' की भावना का आना स्वाभाविक है। यह 'सुरक्षात्मक कवच'

स्वभावतः कुछ को धर्म की ओर खींच रहा है तो कुछ को धार्मिक संगठन के आधार पर अपने राजनीतिक अधिकारों के लिए संघर्ष की प्रेरणा दे रहा है। भयभीत अल्पसंख्यक समुदाय की ये हरकतें अप्रत्याशित और अबूझ नहीं हैं। निःसन्देह प्रबुद्ध मुस्लिम अपने समाज की इस प्रतिगामी प्रवृत्ति से काफी चिन्तित हैं किन्तु स्वयं उन्हें भी अपनी भाषा-संस्कृति का अस्तित्व खतरे में दिखाई पड़ रहा है। फिर भी उल्लेखनीय है कि मुस्लिम समाज में राष्ट्रीय स्वयंसेवक संघ की तरह का कोई सैनिक संगठन अभी तक नहीं बना है। स्पष्ट है कि भारत में फासिस्ट तानाशाही का खतरा हिन्दू साम्प्रदायिकता की ओर से है, मुस्लिम साम्प्रदायिकता की ओर से नहीं। इस स्थिति में भी जब श्री अमृतराय सन्तुलन ठीक करने के लिए हिन्दू साम्प्रदायिकता के समान ही मुस्लिम साम्प्रदायिकता पर चोट करने का 'साहस' दिखाते हैं तो वे जनसंघ के हाथ में एक और हथियार देते हैं—कटे पर नमक छिड़कते हैं सो ऊपर से!

श्री अमृतराय की ईमानदारी पर शक नहीं है; कहना सिर्फ यह है कि साहित्य की ही तरह ऐसे सामाजिक-राजनीतिक सवाल पर भी ईमानदारी काफी नहीं है। ईमानदारी के साथ समझदारी भी जरूरी है और उसके लिए अपने भीतर से निकलकर दूसरों के भी भीतर झाँकना जरूरी है, फिर अन्त में सबके भीतर से निकलकर बाहर की वास्तविकता से आँखें चार करने की जरूरत है। कहना न होगा कि वास्तविकता उतनी सरल सपाट नहीं है, जितनी श्री अमृतराय के लेख से सामने आती है। आशा है, वे इस पर पुनर्विचार करेंगे और एक अनुभवी अग्रज के नाते इस विषय पर 'संवाद' का अवसर देंगे। पूरी बात तभी होगी।

(1968 में लिखित, संभवतः पुस्तक 'संवाद की दिशा में' में पहली बार 'साम्प्रदायिकता का सवाल : प्रेमचन्द और उनकी परम्परा' शीर्षक से प्रकाशित)

राष्ट्रीय मुक्ति आन्दोलन और प्रेमचन्द

प्रेमचन्द के साहित्य से जिनका थोड़ा भी परिचय है, वे और कुछ न जानते हों, पर इतना जरूर जानते हैं कि प्रेमचन्द हमारे स्वाधीनता-संग्राम के अनूठे महागाथाकार थे और यह कहना अतिशयोक्ति नहीं होगी कि इस क्षेत्र में प्रेमचन्द समूचे भारतीय साहित्य में अपना बेजोड़ स्थान रखते हैं। 1905-1906 के बंग-भंग से लेकर 1936 तक, जब प्रेमचन्द की मृत्यु हुई, इन 30 वर्षों के भारतीय जीवन की धड़कन, उसका संघर्ष, उसकी पराजय, उसका दुःख, उसका दर्द अपनी समस्त गहराई के साथ और अपनी समस्त व्यापकता के साथ अगर किसी एक भारतीय लेखक में आप ढूँढ़ना चाहें, तो रवीन्द्रनाथ ठाकुर के रहते हुए, शरत्चन्द्र के रहते हुए, सुब्रह्मण्य भारती के रहते हुए, वि.स. खाण्डेलकर के रहते हुए, कन्हैयालाल माणिकलाल मुंशी के रहते हुए, डॉ. मुहम्मद इकबाल के रहते हुए भी मैं प्रेमचन्द का नाम लेना चाहूँगा, क्योंकि यही वह एकमात्र साहित्यकार हैं, जिनके साहित्य में स्वाधीनता-संग्राम की अमर गाथा अपने पूरे ब्योरे के साथ कही गई है। मैं कहना चाहूँगा कि इन 30 वर्षों के भारतीय स्वाधीनता-संग्राम की अमरगाथा अपने पूरे ब्योरे के साथ अगर किसी एक साहित्यकार के साहित्य में आप देखना चाहें, तो प्रेमचन्द के साहित्य में देखें। यह इतनी सुपरिचित बात है कि प्रायः आँखों से ओझल हो जाया करती है। कभी-कभी जो बात अत्यन्त स्पष्ट होती है, वही आँखों से ओझल रहती है, इसलिए प्रेमचन्द के महत्व के बारे में मनन करते हुए इस छोटे-से तथ्य को बराबर ध्यान में रखने की जरूरत है।

आपको स्मरण होगा कि 1936 में अखिल भारतीय प्रगतिशील लेखक संघ के प्रथम अधिवेशन के अध्यक्ष पद से भाषण देते हुए प्रेमचन्द ने बहुत-सी महत्वपूर्ण बातें कही थीं। उनमें एक बात आज विशेष रूप से और इस सन्दर्भ में उल्लेखनीय है। साहित्य के महत्व के बारे में उन्होंने कहा था कि साहित्य राजनीति के आगे मशाल लेकर चलनेवाली सच्चाई है। राष्ट्रीय मुक्ति आन्दोलन के सन्दर्भ में प्रेमचन्द के इस कथन का विशेष महत्व है। आमतौर पर राजनीतिज्ञों का यह दावा है और जो भारत की राजनीति का इतिहास लिखते हैं, वे दिखाते भी हैं कि स्वाधीनता संग्राम में गांधी

जी, पंडित जवाहरलाल नेहरू या दूसरे राजनीतिक नेताओं ने जैसे-जैसे देश में विचारों की धूम मचाई, अपने कार्यों के द्वारा जिस प्रकार का राजनीतिक वातावरण बदला, बनाया, हिन्दी के और दूसरी भारतीय भाषाओं के साहित्यकारों ने उनके पीछे-पीछे चलते हुए उन्हीं विचारों और उन्हीं भावों का अनुवाद किया ! मैं इस संक्षिप्त व्याख्यान में आपके सामने कुछ तथ्यों के आधार पर दिखाने की कोशिश करूँगा कि वस्तुस्थिति कुछ और ही है। साहित्यकार हमेशा राजनीति के पीछे चलनेवाला ही नहीं हुआ करता है। कभी-कभी कदम मिलाकर भी चलता है और ऐसे भी अवसर आते हैं, जब वह अपने जमाने के महान् राजनीतिज्ञों के आगे भी कदम रखता है, क्योंकि उसका गहरा सम्बन्ध उस जनता से होता है, उस साधारण जनसमूह से होता है, जो जनसमूह राजनीतिक संघर्षों में कभी-कभी अपने नेताओं से आगे निकल जाया करता है। प्रेमचन्द का साहित्य इस दृष्टि से विशेष रूप से उल्लेखनीय है।

प्रेमचन्द के साहित्य को हम लोग राजनीतिक नेताओं और कुछ महत्वपूर्ण विचारकों के विचारों के अनुवाद के रूप में देखने के अभ्यस्त हो गए हैं। प्रेमचन्द का समूचा साहित्य यदि देखा जाए और जिस क्रम से उसका विकास हुआ है, उस पर यदि विचार किया जाए, तो उसके कई चरण मिलेंगे। मोटे तौर पर लोग ऐसा समझते हैं और कभी-कभी पाठ्य-पुस्तकों में भी यह विचार किया जाता है कि किसी लेखक के व्यक्तित्व को या कृतित्व को विभागों में बाँट करके देखा जाना चाहिए। सामान्यतः 1907 से लेकर 1920 तक प्रेमचन्द का साहित्य एक ढर्रे पर एक किस्म से चलता है। 1920 से लेकर 1930-32 के आसपास तक दूसरा दौर चलता है। और जो आखिरी दौर है, वह 1930-32 से लेकर 1936 तक चलता है। उनके साहित्य में हमारे राष्ट्रीय मुक्ति संघर्ष या स्वाधीनता-संग्राम के विभिन्न पहलू किस तरह क्रम से आते हैं, आप इसे देखेंगे।

यद्यपि हमारी आजादी की लड़ाई का इतिहास बहुत पेचीदा है, फिर भी अक्सर इसे सरल करके दिखाया जाता है। कभी-कभी केवल कांग्रेस के इतिहास को ही हमारी स्वाधीनता की लड़ाई का इतिहास कह दिया जाता है। इस आजादी की लड़ाई में पेचोखम थे, पेचीदगियाँ थीं, अन्तर्विरोध थे, इसमें कई धाराएँ कई दिशाओं से आकर मिलती थीं, टकराती थीं। प्रेमचन्द के साहित्य में किस प्रकार ये बातें उभरी थीं, इसे देखने पर हमें मालूम होगा कि केवल कांग्रेस का इतिहास आजादी की लड़ाई का इतिहास नहीं है और प्रेमचन्द का साहित्य केवल कांग्रेस के नेतृत्व में चलनेवाले संघर्ष का इतिहास नहीं है।

प्रेमचन्द की पहली कहानी–'दुनिया का सबसे अनमोल रतन'–कई दृष्टियों से दिलचस्प है। कहानी में एक प्रेमिका अपने प्रेमी से कहती है कि मैं अपना प्यार तुम्हें तभी दूँगी, जब तुम मुझे दुनिया का सबसे अनमोल रतन लाकर दोगे। कहानी उस

किस्सागोई के अन्दाज में चलती है जिसमें फारसी कहानियाँ चला करती थीं। कोई प्रेमिका, कोई बेगम, कोई माशूका अपने आशिक से ऐसी अनोखी, अद्‌भुत-सी चीज माँगती थी, जिसका मिलना बहुत मुश्किल हो जौर जब तक उसे वह ला न दे, तब तक वह उसे अपना प्यार नहीं देती थी। कहानी शुरू होती है और पुराने ढर्रे पर चलती है। लेकिन जब आशिक लौटता है, तो वह तीन चीजें लेकर लौटता है, एक फाँसी के तख्ते पर चढ़े हुए आदमी के आँसू, दूसरी अपने शौहर की लाश को लेकर जल जानेवाली बीवी की राख और तीसरी शहीद हो जानेवाले एक राजपूत के खून की एक बूँद। ये तीन चीजें प्रेमचन्द की नजर में दुनिया के सबसे अनमोल रतन हैं। इस पर ध्यान दीजिए कि कहानी का ढाँचा तो फारस की पुरानी कहानियों के अन्दाज की तरह ही था लेकिन जो अनमोल रतन उन्होंने चुने थे, वे नये थे। ये तीनों चीजें–फाँसी के तख्ते पर चढ़े हुए आदमी के आँसू, चिता की राख और शहीद के रक्त की एक बूँद–उस नये अन्दाज और नई भावना का नमूना हैं, जिसे आप आदर्शवाद कह सकते हैं। इनके द्वारा प्रेमचन्द नई देशभक्ति और नई राष्ट्रीय भावना को अपनी कहानियों के अन्दर लाने की कोशिश कर रहे थे।

आरम्भ की कहानियाँ आमतौर पर देशभक्ति की, देशप्रेम की, देश के लिए बलिदान की कहानियाँ हैं। हमारी राष्ट्रीयता की लड़ाई का यह पहला दौर था, जिसे इतिहास लिखनेवाले लोग एक खास तरह की शहादत और एक खास तरह के आत्म-बलिदान और देश की मिट्टी के लिए मर जानेवाले लोगों की आत्मनिष्ठा की कहानी का दौर कहते हैं। प्रेमचन्द की आरम्भिक कहानियों में, बल्कि आरम्भिक उपन्यासों में भी, उस बलिदान की, आत्मत्याग की, शहादत की बातें हैं। प्रेमचन्द की आलोचना करते हुए कहा गया है कि उन्होंने रानी सारंधा और राजा हरदौल की, बुन्देलखंड के राजपूतों की बहादुरी की कहानियाँ लिखी हैं और इस आधार पर उन्हें पुनरुत्थानवादी कहा गया है। हमें कोई आश्चर्य नहीं होता, क्योंकि स्वाधीनता- संग्राम के उस दौर का इतिहास लिखनेवाले कुछ बहुत ही क्रान्तिकारी लोगों ने तिलक के साथ जोड़कर 'मिलिटैंट हिन्दू रिवाइवलिज्म' या 'मिलिटैंट नेशनलिज्म' का नाम दिया। यह जो लड़ाकू राष्ट्रवाद था, वह लड़ाकू राष्ट्रवाद एक विशेष प्रकार के देशप्रेम को, देशभक्ति को, क्रोध को हमारे सामने रखता है। आपको स्मरण होगा कि आजादी की लड़ाई के उस प्रथम दौर में दो तरह के विचारों की टकराहट हो रही थी। एक ओर गोखले-जैसे लोग थे और उनके पीछे दादाभाई नौरोजी की परम्परा थी। कुछ ऐसे पश्चिमी विचारों से प्रभावित विचारक थे और उनकी देशभक्ति में कोई कमी नहीं थी, जो पश्चिम के आधुनिक ज्ञान-विज्ञान की और आधुनिक राजनीतिक विचारधाराओं की सारी बौद्धिक खूबियों को लेकर हमारे सामने रखना चाहते थे। इसके विपरीत तिलक और उन्हीं के समान कुछ और विचारक थे, जो पश्चिम के

कट्टर आलोचक थे और पश्चिम के विरुद्ध पूर्व की महिमा व पूर्व के गौरव की प्रतिष्ठा करना चाहते थे और यह दिखाना चाहते थे कि पश्चिम से पूर्व किसी भी मामले में हीन नहीं है। इन लोगों के विचारों के बारे में कहा जाता है कि आमतौर पर ये उतने आधुनिक नहीं थे। इस जमाने की भाषा के हिसाब से जो 'लिबरलिज्म' था, उससे भिन्न ये लोग जिस प्रकार के राष्ट्रवाद की, जिस प्रकार के देशप्रेम की हिमायत कर रहे थे, उसमें कहीं-न-कहीं अन्धराष्ट्रवाद की, अन्धदेशप्रेम की गन्ध मिलती थी। इसीलिए इनमें लड़ाकूपन तो ज्यादा था, लेकिन पुनरुत्थानवाद था। यदि आप अपने देश के गौरव को आज शक्ति प्राप्त करने के लिए स्वीकार करते हैं, तो इसमें कहीं-न-कहीं यह खतरा भी दिखाई पड़ता है कि कुछ पीछेदेखू लोग कहीं वर्तमान की बाधाओं और समस्याओं से हटकर अतीत में न चले जाएँ। यह बहुत बड़ा सवाल है कि उस ऐतिहासिक दौर में सही कौन था ? वे लोग, जो पश्चिम का उतना विरोध नहीं करते थे, पश्चिम की अच्छाइयों को पूर्व में ले आना चाहते थे, वे सही थे या वे सही थे, जो पश्चिम के मुकाबले पूर्व को श्रेष्ठ मानते हुए श्रेष्ठ दिखाना चाहते थे और अतीतगौरव का स्मरण कर, याद दिलाकर, बलिदान और शहादत के लिए लोगों को तैयार किया करते थे ? मैंने कहा कि यह बहुत बड़ा सवाल है। ठीक-ठीक इसका निर्णय आज भी नहीं हो सका है। लेकिन और दो पक्ष इसके हो सकते हैं कि आधुनिकतावादी सुधारक सही थे या राष्ट्रवादी सही थे, पुनरुत्थानवादी सही थे ? दूसरे शब्दों में, गोखले-रानाडे सही थे या तिलक ? निर्णय आप करें। लेकिन यह ऐसा सवाल है, जो बहुत दिनों तक हमारे विचारों के मूल में रहा है, यहाँ तक कि आज भी है। इस सवाल का हल आज तक नहीं ढूँढ़ा जा सका है। इसके बीच टकराहट आज भी है। प्रेमचन्द के साहित्य में, गांधी जी के विचारों में, जवाहरलाल नेहरू के जीवन और चिन्तन-स्तर में, इन दोनों की टकराहट— पूरब बनाम पश्चिम की—चलती ही रही थी।

जो लोग प्रसाद-प्रेमी, प्रसाद-भक्त हैं, वे आमतौर पर यह कहा करते हैं कि प्रेमचन्द केवल वर्तमान तक अपने को सीमित रखते थे, भविष्य की ओर नहीं देखते थे, अतीत से उनका कोई सम्बन्ध नहीं था और यह कहने के लिए वे 'गोदान' उपन्यास में मेहता का वह प्रसिद्ध कथन उद्धृत किया करते हैं, जिसमें उसने कहा है कि 'अतीत और भविष्य दोनों से हटकर मैं वर्तमान में जीना चाहता हूँ।' मेहता ने यह कहा है कि अतीत और भविष्य दोनों हमारे लिए घातक हैं; दरअसल हमें वर्तमान में टिका रहना चाहिए। इसी के आधार पर कहा जाता है कि प्रेमचन्द आमतौर पर वर्तमान तक अपने को सीमित रखते थे और इसके आधार पर प्रेमचन्द को 'प्रैगमैटिक' या 'व्यवहारवादी' भी कहा जाता है। मैं उन लोगों को याद दिलाना चाहूँगा कि प्रेमचन्द अपने साहित्य में 'रेनेसाँ' की परम्परा को विस्तृत करते हुए

स्वाधीनता-संग्राम में लड़नेवालों में से एक थे। इस तरह अतीत से उनका सम्बन्ध एकदम कटा हुआ नहीं था। अतीत की वीरता की, शौर्य की, बलिदान की, पराक्रम की, राजपूतों के बलिदान की कहानियाँ लिखकर वे किसी जातिवाद का प्रचार नहीं कर रहे थे, उनके बलिदान की कहानियाँ कहकर वे किसी राष्ट्रवाद या अन्धराष्ट्रवाद का समर्थन नहीं कर रहे थे, बल्कि उस दौर में जनता के भीतर के त्याग-बलिदान की कहानियाँ कह रहे थे। उन लोगों की कहानियाँ कह रहे थे, जो अपनी बित्ता-भर जमीन के लिए या अपनी आन के लिए, अपनी मर्यादा के लिए जान दे देते थे। ये सारी कहानियाँ केवल राजाओं के बलिदान की कहानियाँ नहीं हैं। बुन्देलखंड के जो नायक हुए हैं, उनमें शहादत देनेवाले मामूली किसान हैं। इसलिए अपनी आरम्भिक दौर की कहानियों, गाथाओं के द्वारा यह दिखाकर कि सीधे-सादे मामूली किसान अपनी जमीन के लिए, खेत के लिए, घर की इज्जत के लिए, बहू-बेटियों की इज्जत के लिए किस तरह जान देते हैं, प्रेमचन्द ने देशप्रेम की भावना से अपना साहित्य जीवन प्रारम्भ किया।

देशप्रेम के इस दौर में रूमानीपन, आदर्शवाद ज्यादा था। इसके बाद ही एक महत्वपूर्ण परिवर्तन जो हमारे राष्ट्रीय आन्दोलन में होता है, वह है 1917 में रूस की महान क्रान्ति। इस महान अक्टूबर क्रान्ति की धमक दुनिया के हर देश में सुनाई पड़ी। हर जाति पर इसका असर पड़ा। भारत के राजनीतिक नेताओं पर, चिन्तकों पर, आम जनता पर इसका असर पड़ा और इसके साथ ही भारतीय राजनीति में दूसरा मोड़ आया, जो बहुत उल्लेखनीय है। वह यह है कि हमारे स्वाधीनता-संग्राम में बहुत बड़े व्यापक जन-समूह, जिसे हम भारतीय किसान के रूप में जानते हैं, का प्रवेश हुआ। इन किसानों के भारतीय स्वाधीनता-संग्राम में प्रवेश के निमित्त बनते हैं गांधी जी। गांधी जी का सारे राष्ट्रीय जीवन में क्या महत्व है, सभी इसे जानते हैं।

इस दूसरे दौर की चर्चा करते समय एक तथ्य का उल्लेख कर देना बहुत जरूरी है। वह यह कि समाज सुधारनेवाले प्रेमचन्द जब इस दौर में प्रवेश करते हैं, तो इसके पहले अपने उपन्यास 'सेवासदन' के द्वारा वे हिन्दी जगत् में अपनी धाक मनवा चुके थे। यह पहला उपन्यास था, जिसने प्रेमचन्द को एक महान् कथाकार के रूप में प्रतिष्ठित किया था। आमतौर पर इस उपन्यास का आजादी की लड़ाई से सम्बन्ध नहीं देखा जाता। यह समझा जाता है कि वेश्या-जीवन को लेकर यह कहानी लिखी गई है। कभी-कभी यह समझा जाता है कि यह उपन्यास लगभग शरतचन्द्र की परम्परा का है। ध्यान से देखने की जरूरत है कि हमारे यहाँ के पुनर्जागरण में एक ओर देशप्रेम था, तो दूसरी ओर समाज-सुधार की बातें भी की जा रही थीं। उसका सुधारवादी रूप तो था ही, जिसके तहत अनाथालय खोले जा रहे थे, विधवा-विवाह की बातें की जा रही थीं और स्त्रियों व वेश्याओं के उद्धार की बातें भी की जा रही

थीं। लेकिन स्त्रियों की और वेश्याओं की समस्या को 'सेवासदन' उपन्यास में जगह देकर, जैसा अन्य सक्षम आलोचकों ने दिखाया है, प्रेमचन्द न विधवा-विवाह की समस्या हल करते हैं और न ही पूरे देश का ध्यान आमतौर पर विधवाओं, वेश्याओं, अनाथों की ओर ले जाना चाहते हैं। प्रेमचन्द ने तो इस उपन्यास के द्वारा सही मायने में नारी के सम्मान का, प्रतिष्ठा का और नारी के अधिकार का सवाल उठाया। नारी के अधिकार का प्रश्न न सुधारवाद है और न किसी बुर्जुआ दर्शन का स्वरूप, बल्कि किसी भी समाजवादी व्यवस्था में, जहाँ अनेक प्रकार के शोषणों का अन्त किया जाता है, इन्सान के द्वारा इन्सान पर किए शोषणों का अन्त किया जाता है, उसमें एक बुनियादी प्रश्न यह होता है कि नारी की पराधीनता खत्म करके पुरुष और नारी को समान दर्जा दिया जाए। सुमन की पूरी व्यथा, सुमन का संघर्ष और जिन कारणों से वह वेश्या बनती है, उन कारणों को प्रेमचन्द दिखाने की कोशिश करते हैं। वह देखती है कि एक ऐसी स्त्री, जो वेश्या है, ज्यादा सम्मान पाती है और एक वह जो विवाहिता है, घर में रहती है, वह न घर में सम्मान पाती है और न बाहर सम्मान पाती है। एक स्त्री, जो वेश्या है, ठीक उसके सामने आती है और तमाम बड़े-बड़े लोग, रईसजादे, चाहे वे हिन्दू हों चाहे मुसलमान हों, धर्म के ठेकेदार हों, वे उसके चरणों में लोटते हैं, उसकी खिदमत करते हैं। क्या चीज है वह, जो नारी को सम्मान दिलाती है ? दरअसल इसके मूल में यही नहीं कि सिर्फ नारी का सम्मान प्राप्त करने के लिए सुमन वेश्या बन जाती है। पूरे उपन्यास की परिणति इस बात में नहीं होती है, बल्कि नारी किस प्रकार अपना अधिकार पा सकती है, इस सवाल में होती है। प्रेमचन्द 'सेवासदन' के द्वारा नारी पराधीनता के मूल में निहित अर्थ-व्यवस्था का उद्घाटन करने का प्रयास करते हैं। सम्भव है, कुछ मित्रों को इसमें ज्यादा खींचतान दिखाई पड़े और वे उसे वेश्या पर लिखे गंए उपन्यास के रूप में ही देखना चाहें, लेकिन प्रेमचन्द, जैनेन्द्र और शरतचन्द्र को मिलाकर नारी-सम्बन्धी उनके दृष्टिकोण का तुलनात्मक अध्ययन करके देखने पर पता चलेगा कि प्रेमचन्द हर समस्या की तह में, बुनियाद में जाते हैं और यह पता लगाते हैं कि नारी-सम्बन्धी समस्याओं के मूल में कौन-सी समाज-व्यवस्था है ? वह समाज-व्यवस्था जिस अर्थतन्त्र पर टिकी हुई है, प्रेमचन्द वहाँ उँगली रखे बिना वापस नहीं लौटते। इसलिए प्रेमचन्द का देशप्रेम केवल आदर्श देशप्रेम तक ही नहीं था, समाज की कुरीतियों को दूर करने तक ही सीमित नहीं था, बल्कि प्रेमचन्द ने समाज-व्यवस्था की तह में जाना शुरू कर दिया था। इसलिए 1917 की अक्टूबर क्रान्ति और गांधी जी द्वारा चलाए गए राष्ट्रीय आन्दोलन में किसानों के योगदान के साथ ही प्रेमचन्द ने महत्वपूर्ण उपन्यास 'प्रेमाश्रम' लिखा।

यह 'प्रेमाश्रम' अब तक कुछ आलोचकों के द्वारा इसलिए ठुकरा दिया जाता है कि अपने जमाने के अनुसार प्रेमचन्द ने इस उपन्यास का अन्त आश्रम में किया।

उस जमाने में हर समस्या का हल एक आश्रम कायम करके कर दिया जाता था। लेकिन इस उपन्यास की एक दूसरी परत है जिसे अनदेखा करके अक्सर इसे गांधीवादी उपन्यास कहकर ही टाल दिया जाता है। इसमें हृदय-परिवर्तन की गाथा भी दिखाई जाती है कि किस प्रकार जमींदारों में से एक का हृदय-परिवर्तन होता है और इसलिए कहीं-न-कहीं इसमें गांधीवादी प्रभाव दिखाई पड़ता है, लेकिन एक महत्वपूर्ण बात, जिस पर लोग ध्यान नहीं देते हैं, वह यह है कि 'प्रेमाश्रम' में प्रेमचन्द केवल आश्रम स्थापित करने की अपील नहीं करते, केवल यह दिखाने की कोशिश नहीं करते कि जमींदार का हृदय बदल जाता है और वह गरीबों, किसानों को अपने साथ लेकर उनके साथ चलता है और खुद को उनके समान महसूस करने लगता है, बल्कि इसके पहले प्रेमचन्द यह बड़े पैमाने पर दिखाते हैं कि जमींदार और किसान के बीच एक अन्दरूनी संघर्ष चलता है, दोनों के हित एक नहीं हैं और ऐसे एक नहीं, अनेक अवसर आते हैं जब किसान को लाचार होकर जमींदार के अत्याचार के विरुद्ध हथियार उठाना पड़ता है। 'प्रेमाश्रम' के बलराज और मनोहर जमींदार के कारिन्दे गौस खाँ की हत्या करते हैं और जेल चले जाते हैं। इस मामले में केवल जमींदार का कारिन्दा ही नहीं है, बल्कि पुलिस के अफसर भी शामिल हैं। प्रेमचन्द यह दिखाते हैं कि पूरे लखनपुर गाँव की जिन्दगी किस प्रकार उपन्यास के उठान में चलती है। प्रेमचन्द गाँव का चित्रण सजीवता के साथ गाँव के चौपाल से शुरू करते हैं। वह जीता-जागता हुआ गाँव हमारे सामने आता है और धीरे-धीरे किसान और जमींदार टकराहट की स्थिति में आते हैं। प्रेमचन्द ने यह दिखाने की कोशिश की है। जब वे यह उपन्यास लिख रहे थे, तो चौरीचौरा उनके सामने था, जिस घटना में किसान इस हद तक जागरूक हो गए थे कि उन्होंने हथियार तक उठा लिए थे और गांधी जी को अपना आन्दोलन वापस लेना पड़ा था। प्रेमचन्द यदि ठीक उस दौर की राजनीति के पीछे चलते होते, तो इस पूरे उपन्यास में जमींदारों और किसानों की मित्रता, दोस्ती पर बल देते, किसानों और जमींदारों के संघर्ष, उनकी टकराहट पर बल नहीं देते। प्रेमचन्द के सामने कोई नेता नहीं था, विचारक नहीं था। उनके सामने भारत की जनता थी, किसान थे और उस जिन्दगी की सच्चाई को दिखाने से वे पीछे नहीं हटते। 'प्रेमाश्रम' में उन्होंने दिखाने की कोशिश की कि साम्राज्यवाद के या अंग्रेजी हुकूमत के विरुद्ध लड़ने का प्रश्न जब भी खड़ा होगा, तो उसके साथ अंग्रेजी हुकूमत जिनके बल पर देश में टिकी हुई है, उन सामन्ती तत्वों के विरुद्ध लड़ने का प्रश्न भी सामने आएगा। वे बड़े जमींदार हैं, वे रजवाड़े हैं, जिनके बल पर अंग्रेजी हुकूमत यहाँ टिकी हुई है। इसलिए जब तक इनके विरुद्ध लड़ाई नहीं छेड़ी जाती, तब तक अंग्रेजी हुकूमत को यहाँ से हटाया नहीं जा सकता। प्रेमचन्द राजनीतिज्ञों के आगे थे या पीछे थे ?

1919 और 1920 के आसपास लेखक यह दिखाने की कोशिश कर रहा था कि साम्राज्यवाद के विरोध का अर्थ है सामन्तवाद का विरोध। जब तक सामन्तवाद का विरोध नहीं होगा, तब तक सही मायने में पूरे तौर पर साम्राज्यवाद-विरोध नहीं हो सकता। प्रेमचन्द की यह स्थापना उन्हें समाज-सुधारकों से आगे ले जाती है। प्रेमचन्द की यह स्थापना उन्हें उस जमाने के कांग्रेसी नेताओं से आगे ले जाती है। उनकी यह स्थापना स्वराज्य की परिभाषा करने की दिशा में एक नया कदम है। आप जानते हैं, इस बात का फैसला बड़ी मुश्किल से, लम्बे संघर्षों के बाद 1929 में हुआ था, जिसे शपथ के रूप में 26 जनवरी, 1930 को सारे देश ने ग्रहण किया। यह पूर्ण स्वराज्य की परिभाषा पंडित जवाहरलाल नेहरू के सभापतित्व में की गई थी और उसमें घोषित किया गया कि स्वराज्य की माँग हिन्दुस्तान की पहली माँग है। लेकिन सिर्फ यह तय करने में 10 साल लगे कि हमारे स्वराज्य का स्वरूप क्या होगा, आजादी का अर्थ क्या होगा, अंग्रेजी हुकूमत हटाने के बाद यहाँ कौन-सी व्यवस्था कायम की जाएगी और अंग्रेजी हुकूमत के खिलाफ संघर्ष करने का अर्थ क्या है। कांग्रेस को यह सब कुछ समझने में 10 वर्ष लगे। उस निर्णय के पहले 'प्रेमाश्रम' के द्वारा प्रेमचन्द यह दिखा चुके थे कि उस स्वराज्य का स्वरूप दरअसल यहाँ पर तमाम सामन्ती शक्तियों के विरुद्ध संघर्ष करके ही तय होगा। और इस मामले में प्रेमचन्द को कभी कोई शंका नहीं हुई। जहाँ तक राजसत्ता का सवाल है तो इसके बारे में उन्होंने बहुत स्पष्ट परिभाषा दी है। अपने एक उपन्यास में, जो इसी दौर में कुछ आगे लिखा गया है, प्रेमचन्द ने 'सरकार क्या है'—इस सवाल को बहुत सीधे ढंग से रखा है। राजनीतिशास्त्र की किताबों में 'ह्वाट इज गवर्नमेंट एंड स्टेट' की जैसी परिभाषा की जाती है, यहाँ वैसा कुछ नहीं है, प्रेमचन्द एक साधारण किसान के समझने की भाषा में उनकी परिभाषा देते हैं : ''पढ़े-लिखे आदमियों ने गरीबों को दबाए रखने के लिए एक संगठन बना लिया है, उसी का नाम 'सरकार' है।'' यह वह परिभाषा है, जिसे बहुत पेचीदा भाषा में राजनीतिशास्त्र में समझाया जाता है और बहुत बारीक कताई की जाती है 'गवर्नमेंट' और 'स्टेट' की। प्रेमचन्द ने यह दिखाने की कोशिश की थी कि किसान सरकार को किस रूप में देखता है। यह 'सरकार' की परिभाषा अपनी सादगी के बावजूद सरकार के वर्गीय आधार को स्पष्ट करती है। आप प्रेमचन्द की कहानियों व उपन्यासों में देखेंगे कि न्याय के लिए संघर्ष करनेवाले कौन-से लोग हैं। उनमें वकीलों पर अक्सर विचार किया गया है, व्यंग्य भी किया गया है, जगह-जगह किया गया है, क्योंकि ये वे लोग हैं, जो 'रेशनलाइज' करते हैं इस व्यवस्था के काम को। कुछ ऐसे वकील भी थे, जो देशभक्त थे, राष्ट्रप्रेमी थे; कोर्ट-कचहरी के अलावा जो जनता के लिए संघर्ष भी करते थे। लेकिन एक वर्ग के, एक पेशे की हैसियत से उनका एक समूचा वर्ग था, जो सरकार को कायम किए हुए था और वह उसी

के लिए कानून-नियम बनाता था, उन्हीं की व्याख्या करता था और उन्हीं के लिए लड़ाई लड़ता था। सरकार की मोटे तौर पर प्रेमचन्द ने यह व्याख्या की।

अनेक लोग यह समझते थे कि यह आजादी की लड़ाई केवल एक राजनीतिक संघर्ष है। आगे चलकर कुछ लोगों ने इस आजादी की लड़ाई को आर्थिक संघर्ष में बदल देने की कोशिश की। वे मार्क्सवादी लोग थे। वे कहने लगे थे कि यह लड़ाई राजनीतिक नहीं है, बल्कि आर्थिक लड़ाई है, लगान की लड़ाई है। प्रेमचन्द इस स्वाधीनता को अत्यन्त व्यापक रूप में देखते थे और समझते थे कि यह मुक्ति—राष्ट्रीय मुक्ति—राजनीतिक थी, आर्थिक थी और उससे कहीं ज्यादा उस दौर में मानसिक मुक्ति थी, वैचारिक मुक्ति थी। उनकी मान्यता थी कि किसान को जब तक उसके पुराने विचारों से मुक्त नहीं किया जा सकेगा, तब तक आर्थिक मुक्ति देकर भी आप उसे गुलामी से बचा नहीं सकते। आपकी थोड़ी कृपा मिल जाए, तो आर्थिक सुविधा पाकर भी किसान पूरी तरह मुक्त नहीं हो सकता। राजनीतिक मुक्ति मिलने पर भी किसान मुक्त नहीं हो सकता। प्रेमचन्द ने बहुत पहले यह लिखा था और उन्होंने यह तब लिखा था, जब कांग्रेस की ओर से कहा गया था कि इस भुखमरी के जमाने में किसानों के लगान कम किए जाएँ। प्रेमचन्द ने लिखा और आगे चलकर और भी ज्यादा लिखा कि किसानों के लिए लगान आधा हो जाना उन पर उतना बड़ा उपकार नहीं है, जितना बड़ा उपकार अन्धविश्वास, मिथ्या रस्म-रिवाजों से मुक्त होना, नशे से परहेज करना, आपस में जो कलह बढ़ता जा रहा है, उसे रोकना, उन्हें कारिन्दों, पटवारियों और दूसरे अमलों के जुल्म से बचाना है। यह उनकी इससे बढ़कर सेवा है कि उनका लगान कुछ कम करवा दिया जाए। सीधी-सादी भाषा में आज उनकी व्याख्या की जाए तो कहेंगे कि किसानों का लगान कम करने से ज्यादा बड़ा उपकार उन पर है—उनको अन्धविश्वास से, जो अनेक धार्मिक और परम्परा से चल रहे रीति रस्म और रिवाज हैं, उनसे मुक्त करना यानी उनकी वैचारिक मुक्ति। यही नहीं, बल्कि समाज के नौकरशाही या अफसरशाही वर्गों से किसानों को जब तक मुक्त नहीं किया जाएगा, तब तक लगान आधा होने के बाद भी वह खुशहाल नहीं हो पाएगा, मुक्त नहीं हो पाएगा। इसलिए प्रेमचन्द ने अपने उपन्यासों में एक व्यापक पैमाने पर आजादी की चर्चा की। उनके लिए आजादी केवल आर्थिक मुक्ति नहीं थी, उनके लिए आजादी ज्यादा गहरे अर्थों में थी; गहरे सामाजिक, राजनीतिक, आर्थिक और सांस्कृतिक अर्थों में थी। इसीलिए उनके उपन्यासों में किसानों के जिस शोषण का जिक्र किया गया है, वह शोषण धार्मिक स्तर पर भी होता है, वैचारिक स्तर पर भी होता है, मानसिक स्तर पर भी होता है और राजनीतिक स्तर पर तो होता ही है। आजादी की व्यापक परिकल्पना, जैसा आप जानते हैं, गांधी जी के पास थी। इसीलिए एक ओर वह आदमी सोयाबीन की खेती पर भी लेख लिखता था और दूसरी

ओर अंग्रेजी हुकूमत के खिलाफ 'ड्राफ्ट' भी तैयार किया करता था। इतने व्यापक पैमाने पर सम्पूर्ण मनुष्य की मुक्ति की कल्पना वे करते थे। किन्तु, उनमें और प्रेमचन्द में फर्क यह था कि प्रेमचन्द इस मुक्ति के वर्गीय आधार को देखते थे, उसको बराबर ध्यान में रख रहे थे, जबकि गांधीजी इसे वर्ग-आधार से मुक्त करके दूसरे स्तरों पर—मानसिक, आध्यात्मिक, सामाजिक, आर्थिक स्तरों पर ग्रहण करते रहे। इतने व्यापक रूप में उस मुक्ति की परिकल्पना प्रेमचन्द ने की और उसे 'प्रेमाश्रम' में हमारे सामने रखा। 'प्रेमाश्रम' हिन्दी का ही नहीं, बल्कि भारतीय साहित्य का पहला महाकाव्यात्मक उपन्यास माना गया है, जिसमें इतने बड़े पैमाने पर किसान-जीवन और किसानों के शोषण को दिखलाया गया था।

प्रेमचन्द ने आजादी की लड़ाई के साथ-साथ उस दौर के महत्वपूर्ण पहलू साम्प्रदायिकता पर भी अपनी दृष्टि केन्द्रित की। आजादी की लड़ाई में इस साम्प्रदायिकता ने बाधाएँ पहुँचाईं। स्वराज्य के मार्ग में कौन-सी बाधाएँ थीं, इस सवाल पर प्रेमचन्द ने लेख लिखे। उन्होंने 'जमाना' में एक लेख लिखा था, आज का जमाना कैसा है, उसका 'चरित्र' बताते हुए और आगे जमाना कैसा होगा, उसकी व्याख्या करते हुए। वर्तमान और भविष्य दोनों का रूप कैसा हो, प्रेमचन्द के दिमाग में वह तस्वीर बहुत साफ थी। यह 1918-19 के आसपास लिखे गए लेखों में दिखाई पड़ता है। उन्होंने अक्टूबर-क्रान्ति का हवाला देते हुए कहा कि दरअसल आगे आनेवाला जमाना किसानों और मजदूरों का जमाना होगा। 1919 में उस आदमी का दिमाग साफ था कि अब आनेवाला जमाना किसानों और मजदूरों का होगा। इसलिए इस बात को ध्यान में रखते हुए स्पष्ट शब्दों में उन्होंने एक वाक्य में कहा कि स्वराज्य गरीबों का आन्दोलन है। आज यह कह देना बहुत आसान है लेकिन उस जमाने में जब प्रेमचन्द हुआ करते थे, स्वराज्य में बहुत धनीमानी लोग जेल जा रहे थे और अच्छे-खासे नौकरीपेशा लोग नौकरी छोड़कर जेल जा रहे थे, उस जमाने में लगता नहीं था कि स्वराज्य सभी का आन्दोलन होगा। उस जमाने में जबकि जेल भेजनेवाले और नेतृत्व करनेवाले आमतौर पर बड़े बाप की औलाद हुआ करते थे, उस दौर में भी प्रेमचन्द समझाते रहे कि मूलतः यह लड़ाई गरीबों की लड़ाई है, वहाँ पर जो लोग हैं, जिनके हित हैं, वे गरीब हैं, वे गरीबों के हित हैं। आज जो आगे दिखाई पड़ते हैं दरअसल वे दिखाई ज्यादा देते हैं। वास्तव में लड़ाई की निर्णायक भूमिका किसान अदा करेगा। यह काम आगे चलकर किसान ने किया भी। वे इस दृष्टि से पूरे आन्दोलन को, स्वाधीनता-संग्राम को देख रहे थे, इस दृष्टि से उसे देखते हुए मार्ग में बाधा के रूप में उन्होंने सम्प्रदायवाद को देखा। साम्प्रदायिकता के नशे में आनेवालों में अच्छे-अच्छे लोग थे। दंगों में जब वे देखते थे कि कभी मुसलमानों के हाथों हिन्दू ज्यादा मरे हैं, तो उन्हें सच्चा हिन्दू-प्रेम और हिन्दुत्व खतरे में दिखाई पड़ता था और

वे सारा-का-सारा इलजाम दूसरों पर थोप देते थे। दूसरी ओर मुसलमानों की ओर भी यह चीज थी कि अगर ज्यादा मुसलमान मारे गए तो वे समझते थे कि इस्लाम खतरे में है और सारे-के-सारे हिन्दू धर्म में बुराइयाँ ही हैं, कि वे लड़ाकू हैं और मार-काट करते हैं। इस पूरे क्षेत्र में प्रेमचन्द अकेले व्यक्ति हैं, जिन्होंने अपने समूचे साहित्य में लगातार सम्प्रदायवाद पर करारी चोट की और हिन्दू सम्प्रदायवाद, मुस्लिम सम्प्रदायवाद, ईसाई सम्प्रदायवाद किसी को भी नहीं छोड़ा। इस सम्प्रदायवाद पर चोट करते हुए उन्होंने बराबर अपने किसानों को सामने रखा। उन्होंने दिखाने की कोशिश की कि किसान हिन्दू हो चाहे मुसलमान हो, उसका दिल एक जगह है। इस सम्प्रदायवाद पर उन्होंने जब भी चोट की तो यह बताने की कोशिश की कि सम्प्रदायवाद के मूल में, साम्प्रदायिकता फैलानेवाले दरअसल धनी लोग थे; जमींदार थे। ये सम्प्रदायवाद फैलाते हैं और आम किसानों को, आम खेतिहर मजदूरों को बाँटने की कोशिश करते हैं। मैं नहीं जानता कि आजादी की लड़ाई के दौरान सम्प्रदायवाद के बारे में इतनी साफ नजर से और किसने लिखा। साम्प्रदायिकता फैलाने का कारण धर्म नहीं, मजहब नहीं, धार्मिक रुझान भी नहीं है। प्रेमचन्द ने उस समय लिखा था कि साम्प्रदायिकता तब उभरती है, जब हमारा आन्दोलन शिथिल होता है। उन्होंने 'जमाना' में लेख लिखकर दिखाया था कि साम्प्रदायिकता कब उभरती है, दंगे कब होते हैं। उन्होंने लिखा कि जिस समय गांधी जी समझौता करते हैं, कांग्रेस आन्दोलन वापस लेती है, जनता में पस्ती आती है—ऐसे दौर में जो चीज सिर उठाती है, वह है साम्प्रदायिकता। राजनीतिक संघर्ष की चढ़ी हुई नदी में साम्प्रदायिकता का कूड़ा-करकट बह जाता है, लेकिन जब आन्दोलन उतार पर होता है, पीछे हटता है, ऐसे समय में उस पस्ती, निराशा के माहौल में जब कोई काम नहीं होता, तो इन नवाबों, जमींदारों की बन आती है, इन मौलवियों और पुरोहितों की बन आती है, पादरियों की बन आती है और ये सम्प्रदाय का सहारा लेकर जनता को बाँटते हैं, उसमें मतभेद पैदा करते हैं और यह कोशिश करते हैं कि वह आन्दोलन में आगे न आने पाएँ। इसलिए आजादी की लड़ाई में जो रुकावटें थीं, बाधाएँ थीं, उनके बारे में उस समय के राजनीतिक दल किस तरह से सोचते थे और प्रेमचन्द किस तरह से सोचते थे, यह उनकी रचनाओं में बहुत साफ तौर से दिखाई पड़ता है।

यही नहीं, बल्कि यदि उनकी रचनाओं के कार्यकाल को आप ध्यान में रखें, तो आपको मालूम होगा कि पस्ती के दौर में, जब आन्दोलन थमा हुआ था, प्रेमचन्द ने युद्ध का आह्वान किया था। 'रंगभूमि' कब लिखा गया ? उस समय हमारे आन्दोलन की क्या स्थिति थी ? 1924-25 के आसपास और 1924-25 में गांधी जी ने कौन-सा आन्दोलन छेड़ा था ? 'रंगभूमि' का सूरदास जॉन सेवक से जमीन के लिए किस तरह लड़ाई लड़ता है, किस तरह जनता को सन्देश देता है। वह उस अकेले अन्धे भिखारी

की लड़ाई थी, जबकि जॉन सेवक अकेला नहीं है। उसका साथ देनेवाले जमींदार हैं। प्रेमचन्द ने यह दिखाया है कि चाहे वह हिन्दू हो या ईसाई, एक भावी पूँजीपति की मदद करने के लिए समाज की कितनी शक्तियाँ, समाज की कौन-कौन-सी शक्तियाँ इकट्ठा होती हैं, एकजुट होती हैं। दूसरी ओर सूरदास उनके खिलाफ गाँव के उन किसानों को इकट्ठा करने की कोशिश करता है, जो कभी इकट्ठा हो ही नहीं सकते। इसे विरोधाभास या इतिहास की विडम्बना कह लीजिए कि 'रंगभूमि' उस दौर का, आजादी की लड़ाई के उस दौर का इतिहास है, जब आजादी की लड़ाई प्रत्यक्ष रूप से नहीं चल रही थी, आन्दोलन जिस समय पस्ती में था। सूरदास प्रेमचन्द का सबसे लड़ाकू नायक है और कदाचित् साहित्य में उसके जोड़ का कोई दूसरा 'हीरो' नहीं है। यह 'हीरो' तब सामने आया, जब राष्ट्रीय आन्दोलन उतार पर था, पस्ती पर था, मन्दी पर था। प्रेमचन्द ने कहा था कि साहित्य वह मशाल है जो राजनीति के आगे चलती है। 'रंगभूमि' के द्वारा प्रेमचन्द यह दिखाने की, साबित करने की कोशिश कर रहे थे।

इन उपन्यासों के समानान्तर प्रेमचन्द की इसी तरह की और इसी रौ में लिखी कहानियाँ हमारे सामने आती हैं। इस समय प्रेमचन्द का अन्तिम दौर शुरू होता है 1930 और उसके आसपास। आपमें से बहुत बुजुर्ग लोग होंगे, जिन्होंने आजादी की लड़ाई में हिस्सा लिया होगा। उस समय मैं तो बहुत छोटा था, तीन साल की उम्र थी मेरी। लेकिन 1930 बहुत महत्वपूर्ण और निर्णायक साल है। इस समय एक ओर तो विचार के स्तर पर स्वराज्य का संकल्प लिया गया, दूसरी ओर यह वही साल था, जब भगत सिंह को फाँसी लगी थी और गांधी जी ने उन्हें छुड़ाने से इनकार कर दिया था। हमें नहीं भूलना चाहिए कि वह समय गांधी-इरविन पैक्ट का था। एक ओर क्रान्तिकारियों में से एक फाँसी के तख्ते पर चढ़ गया और उसके कुछ ही दिनों बाद अल्फ्रेड पार्क में चन्द्रशेखर आजाद गोली के शिकार हुए। यानी क्रान्तिकारियों की शहादत का वह सिलसिला अपने चरम बिन्दु पर पहुँचता है जब भगत सिंह को फाँसी लगती है और चन्द्रशेखर आजाद अल्फ्रेड पार्क में लड़ते हुए गोली के शिकार होते हैं। इसी समय गांधी-इरविन पैक्ट होता है और दूसरी ओर स्वराज्य की स्पष्ट परिभाषा पर विचार स्पष्ट होते हैं। कथनी तो यह है लेकिन करनी में आजादी की लड़ाई क्या रूप धारण करती है यह हाल था, यह स्थिति थी। और लगभग यहीं से प्रेमचन्द का वह काल शुरू होता है जिसे आप गांधीवादी मूल्यों-मान्यताओं से उनके मोहभंग का काल कहते हैं।

'गबन' उपन्यास इसी दौर में लिखा गया। आमतौर पर लोग कहते हैं कि 'गबन' उपन्यास में आभूषण-प्रेम की कहानी है, यानी रमानाथ की बीवी जालपा गहना ज्यादा चाहती है। पूरा उपन्यास आभूषण-प्रेम का उपन्यास कहकर टाल दिया जाता है।

लेकिन इस उपन्यास में प्रेमचन्द ने मध्यवर्गीय नायक रमानाथ की ढुलमुलयकीनी को दिखाते हुए मध्यवर्ग की कमजोरियों की ओर इशारा किया है। शहरी मध्यवर्ग का आदमी किस तरह 'हिपोक्रेसी' का शिकार होता है। मध्यवर्ग की स्थिति तो यह है कि परिस्थिति के कारण वह बीवी के सामने अपने खानदान की सम्पन्नता दिखाना चाहता है और अन्दर से वह इतना खोखला है कि एक छोटी-सी चीज बीवी को नहीं दे सकता है। इन दो स्थितियों के बीच ढुलकता, झूलता हुआ रमानाथ कहाँ जाता है ? इस हद तक जाता है कि देशद्रोही हो जाता है। आप देखें कि कैमरा चाहे जहाँ घूमे, लेकिन जो 'कोण' है वह किसान का 'कोण' है और प्रेमचन्द की दृष्टि एक क्षण के लिए भी विचलित नहीं होती। इसी नजर से वे सारी दुनिया को देखते हैं। जाने कहाँ से रमानाथ घूमता हुआ जब शहर में पहुँचता है, तो देवीदीन खटिक के हाथ पड़ जाता है और यह देवीदीन खटिक स्वराजियों के बारे में जो टिप्पणी करता है, वह देखने लायक है। इन स्वराजियों के बारे में देवीदीन खटिक कहता है कि अभी तो इनका राज नहीं आया है तब यह हाल है ! जिस दिन इनका राज आ जाएगा, उस दिन न जाने ये क्या करेंगे ? सन् '30 में प्रेमचन्द का देवीदीन खटिक यह कहता है, जिसे 1947 के बाद के देवीदीन आँख के सामने देखनेवाले थे ! यह कथन आकस्मिक नहीं है। प्रेमचन्द ने यह दिखाया और तब से, 1930 के बाद से लगातार उनकी कृतियों में एक तथ्य उजागर होता जाता है और वह यह कि किसानों को साथ लेकर लड़नेवाला यह जो जमींदारों का वर्ग है, वह देशभक्त वर्ग ऐन मौके पर, जब भी स्वार्थों की टकराहट होगी, किसान के साथ विश्वासघात करेगा। 'कर्मभूमि' में यही होता है, 'कायाकल्प' में यही होता है। लगातार प्रेमचन्द यह दिखाते हैं कि ये बड़े घरों के लोग, जो आज आजादी की लड़ाई में किसानों को संगठित कर रहे हैं, उन्हें साथ लेकर लड़ने की कोशिश कर रहे हैं, जब उनके स्वार्थ पर चोट पड़ेगी, तो विश्वासघात करेंगे।

प्रेमचन्द का साहित्य केवल गांधीवाद की शिक्षा नहीं देता, केवल स्वाधीनता की लड़ाई की कहानी नहीं कहता। उनका साहित्य किसान को, साधारण जनता को, उनके साथ काम करनेवाले बुद्धिजीवियों को सबक देता है कि किस तरह इस जनता को साथ लेकर चलनेवाले नेता, राष्ट्रप्रेमी, देशप्रेमी और राष्ट्रीयता के लिए संघर्ष करनेवाले लोग मूलतः और अंततः अपने वर्ग हित के लिए लड़ते हैं और उनके वर्ग-हित पर जब चोट पड़ती है, तो चोला बदल लेते हैं, बाना बदल लेते हैं, पक्ष बदल लेते हैं और उसके विरुद्ध चले जाते हैं। यह 'गबन' में होता है, 'कायाकल्प' में होता है, 'कर्मभूमि' में होता है और यह आगे चलकर 'गोदान' में होता है। 'गोदान' के बारे में सभी जानते हैं। इस दौर की कृतियों में हृदय-परिवर्तन और अहिंसा और बाकी चीजें समाप्त होती हैं। आप देखेंगे कि प्रेमचन्द के पूरे साहित्य में संघर्ष की बात

बार-बार आती है, वर्गों के बीच के अन्दरूनी संघर्ष की। इस संघर्ष की जितनी कहानियाँ आती हैं, उनमें एक विश्वास दिखाई पड़ेगा। प्रेमचन्द कहा करते थे कि शक्ति संघर्ष में है और साहित्य का लक्ष्य है उस संघर्ष को दुनिया के सामने उजागर करना। कदाचित् यह उन्होंने प्रगतिशील लेखक संघवाले अपने भाषण में कहा या फिर कहानी-कला वाले अपने एक लेख में कहा कि शक्ति संघर्ष में है और इसी संघर्ष से साहित्य की उत्पत्ति होती है। इसलिए जो लोग समझते हैं कि प्रेमचन्द वर्ग-सहयोग का प्रचार कर रहे थे, उन्हें मैं कहना चाहूँगा कि उनके उपन्यासों का समूचा सार वर्ग-संघर्षों की गाथा कहता है, वर्ग-संघर्ष के स्वर को गुंजित करता है, उनका अन्त भले ही उपदेश में होता हो, किसी प्रकार के आश्रम में होता हो। उपन्यास का अन्दरूनी ढाँचा क्या है, यह प्रायः अन्त से ज्यादा महत्वपूर्ण हुआ करता है।

इन गाथाओं की बात करते समय एक और उल्लेखनीय बात सामने आती है और वह यह कि प्रेमचन्द सामन्तवाद, साम्राज्यवाद, पूँजीवाद आदि-आदि शब्द इस्तेमाल नहीं करते थे, यद्यपि वे जानते जरूर रहे होंगे। आज सामन्तवाद, साम्राज्यवाद, पूँजीवाद, ये शब्द हर पढ़े-लिखे नौजवान की जबान पर हर दूसरे वाक्य में बिना समझे-बूझे आया करते हैं। प्रेमचन्द किसान के समझने की भाषा में लिखा करते थे। वे 'पूँजीवाद' नहीं कहते थे। अगर कहना हो तो 'महाजनी सभ्यता' कहते थे क्योंकि महाजन को किसान समझते हैं, इस पूँजीवाद को नहीं समझते हैं। वे 'सामन्तवाद' शब्द नहीं इस्तेमाल करते थे, बल्कि प्रायः 'राजे-रजवाड़े', 'जमींदार' इन शब्दों का इस्तेमाल करते थे।

इस दौर में एक और बात दिखाई पड़ी। वह यह कि आम लोग जब स्वराज्य की परिभाषा कर रहे थे, तब देश में चल रही मार-काट से विरक्त होकर, राजनीति से संन्यास लेकर, गांधी जी अछूतोद्धार-हरिजनोद्धार की बात कर रहे थे। इसी दौर में प्रेमचन्द ने 'कर्मभूमि' नामक उपन्यास में हरिजनों की समस्या उठाई और यह उन्होंने बड़े दिलचस्प अन्दाज में किया। उस दौर में गांधी जी इसकी कोशिश कर रहे थे कि हरिजनों को मन्दिर में प्रवेश करा दिया जाए और प्रचार यह किया जा रहा था कि यदि हरिजनों को मन्दिरों में प्रवेश करा दिया जाए तो बड़ी भारी क्रान्ति हो जाएगी। प्रेमचन्द ने हरिजनों के मन्दिर-प्रवेश का बड़ा ही सुन्दर वर्णन 'कर्मभूमि' में किया है। पूरी तैयारी हो रही है, कांग्रेसी नेता जुटे हुए हैं कि मन्दिर में हरिजनों को प्रवेश करा दिया जाए तो बड़ी भारी क्रान्ति हो जाएगी। पूरा वर्णन है। लाठी चलती है, पुलिस आती है। उस पूरे दृश्य का अन्त करते हुए प्रेमचन्द कहते हैं कि उस दिन हरिजन मन्दिर में घुस गए, पुजारी उस दिन बहुत प्रसन्न था कि चढ़ावा सब दिन से बहुत ज्यादा मिला! यह एक वाक्य प्रेमचन्द का पूरे हरिजनों के मन्दिर में प्रवेश पर था! और आप कहते हैं कि प्रेमचन्द गांधीवादी थे, गांधी के भक्त थे!

प्रेमचन्द हरिजनों की समस्या को, अछूतों की समस्या को केवल मन्दिर में प्रवेश तक रखते थे ? 'कर्मभूमि' का वह पूरा दृश्य पढ़ लीजिए; स्पष्ट हो जाएगा कि वे यह मानते थे कि हरिजनों को मन्दिर में घुसाने से उनका उद्धार नहीं होगा। आप लोगों में से बहुतों ने 'ठाकुर का कुआँ' नामक कहानी पढ़ी होगी। बहुत छोटी-सी कहानी है। जोखू किसान और उसकी पत्नी गंगी की कहानी है। जब जोखू पानी माँगता है, तो गंगी देखती है कि पानी गन्दा और बदबूदार है और वह उसे पीने से मना करती है। वह कहती है कि अँधेरा हो जाने के बाद मैं ठाकुर के कुएँ से पानी ले आऊँगी। वह पानी लेने गई और आगे का दृश्य जानते हैं। वह धीरे-धीरे वहाँ गई और जब पानी खींच लिया था, वह कुएँ के किनारे तक आ गया था, तभी अचानक जमींदार का दरवाजा खुला। उसके हाथ में डोरी थी, लोटा था, वह छूट गया। भागते हुए घर आकर गंगी ने देखा कि जोखू वही बदबूदार गन्दा पानी पी रहा है। 'ठाकुर का कुआँ' कहानी में कोई भी देख सकता है। प्रेमचन्द हरिजनों की क्या दशा है, वह बहुत साफ-साफ दिखलाते हैं। उस दौर में वे अछूतों के उद्धार के लिए गांधीवादी सुधारवादी रास्ता नहीं अपनाते हैं। एक नहीं, अनेक कहानियाँ प्रेमचन्द ने उनके बारे में लिखीं और आप यह ध्यान में रखें कि वे हरिजनों की हालत में सुधार के लिए बराबर उनके आर्थिक आधार को बदलने पर जोर देते हैं। 'कफन' कहानी के घीसू और माधव चमार हैं। गाँव में काम है, पर वे कामचोर हैं, काम करते ही नहीं हैं, और वे इतनी दूर तक जाते हैं कि पतोहू या कहना चाहिए कि औरत का कफन बेचकर दारू पीते हैं और पीकर धुत्त हो जाते हैं, गाते-नाचते हैं और बेहोश होकर गिर पड़ते हैं। इस कहानी में प्रेमचन्द ने साफ-साफ शब्दों में उनके निकम्मेपन का कारण उस समाज-व्यवस्था को बताया है, जहाँ मेहनत का उचित फल नहीं मिलता।

प्रेमचन्द की '30 से लेकर '36 तक की लिखी कहानियों में दो चीजें आप पाएँगे। एक तो इस दौर की नब्बे फीसदी कहानियाँ केवल आम लोगों की कहानियाँ हैं। दूसरे यह कि गाँव वगैरह की कहानियों में पचास फीसदी कहानियाँ छोटी जाति को लेकर लिखी गई हैं अथवा पिछड़ी जाति को लेकर लिखी गई हैं। '30 से लेकर '36 तक के हमारे स्वाधीनता-संग्राम या स्वाधीनता आन्दोलन के राजनीतिक इतिहास को अपने ध्यान में रखेंगे, तो पाएँगे कि यह राजनीतिक आन्दोलन किस प्रकार कांग्रेस के नेतृत्व में भटक रहा था, उलझावों का शिकार हो रहा था, एक निराशा की भावना भरने लगी थी कि पता नहीं स्वराज्य कब मिलेगा, इसलिए जैसे भी हो समझौता जल्दी कर लिया जाए बाकी बाद में देखा जाएगा। इस शिथिलता के दौर में प्रेमचन्द किसानों के जीवन को लेकर लिखते रहे। किसानों में भी जो सबसे ज्यादा सताया हुआ था, सबसे ज्यादा दलित था, शोषित था, पीड़ित था, जो सबसे छोटी जाति का था उसको आगे करके, उसकी समस्याओं को उजागर करके प्रेमचन्द चल रहे थे। जब इस देश

की वामपंथी पार्टियाँ मजदूरों को संगठित करने में लगी थीं, वे भारतीय किसानों में सबसे निचले तबके की आर्थिक और सांस्कृतिक बदहाली को सामने रखते हुए साहित्य रच रहे थे।

इसी दौर में प्रेमचन्द का अन्तिम उपन्यास 'गोदान' लिखा गया, जिस 'गोदान' के बारे में तरह-तरह की बातें होती हैं। लोगों ने 'गोदान' को देखकर प्रेमचन्द की आलोचना करते हुए कहा कि प्रेमचन्द गाँव के बारे में लिखते थे, ठीक करते थे, शहर के बारे में क्या लिखने लगे ? इनकी उनको कोई जानकारी नहीं है। प्रेमचन्द की तस्वीर देखकर, गाँव में रहनेवाले किसान से एकदम मिलनेवाले उनके चेहरे को ध्यान में रखकर वे लोग यह भूल जाते हैं कि प्रेमचन्द ने उनसे ज्यादा अंग्रेजी पढ़ी थी और उनसे अच्छी अंग्रेजी जानते थे। वे शहर में भी रहे थे, भले ही वह शहर बनारस रहा हो। वे लखनऊ में भी रहे थे, वे कानपुर में भी रहे थे। उसी कानपुर में, जहाँ गणेशशंकर विद्यार्थी रहते थे उसी कानपुर में, जहाँ कम्युनिस्ट पार्टी के लोग गिरफ्तार हुए थे, जहाँ मजदूरों का पहला संगठन बना था। ठीक से पता लगाया जाएगा तो मालूम होगा कि गणेशशंकर विद्यार्थी एक व्यक्ति नहीं, एक केन्द्र थे, जहाँ उस जमाने के सारे क्रान्तिकारी इकट्ठा होते थे। कम्युनिस्ट भी इकट्ठा हुआ करते थे, कांग्रेसी राजनीतिज्ञ भी इकट्ठा हुआ करते थे, हर तरह की राजनीतिक विचारधारा के लोग वहाँ आते थे। उनके केन्द्र थे गणेशशंकर विद्यार्थी। इसी जगह प्रेमचन्द भी थे। इसलिए उनके अपने संस्कार के, अपनी जीवन-दृष्टि के निर्माण में कानपुर का, कानपुर के माहौल के वातावरण का क्या हाथ है—यह अलग अध्याय है, जो शोध का विषय है। इन पक्षों की जानकारी से पता चलेगा कि 'गोदान' यों ही नहीं लिखा गया। 'गोदान' में गाँव और शहर दोनों को साथ रखने का मकसद है। साम्राज्यवाद का एक पाया सामन्तवाद है, जमींदारों का पाया है; दूसरे पाये यानी पूँजीवाद का अभी विकास हो रहा था जिसके बारे में 'महाजनी सभ्यता' लेख प्रेमचन्द ने लिखा था। एक नई स्थिति विकसित हो रही थी आजादी की लड़ाई के दौरान और वह यह थी कि इस देश के उद्योगपति और जमींदार दोनों इकट्ठा हो रहे थे, उनके बीच एक गहरा सम्बन्ध कायम हो रहा था, एक नया मोर्चा कायम हो रहा था। आगे चलकर कदाचित् आजादी का यह संघर्ष सामन्तवाद-विरोध ही नहीं, पूँजीवाद-विरोध में बदलनेवाला था। प्रेमचन्द इस उभरते हुए पूँजीवाद को देख रहे थे और यह भी देख रहे थे कि इस पूँजीवाद का असर गाँव पर पड़ रहा था, गाँव अछूता नहीं रह गया था। किसान धीरे-धीरे खेत मजदूर में बदल रहा था और यह खेत मजदूर गाँव छोड़कर शहर में जाकर औद्योगिक मजदूर बन रहा था। समाजशास्त्री लोग विकास की इस दिशा को 'अर्बेनाइजेशन' कहते हैं और बड़े विस्तार से यह बताते हैं कि इसकी क्या प्रक्रिया है।

सन् '32 में प्रेमचन्द ने 'गोदान' लिखना शुरू किया था। इस दौर में पूँजीवाद के विकास के साथ-साथ गाँव में, खेती में और हमारी पूरी समाज-व्यवस्था में एक नया तत्व घुस रहा था, एक नया पहलू सामने आ रहा था। प्रेमचन्द उसे उभारने की कोशिश करते हैं। इसीलिए आप देख सकते हैं कि इस उपन्यास में खन्ना जैसा चरित्र सामने आता है। खन्ना राष्ट्रवादी है। कांग्रेस में चन्दा देते हैं, जेल भी जा चुके हैं। उन्हें मजदूरों से बड़ा प्रेम है। यहाँ तक तो ठीक है, लेकिन वे कहते हैं कि मजदूरों को सरकार बनाने का हक नहीं है, और उन्होंने जो पूरा भाषण दिया है, उसे देखिए। वे कहते हैं कि हमें मजदूरों से बहुत प्रेम है, लेकिन हमारी मिल में हड़ताल करके ये अपने हितों के विरुद्ध काम कर रहे हैं। यह उस दौर का पूँजीपति था, जो एक ओर तो मजदूरों से प्रेम जताता था और जब अपनी पगार बढ़ाने के लिए मजदूर हड़ताल करते थे, तो सस्ते मजदूर पाने के लिए कई तरह की चाल भी चलता था। खन्ना साहब के साझेदार रायसाहब हैं। एक और बड़े दिलचस्प पात्र हैं—तंखा साहब। एक मिर्जा साहब हैं, जो फटेहाल लोगों को कबड्डी खेलाकर पैसा लुटाया करते हैं। प्रेमचन्द के पूरे उपन्यास में एक गरीब किसान है, जो कुछ नहीं चाहता, सिर्फ एक गाय चाहता है और वह गाय सपना हो जाती है। बचा-खुचा खेत एक-एक करके निकल जाता है। वह उसी खेत पर मजदूरी करने के लिए बाध्य होता है और उसका बेटा गोबर घर छोड़कर शहर जाता है। किसान इसी तरह मजदूर बनता है।

किसान से प्रेम जतानेवाले, आजादी के लिए लड़ाई लड़नेवाली शक्तियों में प्रोफेसर मेहता हैं, मिस मालती हैं, रायसाहब हैं, तंखा हैं, खन्ना हैं। ये तमाम लोग एक-दूसरे के साथ हैं और इनके नीचे जो शक्तियाँ दबी हुई हैं, वे भी साफ-साफ दिखाई पड़ती हैं। लेकिन होरी इन्हें अपना शुभचिन्तक समझता है। रायसाहब, कारिन्दे, सूदखोर, महाजन, दुलारी सहुआइन, जो उससे प्रेम जताती है सब होरी के दुश्मन हैं; मातादीन, दातादीन, पटवारी भी। प्रेमचन्द दिखाते हैं कि किसान का शोषण कितने परोक्ष ढंग से होता है। जिनको होरी शुभचिन्तक समझता है, जिनके पाँव पकड़ता है, वे ही उसके शोषण के, दमन के मूल पक्ष हैं। प्रेमचन्द ने शोषण की कहानी यथार्थ के नग्न रूप में दिखाई है। वे बताते हैं कि आजादी की लड़ाई किसान के नाम पर चल तो रही है लेकिन इस लड़ाई में जिन लोगों के हित सध रहे हैं, वे किसानों के दुश्मन हैं।

सन् '35-'36 के उस दौर में हमारी आजादी की लड़ाई असेम्बली में कुछ सीटों की छीना-झपटी में, आपस के मनमुटाव में और निहायत वैचारिक पतन में फँस गई थी, जिसका बहुत अच्छा दस्तावेज पंडित जवाहरलाल नेहरू की आत्मकथा के आखिरी अध्याय में है। आप ध्यान से उसे पढ़ें तो '35-'36 में कांग्रेस की क्या हालत थी और आजादी की लड़ाई का क्या हाल था, उस दुखद, दर्दनाक अध्याय को आप जान

सकेंगे। दूसरी ओर इस 'गोदान' उपन्यास को और प्रेमचन्द की बाद के दिनों की कहानियों को पढ़ें, तो देखेंगे कि उनमें उस जमाने की तल्खी, कड़वाहट व्यक्त हुई है। रात का अँधेरा गहरा होता जा रहा है और रोशनी का दूर-दूर तक कोई पता नहीं है। लेकिन यह उपन्यास साहित्यकार की पुकार के रूप में आता है कि अन्धकार दूर हो। 'कफन' कहानी को ही लीजिए। इसे निराशा और पस्ती की कहानी के रूप में नहीं देखना चाहिए, बल्कि यह कहानी 'प्रोटेस्ट' और 'विद्रोह' की कहानी है, जो गाँव की जमींदारी-व्यवस्था के विरुद्ध अपनी नाकामी जाहिर करनेवाले किसान व्यक्त करते हैं।

मित्रो, प्रेमचन्द की महागाथा ऐसी विस्तृत है और इतनी बड़ी है कि उसकी रूपरेखा प्रस्तुत करने में ही इतना ज्यादा समय लग गया। 1907 से लेकर 1936 तक इस आजादी की लड़ाई में कितने रंग, कितने दौर आए और हर मौके पर प्रेमचन्द राजनीति के पीछे नहीं बल्कि आगे ही थे। प्रेमचन्द ने राष्ट्रीयता का सबक इसी रूप में दिया था।

(प्रेमचन्द जन्मशताब्दी वर्ष में 23 फरवरी, 1980 को बिहार प्रगतिशील लेखक संघ द्वारा आयोजित समारोह में दिया गया व्याख्यान।*

*** पहले बिहार प्रगतिशील लेखक संघ की पत्रिका 'उत्तरशती' एवं पुनः 'आलोचक के मुख से', सं. खगेन्द्र ठाकुर; राजकमल प्रकाशन, नई दिल्ली, प्रथम संस्करण, 2005 में प्रकाशित)*

प्रेमचन्द के वैचारिक अन्तर्विरोध और गांधीवाद

कुछ वर्षों से अनुभव किया जा रहा है कि नये साहित्य के सृजन के साथ प्रेमचन्द के प्रति वह अनुराग अब नहीं रह गया है; खास तौर से उन लोगों के बीच जो बुद्धिजीवी हैं। कुछ लोगों को प्रेमचन्द में अब वह रस नहीं मिलता। उन्हें प्रेमचन्द की कुछ रचनाएँ आउटडेटेड मालूम होती हैं, उनकी रचनाओं में अब वह नवीनता नहीं दिखायी पड़ती। ऐसी अनेक बातें इधर-उधर सुनने को मिलती हैं। यही नहीं, बल्कि लिखित रूप में भी प्रेमचन्द पर कुछ ऐसे व्यंग्य सामने आए हैं जो अधिक आलोचनात्मक हैं। इस प्रसंग में मैं केवल नये युवकों और छात्रों को याद दिलाना चाहता हूँ कि 'प्रेमचन्द शताब्दी समारोह' कोई उत्सव नहीं है। जिस लेखक की शती हम मना रहे हैं वह संघर्षों के बीच पला था और अपनी कलम के द्वारा उसने संघर्ष किया था। इसलिए यह समारोह भी उस संघर्ष का एक हिस्सा है। यह संघर्ष अभी समाप्त नहीं हुआ। इसलिए जो लड़ाई प्रेमचन्द ने शुरू की थी—राजनीतिक जीवन में, सामाजिक जीवन में और सांस्कृतिक जीवन में, वह लड़ाई आज भी चालू है और प्रेमचन्द आज भी अपने साहित्य के द्वारा, अपनी कृति के द्वारा हमारे साथ खड़े हैं। सवाल सिर्फ यह तय करने का है कि कौन; और जो सचमुच में प्रगतिशील हैं, वह प्रेमचन्द को कितना अपने साथ ले सकते हैं। आप लोगों को स्मरण होगा कि प्रेमचन्द को अपने जीवन में कितना विरोधों का कड़ा सामना करना पड़ा था। उनके लिए जिस 'उपन्यास-सम्राट्' शब्द का प्रयोग किया गया है, यह 'उपन्यास-सम्राट्' अक्सर अपने जीवनकाल में बहुत तुच्छ, ओछे, छोटे लोगों द्वारा लाँछित हुआ था और उनके आक्रमण का शिकार हुआ था। उनमें से बहुत लोग हैं जिनके आज कोई नाम तक नहीं जानता। लेकिन किसी समय वे लोग प्रतापी थे, पत्र-पत्रिकाओं पर उनका अधिकार था। एक-दो नहीं धारावाहिक लेख लिखे गए, जिसमें प्रेमचन्द को नकलची साबित किया गया, चोर साबित किया गया। यही नहीं, प्रेमचन्द को ब्राह्मण-विरोधी कहा गया और ऐसा समझा गया कि यह आदमी हिन्दू-संस्कृति या भारतीय-संस्कृति का विनाश करनेवाला है।

चूँकि प्रेमचन्द अकेले हिन्दी के लेखक ही नहीं थे, उर्दू के लेखक भी थे। इन्होंने

केवल हिन्दू-सम्प्रदायवाद के विरुद्ध कलम नहीं उठायी, बल्कि प्रेमचन्द उन थोड़े-से लेखकों में थे, जिन्होंने मुस्लिम-सम्प्रदायवाद के खिलाफ भी कलम उठायी थी। इसलिए उर्दू की दुनिया में भी प्रेमचन्द का विरोध हुआ था और मुसलमानों में भी कुछ लोग ऐसे थे, जिन्होंने प्रेमचन्द का कड़ा विरोध किया था। यह विरोध प्रेमचन्द के जीवनकाल में ही हुआ था और उन विरोधों के बीच, उनसे टकरा कर इस साहित्यकार की कलम चमकी थी और प्रतिभा निखर करके सामने आयी थी।

लेकिन प्रेमचन्द की मृत्यु के बाद भी उनका विरोध समाप्त नहीं हुआ। आज भी ऐसी किताबें आ रही हैं, जो प्रेमचन्द के व्यक्तित्व को गिराने की कोशिश कर रही हैं—हिन्दुओं की ओर से भी और मुसलमानों की ओर से भी। हाल ही में मैंने एक किताब देखी थी, जिसमें यह प्रमाणित करने की कोशिश की गई है कि प्रेमचन्द निहायत बेईमान आदमी थे। प्रेमचन्द को बहुत गरीब कहा जाता है, लेकिन उनका बैंक बैलेंस बहुत ऊँचा था और वे अपने जमाने के सम्पन्न लोगों में थे। वे अत्यन्त चरित्रहीन व्यक्ति थे। एक लेखक ने बड़े विस्तार से हिन्दी में यह पुस्तक लिखी है। लेखक मुसलमान हैं, हिन्दी विभाग में अध्यापक हैं, उन्होंने दिखाया है कि प्रेमचन्द गरीब नहीं थे, सम्पन्न थे। प्रेमचन्द ईमानदार नहीं थे, बेईमान थे। और बहुत छोटे-छोटे स्वार्थों से भी उन्होंने गठजोड़ किया था और चरित्र की दृष्टि से भी वे बहुत ऊँचे नहीं थे, बल्कि उनके दामन पर दाग था। कुछ इसी तरह की चीजें एक दूसरे हिन्दू लेखक, जो हिन्दी के हैं, ने लिखीं। वे बहुतों को प्रेमचन्द के पास-बुक की कापी दिखाते फिर रहे हैं कि मरते समय उनका बैंक बैलेंस कितना था! इसलिए यह सोचना कि प्रेमचन्द गरीब थे और गरीबों के पक्षधर थे, सरासर गलत है। इस तरह की कुछ और भी बातें उनके और उनकी कृतियों के बारे में कही जा रही हैं। इसलिए, मैं यह कहना चाहता हूँ कि साधारण जनता के बीच प्रेमचन्द का जो यश है, प्रतिष्ठा है, कीर्ति है, वह इतनी व्यापक है, कि उस दबाव के कारण पढ़े-लिखे कुछ बुद्धिजीवी उन्हें स्वीकार तो कर लेते हैं, लेकिन कहीं-न-कहीं मन-ही-मन उनके विरोध की तैयारियाँ करते रहते हैं और लिखित रूप में ऐसी कृतियों को सामने ले आ रहे हैं। इसलिए आप लोगों के ऊपर यह बड़ा दायित्व आ जाता है, जो अपने को साधारण जनता का पक्षधर समझते हैं, जो हिन्दी की महान परम्परा को आगे ले जाने की जिम्मेदारी समझते हैं, जो हिन्दी साहित्य की मूल चेतना है, उसको आगे बढ़ाने का संकल्प लिये हुए हैं। उन लोगों के कन्धे पर यह बड़ा दायित्व है कि प्रेमचन्द की विरासत को ठीक-ठीक व्याख्यायित करें, परिभाषित करें, लोगों के सामने रखें और उन्हें सुरक्षित रखने के लिए निरन्तर संघर्ष करें। यह दायित्व हिन्दी और उर्दू दोनों के लेखकों पर है।

मैं आपको यह याद दिला देना चाहता हूँ कि प्रेमचन्द इस गरीब हिन्दी के हिस्से

आए। हम अक्सर उस महत्व को नजरअन्दाज कर जाते हैं या कभी-कभी भूल जाते हैं, जो विश्व-साहित्य के पैमाने पर है। 1936 में तीन महान साहित्यकारों की मृत्यु हुई थी—सोवियत संघ के रूसी साहित्य के लेखक मैक्सिम गोर्की, चीन के बड़े लेखक लू-शुन और भारत के हिन्दी के प्रेमचन्द। 1936 में इन तीनों की, विश्व के एक विशेष ढंग के लेखकों की मृत्यु हुई। यह मृत्यु ही उन्हें एक जगह नहीं जोड़ती है, बल्कि जीवन और साहित्य भी उन्हें कहीं-न-कहीं जोड़ता है। मैं यह कहना चाहता हूँ कि 1936 के आस-पास अर्थात् बीसवीं शताब्दी के पूर्वार्द्ध में सम्पन्न, विकसित, पूँजीवादी देशों के साहित्य की क्या स्थिति थी—यह देखना जरूरी है। उन देशों के बारे में कॉडवेल ने कहा है कि वह 'डाइंग कल्चर' थी। वह मरणासन्न संस्कृति थी। प्रथम महायुद्ध के बाद से लेकर दूसरे महायुद्ध के पहले तक अंग्रेजी साहित्य, अमरीकी साहित्य, जर्मन साहित्य, फ्रांसीसी साहित्य अर्थात सम्पूर्ण पश्चिमी देशों के साहित्य में जिस प्रकार की भावनाओं और विचारों की अभिव्यक्ति हो रही थी; जैसे टी.एस. ईलियट के 'वेस्टलैंड' को याद करें, एजरा पाउंड की कविताओं को याद करें, जेम्स ज्वॉयस के उपन्यास 'यूनिसिस' को याद करें, तो पश्चिमी देशों का और विकसित पूँजीवादी देशों का साहित्य जिन रुग्ण, पतनशील और ऐसी जाति की भावनाओं का अध्ययन कर रहा था, जो गहरे संकट के दौर से गुजर रही थी, जिसका कोई भविष्य नहीं था, जिसकी कोई आशा नहीं थी। जो साधारण जनता के कटा हुआ एक सीमित दायरे का साहित्य था। इस साहित्य की पृष्ठभूमि में इन तीन महान् लेखकों में से एक लेखक नई सभ्यता, नई संस्कृति, नई समाज व्यवस्था का ध्वजावाहक था। इसलिए मैक्सिम गोर्की यदि ऐसे नये प्रकार के साहित्य की सृष्टि करता है तो उसके लिए समाजवाद का ठोस आधार था, लेकिन मेरा इशारा उन दो लेखकों की ओर है—चीन के लू-शुन और भारत के प्रेमचन्द की ओर, जो अपनी स्वाधीनता के लिए संघर्ष कर रहे थे। ये उन जातियों के लेखक हैं जो अपनी मुक्ति के साथ-साथ राष्ट्रीय मुक्ति के लिए संघर्ष कर रहे थे। उन जातियों की आशाओं-आकांक्षाओं को वाणी देने वाले ये दो बड़े लेखक यथार्थवादी लेखक हुए। लू-शुन से प्रेमचन्द की स्थिति इस मामले में विशिष्ट है कि उन्होंने केवल कहानियाँ लिखीं। शायद उन्होंने कोई उपन्यास नहीं लिखा। प्रेमचन्द समूचे अपने साहित्य—लगभग एक दर्जन उपन्यास, ढाई सौ से अधिक कहानियाँ और लगभग इतने ही लेखों के द्वारा उस जमाने की लगभग 34-35 करोड़ भारतीय जनता की आशाओं-आकांक्षाओं को वाणी दे रहे थे। वह पतनोन्मुख भावनाओं का साहित्य नहीं था, वह एक संघर्षशील जाति की आशाओं-आकांक्षाओं, उसके दुःख-दर्द, वेदना की यथार्थ वाणी थी। प्रेमचन्द के इस अखिल विश्व वाले मुखौटे को हम लोग अक्सर नजरअन्दाज कर देते हैं।

दुनिया में अपने जमाने के जो बड़े लेखक थे, प्रेमचन्द उन लेखकों में से एक

थे, जो भारतीय जाति के संघर्ष के साथ उदित हुए थे और एक नये ढंग का साहित्य रच रहे थे। एक नये यथार्थवाद को जन्म दे रहे थे। जब पश्चिमी दुनिया में उपन्यास मर रहा था, तब दुनिया के दूसरे कोने से एक नया उपन्यास पैदा हो रहा था और उस नये उपन्यास के विधाता प्रेमचन्द थे। इसी के समानान्तर यदि हम भारतीय साहित्य में देखें जिसे भारतीय साहित्य का उत्थान काल कहा जाता है, उसमें कविता में रोमैंटिक आन्दोलन हुए और उपन्यास-कहानियों की दुनिया में रूमानियत और यथार्थवाद से मिला-जुला एक खास तरह का उपन्यास साहित्य भारत की हर भाषा में लिखा जा रहा था। हिन्दी कोई अनूठी नहीं थी। बांग्ला में रवीन्द्रनाथ, शरत्चन्द्र हो चुके थे, मराठी में खांडेकर, गुजराती में के.एम. मुन्शी और र. लाल, वसन्तलाल देसाई और इसी तरह दक्षिण भारत की भाषाओं में भी इस दौर में अनेक महत्वपूर्ण कथाकार-उपन्यासकार पैदा हुए थे। किन्तु सारे कथाकारों को एक साथ रखकर किसी भी भाषा के महत्व को कम न करते हुए, उनका अपमान न करते हुए, मैं यह कहना चाहता हूँ कि इस दौर के सारे लेखकों में यदि बांग्ला के शरत्चन्द्र और रवीन्द्रनाथ इन दोनों की रचनाओं यथा 'गोरा', 'श्रीकान्त' या 'गृहदाह' सामने रखें और प्रेमचन्द की 'रंगभूमि', 'प्रेमाश्रम', 'गोदान' को सामने रख करके देखें तो स्पष्ट होता है कि इस खेतिहर देश की विशाल जनता और किसानों के जीवन की महागाथा लिखनेवाला अगर भारतीय साहित्य में इतने बड़े पैमाने पर कोई हुआ तो वे अकेले प्रेमचन्द थे। और बड़े कलाकार रहे होंगे—शरत्चन्द्र ने 'पल्ली-समाज' में ग्रामीण लोगों के बारे में लिखा, कहीं-कहीं रवीन्द्रनाथ की कहानियों में भी वह जीवन है, कहीं-कहीं उपन्यासों में भी इसकी झलक है। बावजूद इसके वे अकेले लेखक थे, जिसने इतने बड़े पैमाने पर भारतीय संस्कृति का महाभारत लिखा। यह नया महाभारत प्रेमचन्द एक-एक कहानी, एक-एक उपन्यास द्वारा रच रहे थे। इसलिए प्रेमचन्द पर चर्चा करते समय उनके विश्वव्यापी महत्व और भारतीय साहित्य को ध्यान में रखा जाना चाहिए।

जहाँ तक अन्तर्विरोधों का सवाल है, प्रेमचन्द ने अपने बारे में लिखा है कि 'मेरा जीवन सपाट समतल मैदान है, जिसमें गड्ढे होंगे लेकिन पहाड़ नहीं मिलेंगे।' लेकिन जैसा कि एक लेखक ने कहा है—किसी कहानीकार का विश्वास मत करो, कहानी का विश्वास करो। प्रेमचन्द अपने जीवन के बारे में स्वयं क्या कहते हैं, यह सच नहीं है, सच वह है जो उनका साहित्य कहता है। अन्तर्विरोध होना कोई बुरी बात नहीं। वे लोग, जिनमें अन्तर्विरोध नहीं होता, निःसंग होते हैं। वे लोग ज्यादा अच्छे हैं, बेहतर हैं, उच्चकोटि के हैं और जहाँ अन्तर्विरोध होता है, वे लोग कुछ कमजोर या दूसरे दर्जे के समझे जाते हैं। आचार्य शुक्ल का 'लोभ और प्रीति' निबन्ध आपने पढ़ा होगा जिसमें उन्होंने लोभियों और योगियों की तुलना करते हुए कहा है कि लोभी और योगी दोनों ही चित्तवृत्तियों का दमन करते हैं और ऐसे लोगों में मानवीय दुर्बलता नहीं होती।

आचार्य शुक्ल ने कहा कि वे धन्य हैं। अन्तर्विरोध से मुक्त कोई योगी हो सकता है। होते होंगे और वे नमस्य हैं, प्रणम्य हैं। लेकिन जो भी जीवन्त व्यक्तित्ववाला व्यक्ति है, जो समाज में रहता है, जो कुछ करता है, वह शायद ही अन्तर्विरोध से मुक्त हो। कठिनाई यह होती है कि अन्तर्विरोधों को कुछ लोग सन्तुलित रखते हैं और वे सृजनशील होते हैं। कुछ में यह सन्तुलन नष्ट हो जाता है और उनका व्यक्तित्व टूट जाता है। इसलिए महत्वपूर्ण यह नहीं है कि अन्तर्विरोध किसमें है, किसमें नहीं है। यदि प्रेमचन्द में अन्तर्विरोध है तो इससे प्रेमचन्द घटिया लेखक नहीं साबित होते, द्वितीय श्रेणी के लेखक नहीं साबित होते, कमजोर नहीं साबित होते। बल्कि अन्तर्विरोध यदि शाश्वत नियम है, सर्वत्र होता है, सार्वभौम है तो उन अन्तर्विरोधों का होना किसी लेखक की, किसी व्यक्ति की जीवन्तता का सूचक है। यह अन्तर्विरोध ही किसी लेखक को, उसके व्यक्तित्व को सृजनशील बनाते हैं। यह सही है कि अन्तर्विरोध किसी लेखक को तोड़ते भी हैं, नष्ट भी करते हैं, क्षीण भी करते हैं। प्रश्न यह है कि कोई लेखक अन्तर्विरोधों को कितना सन्तुलित रखता है और किस हद तक इनका उपयोग करता है? इस तथ्य को ध्यान में रखते हुए देखना यह है कि प्रेमचन्द में कौन से अन्तर्विरोध थे और इन अन्तर्विरोधों का प्रेमचन्द ने क्या उपयोग किया?

'प्रेमचन्द के अन्तर्विरोध और उसके सामाजिक आधार' पर विचार करते समय यह ध्यान रखना चाहिए कि प्रेमचन्द अपने जमाने के कोई अकेले हिन्दी लेखक नहीं थे। प्रेमचन्द के समकालीन लेखकों में निराला थे, प्रसाद थे, रामचन्द्र शुक्ल थे, पन्त थे, महादेवी वर्मा भी कनिष्ठ समकालीन थीं। वृन्दावनलाल वर्मा भी उस जमाने के लेखक थे। प्रेमचन्द के अन्तर्विरोधों की चर्चा करते समय हमें यह ध्यान में रखना चाहिए कि उस जमाने के जो सबसे जागरूक, प्रबुद्ध लोग समझे जाते हैं, उनमें कौन से अन्तर्विरोध हैं और प्रेमचन्द में कौन से अन्तर्विरोध थे। उदाहरण के लिए हम प्रेमचन्द के साथ सबसे क्रान्तिकारी कवि निराला और सबसे प्रबुद्ध विचारक आचार्य रामचन्द्र शुक्ल को लें। एक विचित्र संयोग है कि इन तीनों लेखकों पर हिन्दी के अग्रणी प्रगतिशील समीक्षक डॉ. रामविलास शर्मा ने लिखा है। बल्कि वे पहले आलोचक हैं, जिन्होंने एक कवि को, एक कथाकार को और एक आलोचक को एक जीवन-दृष्टि के दायरे में रखकर देखने की कोशिश की है। इनमें से आप देखेंगे कि 'बादल-राग' के गायक 'तुझे बुलाता कृषक अधीर, ऐ विप्लव के वीर!' जैसी पंक्तियाँ लिखनेवाले विद्रोही और क्रान्तिकारी कवि निराला में कदाचित् प्रेमचन्द से ज्यादा अन्तर्विरोध हैं। वे रामकृष्ण मिशन के प्रभाव से ही नहीं, बल्कि जीवन के अन्तिम दिनों तक में जिस

हद तक अध्यात्म से बँधे हुए थे, वेदान्त का जितना गहरा प्रभाव निराला पर था, अर्थात् अध्यात्मक और धर्म की जितनी गहरी छाप निराला में थी, प्रेमचन्द में उसकी तुलना में तो कुछ भी नहीं थी। इसलिए क्रान्तिकारी कहे जानेवाले निराला में प्रेमचन्द से कहीं ज्यादा और कहीं गहरे अन्तर्विरोध थे। दूसरी ओर आचार्य रामचन्द्र शुक्ल जो अपने लोक-मंगल के लिए प्रसिद्ध हैं, वे भी लोक-जीवन का हवाला देते हैं। आचार्य शुक्ल के जीवन-दर्शन को देखें, तुलसी पर लिखे हुए उनके लेख को देखें, जिसकी चर्चा बहुत से लोगों ने की है। वे लोक-संग्रह की चर्चा करते हैं, लोक-मर्यादा की चर्चा करते हैं, शील-निरूण की दाद देते हैं। आचार्य शुक्ल के इस सम्पूर्ण सामाजिक-दर्शन में आस्तिकता दृढ़ है, धर्म में गहरी आस्था है और जिस भक्ति-दर्शन को अपने लोक-संग्रह का आधार बनाते हैं, उसमें उनकी अटूट निष्ठा है। एक ओर उनका यह दार्शनिक विश्वास उनकी सामाजिक मान्यता पर आधारित है और दूसरी ओर साहित्य में लोक-जीवन को आधार बना करके वे साहित्य की मीमांसा करते हैं। प्रेमचन्द की तुलना में आचार्य शुक्ल में भी प्राचीन, मध्ययुगीन धार्मिक आस्थाओं का रंग ज्यादा गहरा मिलेगा, प्रेमचन्द में उसकी तुलना में बहुत कम है। इसलिए हमारे नौजवान साहित्यकार और लेखक जिन प्रेमचन्द के अन्तर्विरोधों की चर्चा करना चाहते हैं—ध्यान रखें कि प्रेमचन्द अपने युग के उन लेखकों में हैं जिनमें औरों की तुलना में सबसे कम अन्तर्विरोध हैं। खास तौर से प्राचीनता और नवीनता का, मध्ययुगीनता और आधुनिकता का, ऐहिकता और आनुषंगिकता का। इन युग्मों के बीच जैसा कि हर भारतीय मानस में, जो तब के ही नहीं, बल्कि आज के भारतीय मानस में भी जो अन्तर्विरोध बद्धमूल भरा है, निकाले नहीं निकलता है, इन अन्तर्विरोधों को परिप्रेक्ष्य में देखें तो प्रेमचन्द हिन्दी के उन बहुत कम गिने-चुने लेखकों में होंगे, जिनमें उस प्रकार का अन्तर्विरोध नहीं मिलता। फिर भी ऐसे लेखक को जब अन्तर्विरोध के लिए चुना गया है, जाहिर है कि कहीं-न-कहीं और गहरे जाने की कोशिश की जा रही होगी।

यहाँ मैं एक बात खास तौर से कह दूँ, चूँकि 'अन्तर्विरोध' मार्क्सवादी चिन्तन का शब्द है और इस की मार्क्सवादी या प्रगतिशील लेखक एक खास रूप में चर्चा करते हैं। व्यवहार में प्रेमचन्द के सिलसिले में एक लेखक का जिक्र अक्सर किया जाता है। वह यह है कि आरम्भिक दिनों में प्रेमचन्द ने टाल्सटॉय को पढ़ा था, उन्होंने टॉल्सटाय की कहानियों का अनुवाद या कहिए कि रूपान्तर किया था। पत्रों में उन्होंने यह स्वीकार किया है कि 'मैंने टॉल्सटाय से प्रेरणा ली है।' प्रेमचन्द को समझने के लिए कुछ लोग उन्हें मैक्सिम गोर्की के साथ रखकर देखते हैं, कुछ लोग टॉल्सटाय के साथ रखकर। कभी-कभी लेनिन के प्रसिद्ध लेख के आधार पर प्रेमचन्द में भी वही सारे अन्तर्विरोध देखे जाते हैं जो लेनिन ने टॉल्सटाय में देखे थे। टॉल्सटाय

किसान की दृष्टि से दुनिया को देखनेवाला लेखक था, प्रेमचन्द भी किसान न होते हुए भी किसान की दृष्टि से दुनिया को देखते थे। इसलिए किसान के जीवन मे जो अन्तर्विरोध होते हैं, कायदे से प्रेमचन्द की जीवन-दृष्टि में भी मिलने चाहिए। यहाँ मैं स्पष्ट कर देना चाहता हूँ कि यह नितान्त भ्रामक, एनालॉजी है। हम जानते हैं कि टाल्सटॉय का लेखन-काल 1861 से 1905 तक है। अर्थात् टाल्सटॉय का लेखन-काल जहाँ समाप्त है, प्रेमचन्द का लेखन-काल वहाँ से शुरू होता है। यह दो युगों का अन्तर है, बल्कि कहिये दो शताब्दियों का अन्तर है। आप देखेंगे कि टाल्सटॉय ने जहाँ से अपना लेखन शुरू किया था वहाँ जीवन को देखने वाले उन्मुक्त द्रष्टा थे। लेकिन 'युद्ध और शान्ति' से लेकर आखिरी रचना तक टॉल्सटॉय का विकास क्रमशः उन्मुक्त जीवन-दर्शन से धार्मिक सुधारवाद कीं ओर हुआ। परवर्ती दिनों में टॉल्सटाय धर्म की, ईश्वर की ओर अधिक झुक गए थे, बल्कि आलोचकों की शिकायत है कि टॉल्सटाय अपने अन्तिम ग्रन्थों में एक पादरी की तरह से उपदेश देने लगे थे। इसके समानान्तर प्रेमचन्द की यात्रा ठीक इसके विपरीत है। प्रेमचन्द ने आर्य-समाज के प्रभाव में अपना लेखन शुरू किया और उनके जीवन की अन्तिम घटना थी—मार्क्सवादी लेखकों और बुद्धिजीवियों द्वारा आयोजित 'अखिल भारतीय प्रगतिशील लेखक-संघ' की अध्यक्षता। इसलिए प्रेमचन्द ने सुधारवाद से शुरू किया और क्रान्ति की दिशा में अग्रसर हो रहे थे। टॉल्सटाय का विकास इससे ठीक उल्टा है। टॉल्सटाय ने 'युद्ध और शान्ति' से शुरू किया और उसकी परिणति निहायत धार्मिक भावना और आस्था से युक्त रिजरेक्शन की ओर थी। इसलिए इस मामले में प्रेमचन्द का टॉल्सटाय से सादृश्य अपूर्ण ही नहीं बल्कि नितान्त भ्रामक है। दोनों लेखकों की तुलना एक साथ नहीं की जानी चाहिए।

यहाँ लगे हाथों मैं मैक्सिम गोर्की और टॉल्सटाय के अन्तर्विरोधों के सम्बन्ध में फैली भ्रामक धारणाओं को भी स्पष्ट कर दूँ। यह सही है कि लेनिन के साथ ही मैक्सिम गोर्की मार्क्सवाद में विश्वास करनेवाले थे। समाजवाद की स्थापना में उन्होंने योग दिया था और समाजवादी-यथार्थवाद के संस्थापकों में थे। बावजूद इसके यह सर्वविदित है कि एक लम्बे अर्से तक मैक्सिम गोर्की एक नये ईश्वर की तलाश में भटकते रहे, जिसके लिए लेनिन को गोर्की का विरोध करना पड़ा और कहना पड़ा कि तुम किस धर्म, ईश्वर और रीयलिज्म के चक्कर में घूम रहे हो? यह गलत रास्ता है। यह एक नये ईश्वर, एक नये धर्म और एक नये मजहब की तलाश है। आत्मा की खोज करनेवाले मैक्सिम गोर्की के एक ओर मार्क्सवाद और दूसरी ओर धर्म, वे इन दोनों के गहरे द्वन्द्व और अन्तर्विरोधों से एक लम्बे अर्से तक ग्रस्त थे। मैं फिर कहूँगा कि प्रेमचन्द में मैक्सिम गोर्की की तुलना में अन्तर्विरोध बहुत कम हैं या कि है ही नहीं। प्रेमचन्द कभी भी ईश्वर से इतने परेशान नहीं थे, जितने गोर्की रहे होंगे।

इसलिए अन्तर्विरोध पर विचार करने के लिए गोर्की और टॉल्सटाय इन दोनों का सादृश्य भ्रामक है और उसे छोड़ कर हमें प्रेमचन्द के अपने परिवेश, अपना सामाजिक जीवन और इस जीवन में जिन राजनीतिक विचारधाराओं के टकराहट से होकर वे गुजरे थे, उनका उल्लेख किया जाना चाहिए। प्रेमचन्द के बारे में एक ज्ञात सत्य है, जिसको बार-बार लोग दुहराते हैं कि प्रेमचन्द आर्य-समाज से प्रभावित थे। प्रेमचन्द गांधीवाद से प्रभावित थे और प्रेमचन्द में कहीं-कहीं ऐसी उक्तियाँ मिलती हैं जिससे मालूम होता है कि वे मार्क्सवाद या रूस में फैले हुए विचार और पार्टी की ओर आकृष्ट हुए थे। एक दल है जो प्रेमचन्द को सोलहों आने गांधीवादी साबित करने पर तुला हुआ है और लिख करके लोगों ने कहा है कि प्रेमचन्द गांधीवाद से बहुत गहरे रूप में प्रभावित थे। यही नहीं बल्कि इसके भी प्रमाण मिलते हैं कि जीवन के अन्तिम दिनों तक उससे मुक्त नहीं थे। आप लोगों को स्मरण होगा, शिवरानी देवी ने 'प्रेमचन्द : घर में' नाम की पुस्तक में एक घटना का उल्लेख किया है। 1935 में हिन्दी साहित्य परिषद् के अधिवेशन के सिलसिले में प्रेमचन्द नागपुर गये थे। वहाँ से गांधी जी से मिलने वर्धा गये। सम्भवतः उनकी गांधीजी से वह पहली और अन्तिम मुलाकात थी। वर्धा से लौटने के बाद प्रेमचन्द ने अपनी पत्नी शिवरानी देवी से इस घटना का जिक्र किया। शिवरानी देवी जैसी दो टूक बातें करती हैं, वैसा ही उन्होंने लिखा भी। प्रेमचन्द ने गांधीजी की बड़ी प्रशंसा की तो बोलीं कि 'तुम गांधीजी के चेला होकर लौटे हो?' तो प्रेमचन्द ने कहा कि 'नहीं, इसमें चेला होने की क्या बात है? मैं तो 'प्रेमाश्रम' से ही किसानों के बारे में लिखता चला आ रहा हूँ और गांधीजी भी तो यही कह रहे हैं।' उन्होंने कहा कि 'वही बात तुम कह रहे हो जो गांधीजी कहते हैं तो चेला होना और किसे कहते हैं?' और लिखा है कि यह कोई दलील नहीं थी। प्रेमचन्द की बात वहाँ खत्म होती है, जब वे कहते हैं कि 'गांधीजी जो काम आन्दोलन के द्वारा कर रहे हैं, वही काम मैं कलम के द्वारा करने की कोशिश कर रहा हूँ।' इस उद्धरण के द्वारा लोगों ने दिखलाने की कोशिश की है कि 1935 में (1936 में उनकी मृत्यु हुई) वे गांधीजी से मिले, उनसे प्रभावित होकर लौटे। इस प्रकार विचारकों का, लेखकों का ऐसा एक दल है जो प्रेमचन्द पर गांधीवाद की गहरी छाप देखता है और जिसका कहना है कि प्रेमचन्द अन्त तक गांधीवाद के प्रभाव से मुक्त नहीं हुए थे।

दूसरी ओर कुछ प्रगतिशील लेखकों का ऐसा दावा है और ऐसा प्रयत्न भी है कि प्रेमचन्द को सोलहों आने मार्क्सवादी साबित किया जाए। उनके पास तथ्य भी हैं और उन तथ्यों के द्वारा वे यह दिखलाने की कोशिश भी करते हैं कि प्रेमचन्द पूर्ण रूप में मार्क्सवादी लेखक हैं। यह आकस्मिक नहीं है कि 1936 में प्रगतिशील लेखक संघ के लखनऊ अधिवेशन की अध्यक्षता उन्होंने की। प्रेमचन्द 1918-19 से ही

समाजवाद के प्रति अपना आकर्षण घोषित कर चुके थे। 'प्रेमाश्रम' में इसका जिक्र है। बलराज, एक किसान यह कहता है कि रूस में किसानों का राज्य कायम हो गया है और वह एक सपना देखता है कि हमारे यहाँ भी एक दिन ऐसा होगा। यही नहीं बल्कि मुन्शी दयाराम निगम को उन्होंने चिट्ठी लिखी, जिसमें लिखा कि मैं करीब-करीब उन सभी उसूलों का कायल हो गया हूँ। यह 1917 के ठीक बाद की घटना है। यही नहीं, आगे चलकर मुन्शी दयाराम निगम को उन्होंने एक और चिट्ठी लिखी, ज़िसमें पूछा गया था कि आप किस राजनीतिक पार्टी के हैं? वे बोले कि 'जिस राजनीतिक पार्टी का मैं सदस्य होना चाहता हूँ, अभी तक कामय ही नहीं की गई।' जिस राजनीतिक पार्टी का वे सदस्य होना चाहते हैं, उसके उसूलों का उन्होंने जिक्र किया है, वह कम्युनिस्ट पार्टी से मिलती-जुलती है। इस तरह प्रेमचन्द की कुछ उक्तियों, कुछ कथनों, कुछ सिद्धान्तों, उनके साहित्य में चित्रित कुछ चरित्रों, दृश्यों, स्थितियों को लेकर यह दिखाने की कोशिश की जाती है कि प्रेमचन्द सोलहों आने मार्क्सवादी थे। ऐसी स्थिति में स्वाभाविक है और जरूरी है कि ज़िन दो ध्रुवों के बीच प्रेमचन्द की खींच-तान की जा रही है, इन ध्रुवों के बीच ठोस तथ्य के आधार पर प्रेमचन्द के साहित्य का और खास तौर से उनके जीवन का ठीक-ठीक निर्णय किया जाना चाहिए।

आम तौर से रचनाकारों के बीच एक कठिनाई होती है कि उनके वैचारिक साहित्य और सृजनात्मक साहित्य दोनों में बहुत संगति या सुसंगति नहीं दिखायी देती। लेकिन विचित्र बात है कि प्रेमचन्द के वैचारिक लेखों, प्रेमचन्द की साहित्यिक कृतियों में, कम-से-कम 'विविध प्रसंग' नाम के तीन जिल्दों मे उनकी सम्पादकीय टिप्पणियों, उनके लेखों, उनके उपन्यासों और उनकी कहानियों में जो विचार ध्वनित होते हैं, व्यंजित होते हैं, अथवा कुछ पात्रों के मुख से व्यक्त किये गये हैं, मिला करके देखें तो प्रेमचन्द के विचारों में और रचनाओं में कम-से-कम विरोध पाया जाता है। ऐसा नहीं है कि विचार ज्यादा प्रगतिशील दिखाई पड़े और रचनाएँ उनकी पीछे दिखायी पड़ें। विचार और रचना जिस हद तक सुसंगत हो सकते हैं, एक-दूसरे के साथ चलते हैं। वे खास तौर से एक-दूसरे से घुले-मिले से हैं, यह प्रेमचन्द में मिलता है। इन चीजों के साथ एक और बात ध्यान देने की है कि अक्सर बड़े लेखकों पर विचार करते समय किसी बड़े दार्शनिक-सम्प्रदाय, विचारक या कोई विचारधारा जिससे वह प्रभावित हुआ हो तो आम तौर से उन बने-बनाये विचारों के साँचे में ही हम लोग रखकर देखने के आदी हो जाया करते हैं। गेटे कहा करता था, जिसे लेनिन ने कई जगह उद्धृत किया है, "ऑल फिलॉसफी ऑव लाईफ इज एलो, ऑनूली द ट्री ऑव लाईफ इज ग्रीन!" (सारा दर्शन पीला है, यह जिन्दगी का जो पेड़ है केवल वही हरा होता है)। वे रचनाकार जो विचारों का केवल अनुवाद करते रहते हैं, उनका साहित्य

अमूर्त विचारों का कब्रिस्तान हो जाता है। महाकवि सुमित्रानन्दन पन्त का परवर्त्ती साहित्य ऐसे ही अमूर्त दार्शनिक विचारों का समाधि-स्थल है। लेकिन जो लेखक अमूर्त विचारों का अनुवादक नहीं होता, बल्कि जो ठोस, मूर्त, सजीव जीवन्त दुनिया को देखता है, जीवन को देखता है और जीवन को केवल विचार का पुंज नहीं समझता, बल्कि हाड़-मांस के पुतले इनसान को देखता है, उस जीवन का चितेरा, उस पीलेपन में अमूर्तता का शिकार नहीं होता, बल्कि जीवन को उसकी सम्पूर्ण जटिलता में, पेचीदगी में, सारे अन्तर्विरोधों के साथ समेट कर अपनी रचनाओं में चित्रित किया करता है। इसलिए प्रेमचन्द को गांधीवाद और मार्क्सवाद, इन दोनों वादों के बीच बाँधने का प्रयास करना उन वादों के साथ तो अत्याचार है ही, प्रेमचन्द के साथ भी ज्यादती है। प्रेमचन्द ऐसे रचनाकार हैं, जिन्होंने अपने जमाने के उन बड़े विचारकों से उतना नहीं सीखा था, जितना जिन्दगी की पाठशाला से सीखा था। एक शोधकर्ता मुझसे पूछने आये थे, वे साहित्य के विद्यार्थी नहीं थे। उन्होंने पूछा कि 'हिन्दी में गांधीवादी लेखक कौन है?' मैंने कहा कि–जैनेन्द्र। उन्होंने कहा–'प्रेमचन्द क्यों नहीं?' मैंने कहा–प्रेमचन्द नहीं हैं। चाहे वह हृदय-परिवर्तन हो, सत्याग्रह हो या अहिंसा हो, इसका जितनी दृढ़ता के साथ और जितने साहित्यिक ढंग से रूपान्तरण या अनुवाद जैनेन्द्र ने अपनी रचनाओं में किया है, प्रेमचन्द ने नहीं किया। उन्होंने पूछा कि 'इसके कोई प्रमाण हैं?' मैंने कहा कि यह मेरी धारणा है। उनकी रचनाओं को देखने की दृष्टि वैज्ञानिक होनी चाहिए। एक शोधकर्ता की वैज्ञानिक दृष्टि से देखकर आप छः महीने के बाद मिलिएगा तब मैं बात करूँगा। मुझे खुशी है कि उन रचनाओं को देखने के बाद उन्होंने कहा कि आपका कहना सही है। इसलिए खुली वैज्ञानिक दृष्टि से यदि देखा जाए तो प्रेमचन्द को गांधीवाद और मार्क्सवाद इन दोनों वादों के दायरे में रखकर देखने की जो कोशिश की जा रही है, उससे प्रेमचन्द की वह जो वास्तविक जीवन-दृष्टि है–जो उनकी महत्वपूर्ण कहानियों और उपन्यासों के मूल में है, वह इसमें अँट नहीं पाती, वह कुछ भिन्न है। वही नहीं है जो इन वादों की सीमा में सिमट जाती है। ऐसा कहकर न तो मैं प्रेमचन्द के महत्व को बहुत ज्यादा बढ़ाना चाहता हूँ और न उनका महत्व घटाना चाहता हूँ। यह कहकर मैं गांधीवाद और मार्क्सवाद के महत्व को भी घटना नहीं चाहता। ये बड़े ही उच्च कोटि के दर्शन हैं, बड़े उच्च विचार हैं, इनमें बहुत सार है। यही सच्चाई है कि प्रेमचन्द पर उनका प्रभाव पड़ा और यह भी सही है कि बीसवीं शती का कोई भी लेखक, यदि वह महत्वपूर्ण है और भारत का लेखक है तो इन विचारों से अछूता नहीं है। जो लेखक इन विचारों से अछूता चला गया, निश्चित कहिये कि वह अपने युग से, अपने समय से, अपने जमाने की रफ्तार से, अपनी जिन्दगी से अलग चला गया। इसलिए प्रेमचन्द एक भारतीय लेखक होने के नाते इन दोनों विचारधाराओं के प्रभाव में निश्चित रूप

से आए थे और उनसे प्रेरणा ली थी। लेकिन प्रेमचन्द की कुल मिलाकर जो जीवन-दृष्टि बनी है वह इन दोनों में से किसी के दायरे में पूरी-की-पूरी अँटती नहीं है। प्रेमचन्द की जीवन-दृष्टि इनसे भिन्न है और इसका प्रमाण उनकी रचनाओं के द्वारा मिलेगा। उदाहरण के लिए मैं उनके जीवन की कुछ छिट-पुट घटनाओं की चर्चा करना चाहूँगा। उनके परवर्ती जीवन के दो अध्याय सामने आते हैं। गांधीजी अक्सर आन्दोलन चलाने से पहले आवाज विकसित किया करते थे। गांधीजी को अन्दर से आवाज आती थी और वे आन्दोलन छेड़ते थे। हम जानते हैं कि गांधीजी की अन्तरात्मा की आवाज अक्सर उस जमाने के प्रगतिशील विचारकों और राजनीतिक नेताओं को परेशान किया करती थी। पंडित जवाहरलाल नेहरू ने अपनी आत्मकथा में इसका जिक्र किया है और अपनी हैरानी और परेशानी बतायी है कि उनको अन्तरात्मा की जो आवाज आया करती थी, उसे हम लोग कभी नहीं समझ पाते थे। प्रेमचन्द ने उसकी आलोचना की जिसका एक उद्धरण मैं आपको देना चाहूँगा।

बिहार में भूकम्प आया और बिहार के भूकम्प के बारे में गांधीजी ने कहा था कि यह हमारे ही पापों का फल है। ऐसा उन्होंने इसलिए कहा था कि उन दिनों गांधीजी अछूतोद्धार और हरिजनोद्धार में लगे हुए थे। गांधीजी ने कहा कि चूँकि हम लोग हरिजनों पर अत्याचार करते हैं इसीलिए यह भूकम्प आया। प्रेमचन्द ने कहा कि यदि भूकम्प पाप का फल है तो दूसरे लोग यह भी कह सकते हैं कि गांधीजी ने हरिजनों को मन्दिर में घुसने दिया, भूकंप उसी पाप का फल है। क्योंकि दूसरों की दृष्टि में हरिजनों का मन्दिर में घुसना पाप है। इसलिए यदि हम भूकम्प को पाप का फल मानेंगे तो यह इतना गलत होगा जिसके शिकार आप स्वयं हो सकते हैं। दरअसल यह भूगर्भ की वैज्ञानिक प्रक्रिया का परिणाम है, इस प्रकार के अन्धविश्वासों को बढ़ावा नहीं देना चाहिए। मुझे याद नहीं कि श्री जैनेन्द्र कुमार ने गांधीजी की अन्तरात्मा की आवाज का कभी विरोध किया है। उस भूकम्प वाली बात का जैनेन्द्र ने कहीं खंडन किया हो ऐसा मुझे स्मरण नहीं। इसलिए जो कट्टर और सच्चे गांधीवादी थे, उनके लिए इसका विरोध करना तो दूर गांधीजी का हर वाक्य वक्तव्य हुआ करता था। प्रेमचन्द यदि सचमुच गांधीवादी थे तो उन्हें इन तमाम चीजों का विरोध नहीं करना चाहिए था। लेकिन मैं जानता हूँ कि प्रेमचन्द के इन वक्तव्यों के आधार पर कहीं से भी उन्हें गांधीवादी नहीं साबित किया जा सकता। कुछ लोगों ने दिखलाने की कोशिश की है कि अपने उपन्यासों का अन्त, खास करके 'प्रेमाश्रम' का अन्त, उन्होंने आश्रम में किया है, 'सेवासदन' का अन्त उन्होंने सदन में किया है। यही नहीं, बल्कि 'रंगभूमि' के सूरदास के चरित्र के द्वारा उन्होंने गांधीजी के व्यक्तित्व को ही जैसे साहित्यिक रूप में चित्रित करने का प्रयास किया है। गांधीजी के मुख्य सिद्धान्त, 'सत्याग्रह' और 'हृदय-परिवर्तन' हैं। प्रेमचन्द इन दोनों में विश्वास

करते थे और उनकी दृढ़ आस्था थी। जिस 'प्रेमाश्रम' के आश्रम की स्थापना के आधार पर उन्हें गांधीवादी सिद्ध किया गया है, उसी 'प्रेमाश्रम' में एक किसान यह कहता है–'सत्याग्रह में अन्याय के दमन की शक्ति है'। यह सिद्धान्त भ्रामक साबित हो गया। जिस उपन्यास के आधार पर यह साबित करने की कोशिश की जाती है कि वे गांधीवादी थे, उसी में बलराज और मनोहर, जो किसान हैं, गौड़ खाँ की हत्या कर देते हैं जो जमींदार का कारिन्दा है, और जिसने अत्याचार किया था, औरत पर हाथ डालने की कोशिश की थी। इसलिए किसी कथाकार का जब निर्णय करते हैं, तो कई दृष्टियों से उस पर विचार करना चाहिए कि अपने उपन्यास में लेखक जिन्दगी को जिस रूप मे पेश करता है और अपनी ओर से जैसा समाधान देता है–इन दोनों चीजों में अगर कहीं अन्तर्विरोध दिखायी पड़े, तब तो बात दूसरी है। जैसा मैंने कहा कि कहानीकार का विश्वास मत करो, कहानी का विश्वास करो।

गांधीजी ने जिस सत्याग्रह, अहिंसा और बाकी तमाम चीजों का जिक्र किया था और जिसमें कहीं-न-कहीं मनुष्य की भलमनसाहत पर उनका गहरा विश्वास था, उसके द्वारा वे किसान और मजदूर का टकराव रोकना चाहते थे। यह सभी जानते हैं, कोई छिपी हुई बात नहीं है कि गांधीजी अंग्रेजी साम्राज्यवाद के विरुद्ध सम्पूर्ण भारतीय जनता को एकजुट करके ब्रिटिश हुकूमत को हटाना तो जरूर चाहते थे, लेकिन वे समझते थे कि इस प्रक्रिया में किसान और जमींदार, मजदूर और पूँजीपति, इन दोनों में टकराव होगा। यदि यहाँ का किसान जमींदार के खिलाफ आवाज उठाएगा, लड़ेगा तो जो स्वराज्य कायम होगा, वह या तो बहुत दूर चला जाएगा या उनकी समस्याओं के लिए अंग्रेजों से हम ठीक-ठीक लड़ नहीं सकेंगे अथवा स्वराज्य की कल्पना कुछ बदल जाएगी। देखना यह है कि प्रेमचन्द क्या गांधीजी के इस उसूल को मानते थे कि अंग्रेजी साम्राज्य के विरुद्ध चलनेवाले संघर्ष के अन्दर किसान को जमींदार के खिलाफ नहीं लड़ना चाहिए। जब-जब आन्दोलन तेज होता था और किसान जमींदार के खिलाफ, मजदूर पूँजीपति के खिलाफ खड़े होते थे तो गांधीजी उसे तुरन्त रोक देते थे। खास तौर से उन्होंने किसानों की उस आक्रामक भूमिका को, उस तेवर को बराबर रोका है, चाहे वह चौरी-चौरा में ब्रिटिश हुकूमत के खिलाफ हुआ हो, चाहे वह लगानबन्दी के सिलसिले में हुई घटनाएँ हों। देखना यह है कि प्रेमचन्द में क्या है? प्रेमचन्द के उपन्यासों में किसान-जमींदार टकराहट लगातार होती है। अगर प्रेमचन्द गांधीवादी होते तो अपने उपन्यासों में किसानों की जमींदारों से टक्कर होने ही नहीं देते। यह हकीकत है कि किसान और जमींदार की टकराहट उनके हर उपन्यास में है। वे दिखाते हैं कि इनमें से नेता, जो बड़ा क्रान्तिकारी है अपने जमींदार बाप का विरोध करके किसानों का साथ देता है। लेकिन जब निर्णायक घड़ी आती है और जैसे ही किसान संघर्ष के लिए उठते हैं, उस समय वह तुरन्त

गांधीजी के नियमों का पालन करता हुआ बीच में आ जाता है, खुद अपने ऊपर वार झेलता हुआ कहता है कि यह गलत हो रहा है। ऐसा 'कायाकल्प' में चक्रधर कहता है, ऐसा ही 'कर्मभूमि' में अमरकान्त कहता है। प्रेमचन्द यह साफ बात नहीं कहते कि तुम यही करो। इस दौर में प्रेमचन्द ने यह दिखाना चाहा है। आज भी बहुत से क्रान्तिकारी नौजवान हैं जो अपने बाप के धन, सम्पत्ति, राजनीतिक विचारधारा और अपने परिवार की सड़ी-गली रूढ़ियों, मान्यताओं, मर्यादाओं से असन्तुष्ट होकर बड़े क्रान्तिकारी संगठनों में हिस्सा लेते हैं और कुछ दिनों तक ऐसा मालूम होता है कि इनसे बढ़कर कोई क्रान्तिकारी नहीं है। लेकिन कुछ ही दिनों के बाद जब निर्णायक घड़ियाँ आती हैं, बाप और बेटा दोनों एक जगह खड़े दिखायी पड़ते हैं और तब विश्वास करने का जी चाहता है कि घुटना पेट के बल उत्पन्न होता है। ऐसे ही लोगों में अमरकान्त थे। 'कर्मभूमि' में अमरकान्त कहता है–'कहाँ क्रान्ति में ही देश का उद्धार समझता था, ऐसी क्रान्ति में जो सर्वव्यापक हो, जो जीवन के मिथ्या आदर्शों का, झूठे सिद्धान्तों का, परिपाटियों का अन्त कर देते हैं। जो एक नये युग का प्रवर्तक है, एक नई दृष्टि खड़ी कर दे। जो मिट्टी के असंख्य देवताओं को तोड़ करके चकनाचूर कर दे। जो मनुष्य को धन और धर्म के आधार पर टिकनेवाले राज्य से मुक्त कर दे।' समग्र क्रान्ति बोलनेवाला यही अमरकान्त, जैसे ही किसान खड़े होते हैं, अपने दोस्त पुलिस अफसर सलीम की जान बचाता है। खुद घायल होकर जेल जाता है। बाप का भी हृदय-परिवर्तन होता है। वह भी जेल जाते हैं और आखिर में जेल में बाप और बेटा दोनों में आध्यात्मिक मिलन होता है। वे गलबहियाँ डाले हुए लौटते हैं। घर भी बना हुआ है, क्रान्ति भी हो रही है। प्रेमचन्द ने अपने उपन्यासों के द्वारा भारतीय जनता को, किसानों को एक सबक दिया है कि इन क्रान्तिकारियों से सावधान रहो। इसलिए जो लोग यह कहा करते हैं कि प्रेमचन्द गांधीवाद का प्रचार कर रहे थे, हृदय-परिवर्तन की दुहाई दे रहे थे, सत्याग्रह की वकालत कर रहे थे, उन लोगों को प्रेमचन्द के साहित्य को ध्यान से पढ़कर देखना चाहिए कि प्रेमचन्द दरअसल गांधीवाद का रूपान्तर नहीं कर रहे थे, बल्कि गांधीवाद ने उस समाज में, उस समय जो लीलाएँ की थीं, उन सारी लीलाओं का जैसे लीला-गान लिख रहे थे। यह लीला-गान 'कर्मभूमि' है, 'रंगभूमि' है, 'प्रेमाश्रम' है। इसीलिए गांधी जी के विचारों के वे अनुवादक नहीं थे। बल्कि भारतीय समाज और जीवन में किसानों के बीच आये जागरण और उसको रोकनेवाली, गुमराह करनेवाली शक्तियों और राजनीतिक नेताओं का जिक्र करते हुए प्रेमचन्द दरअसल अपने समय में, उन समस्त विचारधाराओं, मान्यताओं, विश्वासों और क्रिया-कलापों का अंकन कर रहे थे। ताकि उस समय के लोग और आगे आनेवाली पीढ़ियाँ भी सबक ले सकें। सीख सकें कि गांधीवाद अपने सिद्धान्तों में और कर्म में क्या-क्या रंग दिखाता है, क्या- क्या रूप लेता है। अतः

प्रेमचन्द के साहित्य में केवल गांधीवाद की गहरी छाप देखना, गांधीजी के समस्त विचारों की छाया देखना और यह कहना कि अन्त में न सही तो आरम्भिक दिनों में वे गांधीवादी थे ही, सरासर गलत है, ज्यादती है। प्रेमचन्द ने उस जिन्दगी का चित्रण किया था जिस जिन्दगी में गांधीजी का भी असर था, उनके विचारों की छाया थी।

मैं एक बात कहना चाहूँगा कि परवर्ती दिनों में प्रेमचन्द गांधीवाद की कुछ मान्यताओं से, उसके गलत प्रभाव से मुक्त रहे हैं। यहाँ मैं सावधान करना चाहूँगा कि इधर कुछ लोगों ने जो प्रगतिशील विचारों के मार्क्सवादी लेखक रहे हैं, उन्होंने भारतीय स्वाधीनता संग्राम में गांधी जी के महत्व को ठीक-ठीक नहीं आँका है। उनके महत्व को प्रायः कम करके देखा गया। यदि प्रेमचन्द गांधीजी के व्यक्तित्व से, उनके कार्य से, विचार से प्रभावित थे तो यह सही था। उस दौर को देखते हुए मैं इसे सही समझता हूँ। स्वाधीनता संग्राम में किसानों की भूमिका निर्णायक है, यह अकेले गांधीजी का इतना बड़ा कार्य है कि बहुत दिनों तक कम्युनिस्ट पार्टी भी नहीं समझती थी। कम्युनिस्ट पार्टी, जो उन दिनों कायम हुई थी, वह समझती थी कि क्रान्ति का अग्रदूत चूँकि मजदूर होगा इसलिए बहुत दिनों तक उसका ध्यान मजदूर संगठनों की ओर रहा। किसानों के सही महत्व को, खास तौर से हमारी आजादी की लड़ाई में किसानों की निर्णायक भूमिका को बहुत देर से पहचाना गया। बल्कि सच पूछा जाए तो आजादी की लड़ाई में किसान-मजदूर एकता की बात लेनिन ने भी कही थी और करके दिखाया था। एक अकेला किसान ऐसा कर सकता था, इसकी अगुआई कर सकता है, इसे करके माओ-त्से-तुंग ने दिखाया था। भारत में कम्युनिस्ट पार्टी बहुत दिनों तक इस चीज को नहीं समझ सकी थी। गांधीजी का महत्व यह है कि उन्होंने किसानों की भूमिका को समझा और चम्पारण से अपना आन्दोलन शुरू किया। भारतीय आजादी की लड़ाई में अगर किसानों की भूमिका को किसी ने समझा तो राजनीति में गांधीजी ने और साहित्य में प्रेमचन्द ने। इन दोनों ने एक साथ इसके महत्व को समझा। महत्व को समझने के बाद रास्ता यहाँ से अलग होता है। प्रेमचन्द किसानों के महत्व को समझने के बाद जमींदार के खिलाफ किसान के संघर्ष को उभारते हैं। गांधीजी जमींदारों के खिलाफ किसान के संघर्ष को छिपाते हैं, दबाते हैं, उजागर नहीं होने देते।

इन चीजों के बावजूद धार्मिक मामले में, साम्प्रदायिक मामले में, अनेक विचार ऐसे हैं जहाँ गांधीजी एवं प्रेमचन्द समानान्तर चलते हैं। राष्ट्रीय आन्दोलन को देखते हुए, ऐतिहासिक दौर को देखते हुए मैं इसे अन्तर्विरोध नहीं कहूँगा। बल्कि प्रेमचन्द के जीवन का निश्चित रूप से एक पॉजेटिव पक्ष है, जहाँ वे गांधीवाद को ग्रहण करते हैं। यहाँ एक बार फिर अन्तर दिखायी पड़ेगा। जहाँ प्रेमचन्द साम्प्रदायिकता

के सम्पूर्ण सवाल के मूल में आर्थिक संघर्ष और आर्थिक भेद-भाव को देखते हैं वहीं गांधीजी साम्प्रदायिकता के समूचे सवाल को भावनात्मक और धार्मिकता के स्तर पर सुलझाने की कोशिश करते हैं। धर्म का पूरा-का-पूरा सवाल तो बहुत पेचीदा है और इसके बारे में प्रेमचन्द के अलावा और दूसरे लोगों ने भी कहा है। लेकिन मुझे यह याद नहीं है कि महात्मा गांधी जी ने इस्लाम के मौलवियों के खिलाफ उतनी ही तेजी से आवाज बुलन्द की हो, जितनी तेजी से प्रेमचन्द ने की। यहाँ गांधीजी से प्रेमचन्द अलग हैं। ये वे प्रेमचन्द हैं जो एक ओर मोटेराम शास्त्री के खिलाफ लिखते हैं और दूसरी ओर मौलवी के खिलाफ भी लिखते हैं। उनके उपन्यासों में अर्थ के आधार पर धर्म का कारोबार करनेवाले इसाई पादरी जॉनसेवक का बाप हो, चाहे 'सेवासदन' में आनेवाला मौलवी हो, नवाबजादे हों, चाहे वह 'गोदान' के जाने-पहचाने हमारे पंडित दातादीन, मातादीन हों या मोटेराम शास्त्री हों। हिन्दू, मुसलमान, ईसाई जो भी धर्म का ठेकेदार है प्रेमचन्द ने साहस ने साथ, निर्भीकता के साथ, इन सबके खिलाफ कहा। मैं नहीं जानता कि भारतीय राजनीति में उस समय सचमुच कोई ऐसा साहसी राजनीतिक नेता था। स्थिति यह थी कि जो हिन्दू है वह केवल हिन्दू धर्म के पुरोहितों के खिलाफ कहेगा, मुसलमान मौलवी के खिलाफ आवाज उठाएगा। गोया धर्म का विभाजन हो गया था कि हिन्दू हिन्दू साम्प्रदायिकता के खिलाफ लड़े, मुसलमान मुसलमान साम्प्रदायिकता के खिलाफ लड़े और ईसाई ईसाई साम्प्रदायिकता के खिलाफ लड़े। यह अकेला लेखक है जिसने समूचे भारतीय साहित्य में, इसकी परवाह किये बगैर कि मुसलमान गलत समझेंगे, ईसाई गलत समझेंगे, हिन्दू, मुस्लिम और ईसाई--तीनों धर्मों की जो साम्प्रदायिक घटनाएँ हुईं, उन पर आवाज उठायी, अपनी कलम उठायी। इसलिए उठायी कि इन धार्मिक भेदभावों के बारे में प्रेमचन्द की जो समझ थी वह गांधीजी से ज्यादा मूलगामी और रैडिकल थी। वह यह कि इस साम्प्रदायिक विद्वेष के मूल में आर्थिक स्वार्थ है, आर्थिक कारण है, जिसके कारण ये दंगे होते हैं अथवा दंगे कराए जाते हैं। इसलिए धार्मिक मामलों में भी गांधी के विचारों से प्रेमचन्द के विचार ज्यादा तह में, जड़ में जानेवाले और रैडिकल थे।

गांधीजी का जो आदर्श है, स्वराज्य है (अथवा रामराज्य है), उस स्वराज्य की परिकल्पना भी प्रेमचन्द की दूसरी है। 'गबन' उपन्यास में देवीदीन खटिक ने जिस स्वराज्य की बात की है, उन सुराजी नेताओं की जिस तरह से वह आलोचना करता है, उससे मालूम होता है कि प्रेमचन्द का स्वराज्य वही नहीं था जो गांधीजी का स्वराज्य था। इसलिए अपने स्वराज्य की कल्पना में भी प्रेमचन्द गांधीजी से अलग थे। असल में हम लोगों का विवाद प्रेमचन्द और गांधीवाद को लेकर ही है। गांधीवाद और प्रेमचन्द के सम्बन्धों पर विचार करते समय हम लोग देखें कि गांधीजी के

व्यक्तित्व से, गांधीजी के कर्म से प्रेरणा ग्रहण करते हुए भी प्रेमचन्द गांधीजी के विचारों से बहुत-सी बातों में अलग थे। जिन्दगी से उन्होंने जो सीखा था उसके आधार पर वे अपेक्षाकृत अधिक गहराई में गये थे। जिसके कारण उनके विचार अपेक्षाकृत आध्यात्मिक और रहस्यवादी धारणाओं से मुक्त हुए थे और वैज्ञानिक विचारधारा की ओर अग्रसर होने की कोशिश कर रहे थे। दूसरा सवाल यह है कि मार्क्सवाद से प्रेमचन्द का क्या ताल्लुक था? कितनी दूर तक वे साथ गये थे। इस पर अलग से स्वतन्त्र रूप से विचार करने की आवश्यकता है।

मैं केवल इतना कहूँगा कि किसी लेखक की जीवन-दृष्टि किसी विचारक की किताब से नहीं बनती। उसकी अपनी स्थिति समाज में क्या है, उससे बनती है। बालजॉक कहा करता था कि तुम बताओ कि तुम्हारे पॉकेट में क्या है, मैं बता सकता हूँ कि तुम्हारे दिमाग में क्या है? यानि आप जिन्दगी में जहाँ खड़े हैं, वहाँ से जो संस्कार ग्रहण करते हैं, जिस परिवार में रहते हैं, उस परिवार का जो आर्थिक ढाँचा है, उस परिवार का जो धार्मिक वातावरण है, उस परिवार की जो सामाजिक मान्यताएँ हैं, उन तमाम चीजों से रस लेकर आपके संस्कार बनते हैं। फिर आप चाहे ह्यूम को पढ़ें, चाहे वर्कले को पढ़ें, चाहे कांट को पढ़ें, चाहे हीगल को पढ़ें, चाहे मार्क्स को पढ़ें—वे संस्कार विचारों को कहीं-न-कहीं ढाल देते हैं। उन सारे संस्कारों से जीवन-दृष्टि बना करती है। प्रेमचन्द ने बहुत-सी चीजें पढ़ीं होंगी, जिनमें गांधीजी के विचार भी थे। लेकिन सच्चाई यही है कि प्रेमचन्द की जो पूरी-की-पूरी दृष्टि थी, वह गांधी से बहुत कुछ प्रभावित होते हुए भी उनसे अलग थी। वे कायस्थ परिवार में पैदा हुए, उनके पिता डाकखाने में नौकरी करते थे, प्रेमचन्द स्वयं खेती नहीं करते थे, इसलिए कायदे से प्रेमचन्द तथाकथित मध्यवित्तीय निम्न मध्यवर्ग के व्यक्ति कहलायेंगे, जो खेती करनेवाले नहीं हैं। बावजूद इन तमाम बातों के, प्रेमचन्द की समूची दृष्टि जो दिखायी पड़ती है, वह है एक खाते-पीते साधारण किसान की, मजदूर की नहीं। आप देखेंगे कि इस खाते-पीते साधारण किसान के विचारों की अपनी एक सीमाएँ हुआ करती हैं। उस सीमा में प्रेमचन्द अक्सर अपनी लालसा व्यक्त करते हैं। एक बार पं. बनारसी दास चतुर्वेदी ने पूछा कि 'क्या करना चाहते हैं?' बोले—'मैं चाहता हूँ कि गाँव में थोड़ा सा खेत हो, खेती से रोटी-दाल मिल जाए ऊपर से तोला भर घी।' जब भी एक भारतीय किसान अपनी जिन्दगी की मार से घबड़ा जाता है, इन तमाम चीजों के बीच उसकी एक लालसा होती है कि उसके पास थोड़ा सा खेत हो जिसमें जाकर खेती करे और थोड़ा-बहुत खाने को मिल जाए, बहुत चीजें वह नहीं चाहता। यह जो खाते-पीते औसत किसान की लालसा है, यह लालसा और जीवन की परिस्थितियाँ प्रेमचन्द को खेतिहर मजदूर की ओर ले जा रही थीं, क्योंकि जिन्दगी भर उनको यह नसीब नहीं हुआ। इन दोनों के बीच की टकराहट ही प्रेमचन्द की

जीवन-दृष्टि की उर्वर भूमि है।

प्रेमचन्द की जीवन-दृष्टि में संयुक्त परिवार के प्रति लगाव है। संयुक्त परिवार के टूटने की जैसी पीड़ा प्रेमचन्द के विशाल साहित्य में अभिव्यक्त हुई है, अन्यत्र नहीं है। इसलिए उन्हें परिवार की मर्यादा से लगाव है। 'लैंड टू द टेलर', खेत जोतने वाले का यह नारा बहुत क्रान्तिकारी नहीं है। क्योंकि यह एक प्रकार का सन्तोष देता है। यह समाजवाद का नारा नहीं है और साम्यवाद का तो निश्चित रूप से नहीं है। प्रेमचन्द किसान की उस छोटी महत्वाकांक्षा के पूरी न हो सकने की पीड़ा से उस दर्द से सम्पूर्ण विश्व-दृष्टि को देखते हैं। इसलिए यह कहना गलत नहीं होगा कि प्रेमचन्द की रचनाओं में जो यथार्थवाद दिखायी पड़ता है, वह यथार्थवाद उन्हें एथिक्स की किताब पढ़ने से नहीं प्राप्त हुआ है, बल्कि प्रेमचन्द का यथार्थवाद भी उस भारतीय किसान का यथार्थवाद है। भारतीय किसान बहुत यथार्थवादी होता है, बहुत व्यावहारिक होता है। दुनिया भर की आध्यात्मिक ऊँचाइयों और ख्यालों में उड़ने का शौक केवल मध्यवर्ग के बुद्धिजीवी पाल सकते हैं। भारतीय किसान 'डाउन टू अर्थ' होता है। मिट्टी से जुड़े रहने के कारण ये छोटे-छोटे टुच्चे स्वार्थों, क्षुद्र से क्षुद्र बुद्धियों, उन सारी व्यावहारिक चीजों के बारे में बहुत चौकस, सतर्क और समझदार होता है। जिसे हम यथार्थवाद कहते हैं, उस यथार्थवाद को हम मोटी-मोटी किताबें पढ़कर नहीं जान सकते हैं। प्रेमचन्द की रचनाओं में जो ब्यौरे हैं, जो चित्रण है, जिन्दगी की हर चीज के बारे में निर्ममता के साथ सही-सही ढंग से बिना मोह-माया के साफ कह देने की जो क्षमता है, वह भारतीय किसान की जीवन-दृष्टि का अपना कमाया हुआ यथार्थवाद है। प्रेमचन्द के यथार्थवाद की जो सीमा है वह भारतीय किसान की जीवन-दृष्टि की सीमा है। इसलिए प्रेमचन्द की रचनाओं में बहुत ऊँचाइयाँ और बुलन्दियाँ नहीं मिलती हैं, जो आपको कभी-कभी रवीन्द्रनाथ में मिल जाया करती हैं और कभी-कभी वह गहराइयाँ नहीं मिलती हैं जो शरत्‌चन्द्र में दिख जाया करती हैं। वह कमी उस भारतीय किसान की है, जिस भारतीय किसान से प्रेमचन्द ने तादात्म्य स्थापित करके अपने यथार्थवाद को स्थापित किया है।

प्रेमचन्द का किसान अपेक्षाकृत कर्म करते हुए तथा ईश्वर की बात करते हुए भौतिकवादी होता है। इसीलिए वे गांधीजी से ज्यादा भौतिकवादी दिखायी पड़े। दूसरे लेखकों ने लिखा है कि पं. जवाहरलाल नेहरू बहुत 'रोमैंटिक' थे, उनकी तुलना में गांधीजी ज्यादा यथार्थवादी थे; मैं कहूँगा कि गांधीजी की तुलना में प्रेमचन्द और ज्यादा यथार्थवादी थे। पं. नेहरू स्वप्नों की दुनिया में किस हद तक खोए हुए रहते थे। उनकी आत्मकथा प्रमाण है। गांधीजी यथार्थ से कितनी दूर तक बँधे हुए थे, उनके जीवन में छोटी-से-छोटी चीज का भी कितना महत्व था, इसको मैं एक उदाहरण के द्वारा स्पष्ट करने की कोशिश करूँगा। मैंने अपने गुरुदेव स्व. डॉ. हजारीप्रसाद

द्विवेदी से सुना था कि रवीन्द्रनाथ ठाकुर के आश्रम में कलकत्ते से एक हिन्दी-प्रेमी मारवाड़ी सज्जन आए। उन दिनों वहाँ गांधीजी आए हुए थे। गुरुदेव रवीन्द्रनाथ से सेठ जी मिले--आधे घंटे का समय उन्होंने दिया और बड़ी ऊँची-ऊँची बातें रवीन्द्रनाथ ठाकुर ने कीं, जैसा कि कर ही सकते थे। फिर उन्होंने कहा कि आए हो तो बापू से भी मिलते जाओ। गांधीजी के पास उस सज्जन को दो मिनट का समय मिला। गांधीजी ने उनसे पूछा कि तुम्हारे घर में एक गाय थी--कैसी है? और उसकी बछिया, तो अब बड़ी हो गई होगी? और छोटा बच्चा था, उसके बारे में पूछा। छोटी बिटिया थी, क्या नाम था उसका--उसके बारे में पूछा। डेढ़-दो मिनट में सबके बारे में पूछकर गांधीजी ने अन्त में चलते-चलते कहा कि गुरुदेव के आश्रम में आए हो तो कुछ दक्षिणा भी देनी चाहिए न? और रवीन्द्रनाथ ठाकुर के लिए 5 हजार रुपए का चेक भी ले लिया। जब वह वहाँ से लौटा और पंडित जी (द्विवेदी जी) ने पूछा कि कहिए कैसा रहा, तो उन्होंने बताया कि आधे घंटे तक गुरुदेव की बातों से बिल्कुल ही प्रभावित नहीं हुआ, गांधीजी ने डेढ़ मिनट में उसके घर के बारे में छोटी-से-छोटी बातें पूछीं, उससे ज्यादा प्रभावित हुआ। एक 'रोमांटिसिज्म' है, दूसरा 'यथार्थवाद' है। 'यथार्थवाद' ज्यादा टिकाऊ साबित हुआ, 'रोमांटिसिज्म' आधे घंटे में उड़ गया। प्रेमचन्द के साहित्य में वह 'डाउन टू अर्थ' हैं, यह टिपिकल गांधीवादी प्रवृत्ति है। गांधीजी की प्रार्थना सभाओं, आध्यात्मिक भाषणों, अन्तरात्मा की आवाज, ईश्वर आदि में ये चीजें दब जाया करती हैं। प्रेमचन्द के यहाँ यह चिनगारी अपने वास्तविक भौतिक रूप से प्रज्वलित रहती थी और धर्म-अध्यात्म उसे ढँक नहीं पाता। इस अर्थ में प्रेमचन्द गांधीजी से ज्यादा भौतिकवादी थे। इसका अर्थ है कि वे भारतीय किसान के ज्यादा करीब थे।

प्रेमचन्द की जीवन-दृष्टि की सारी खूबियाँ भारत के खाते-पीते साधारण किसान की थीं। प्रेमचन्द की दृष्टि की वह सारी सीमाएँ भारतीय किसान की सीमाएँ हैं। भारतीय किसान का अन्तर्विरोध एक हद तक प्रेमचन्द का अन्तर्विरोध था, लेकिन भारतीय किसान के बहुत से अन्तर्विरोध से प्रेमचन्द मुक्त थे। भारतीय किसान भाग्यवादी होता है, प्रेमचन्द भाग्यवादी नहीं थे। भारतीय किसान हमेशा लड़ाकू नहीं हुआ करता, प्रेमचन्द लड़ाकू थे। भारतीय किसान की सारी कमजोरियाँ प्रेमचन्द अपनी कृतियों में दिखाते हैं। कभी-कभी वह भूत-प्रेम में विश्वास करता है, कभी-कभी वह अन्धविश्वासों में विश्वास करता है, कभी-कभी वह पुनर्जन्म में विश्वास करता है, ईश्वर में विश्वास करता है, बहुत सी बातों से डरता है। बावजूद इसके अगर इस आधार पर आप कहना चाहेंगे कि प्रेमचन्द होरी हैं तो हमारा सारा-का-सारा भाषण व्यर्थ गया, अकारथ गया। अगर आपने यह निष्कर्ष निकाला कि प्रेमचन्द भारतीय किसान थे, भारतीय किसान के सारे-के-सारे अन्तर्विरोध प्रेमचन्द के थे, यह गलत

होगा। मैंने कहा था कि प्रेमचन्द के विचारों की भूमि भारतीय किसानों की भूमि है। यह जमीन है जिससे प्रेमचन्द की जीवन-दृष्टि बनी थी, प्रेमचन्द पैदा हुए थे, किन्तु इस जमीन से पैदा होने के कारण प्रेमचन्द भारतीय किसान की अनेक कमजोरियों से मुक्त हुए थे, जैसे भाग्यवाद, अन्धविश्वास, धार्मिकता का भय, दब्बूपन। इन तमाम चीजों को देखते हुए कहा जा सकता है कि वे वर्ग-चेतन भारतीय किसान की जीवन-दृष्टि के चरम विकसित रूप थे। जो अपने युग के विचारों के अनुसार पल्लवित और विकसित हुई थी। इन अन्तर्विरोधों के साथ हम चाहें तो प्रेमचन्द के साहित्य को देख सकते हैं। यही वह जीवन-दृष्टि है जो प्रेमचन्द के साहित्य में उनके जीवन में मशाल के समान शुरू से आखिर तक दिखायी देती है।

(प्रेमचन्द जन्म शतवार्षिकी के उपलक्ष्य में हरिश्चन्द्र सभा द्वारा आयोजित विचारगोष्ठी में दिए गया भाषण*

*** प्रेमचन्द : विविध आयाम, सम्पादक—डॉ. दिनेश प्रताप सिंह, अनुपम प्रकाशन, पटना, प्र.सं. 1983 में 'प्रेमचन्द का अन्तर्विरोध और उनके सामाजिक आधार' शीर्षक से प्रकाशित)*

स्वाधीनता संग्राम का वर्ग चरित्र और 'गोदान'

प्रेमचन्द पर पुनः नये सिरे से आक्रमण शुरू हो गए हैं। नाम था प्रेमचन्द और बताए गए घृणा के प्रचारक। जीते जी उन्हें कोई सम्मान नहीं मिला। आजकल हम सभी लोग सम्मान पा रहे हैं, किन्तु उनको कोई पुरस्कार नहीं मिला। प्रायः उन पर प्रहार हुए– *"जीते जी दम लिया था न कयामत में हनोज़"*। 'प्रेमाश्रम' लिखा तो प्रो. अवध उपाध्याय जो मैथेमेटिक्स के थे और पेरिस से पढ़े हुए थे, उन्होंने एक पूरा लेख लिखकर यह साबित किया कि यह तो चोरी का माल है। टॉल्सतोय के 'रिजरेक्शन' से तुलना करके उन्होंने बताया कि यह तो चोरी है। इतना ही नहीं 'गोदान' छपने के बाद तो मातादीन और सिलिया प्रसंग को लेकर श्रीनाथ सिंह जो स्वयं ब्राह्मण नहीं थे और मातादीन के कुछ खास नहीं लगते थे, उन्होंने एक पूरी लेखमाला लिखकर प्रेमचन्द को घृणा का प्रचारक बताया। और इधर एन.सी.ई.आर.टी. के पाठ्यक्रम से 'निर्मला' को हटाया गया कि ये स्कूलों में पढ़ाने लायक नहीं है। 'रंगभूमि' के बारे में कहा गया कि इसमें तो 'चमार' शब्द का प्रयोग किया गया है, जो असंवैधानिक है।

हिन्दी के बहुत से लोग तो अब पढ़ते भी नहीं हैं। पहले कहते थे प्रेमचन्द की किताबें मिलती नहीं हैं। अब कॉपीराइट हट जाने के बाद हर प्रकाशक छाप रहा है, परन्तु पढ़ नहीं रहे हैं। और तो और, गुलजार को अचानक प्रेमचन्द प्रेम प्रकट हुआ और दूरदर्शन पर उन्होंने 'गोदान' पर एक फिल्म बनाई। उसका एक हिस्सा देखने के बाद फिर मन नहीं हुआ कि बाकी हिस्सा देखूँ। मैंने पंकज कपूर को होरी के रूप में देखा। मोटे-तगड़े पहलवान की तरह से, जो किसी तरह से 'होरी' नहीं लगते थे। बहुत अच्छे एक्टर हैं लेकिन साधारणीकरण हो ही नहीं सका उनसे। और गाय की जगह वो आस्ट्रेलिया वाली गाय आ गई। होरी की गाय बिल्कुल दूसरी थी। उसकी झोपड़ी नहीं दिखाई पड़ रही है। जाने किसके फार्म हाउस में पूरी की पूरी शूटिंग की और कहते हैं 'गोदान' है। सचमुच प्रेमचन्द का गोदान कर दिया उन्होंने और उसके साथ-साथ होरी का भी।

ग्लैमर, मीडिया और संस्कृति के इस नए दौर में फिर प्रेमचन्द की रक्षा करने की जरूरत है। देखना चाहिए कि मूल चीज क्या है? एक अरसे तक लोग कहते रहे

हैं, बल्कि उनके बेटों ने भी जो 'संक्षिप्त गोदान' छपवाया था, उसमें उन लोगों ने शहर वाले रायसाहब, खन्ना, तंखा, मेहता, मालती सबको हटा दिया था और कहा कि शहर के बारे में तो प्रेमचन्द जानते ही नहीं थे। गाँव के बारे में जरूर कुछ ढंग की बात कहते हैं। लमही में मकान जरूर बनाया था किन्तु इक्के पर बैठकर वो नित्य शहर आते थे और बाद में तो बनारस ही में उनकी पूरी जिन्दगी बीती। तीस से लेकर छत्तीस तक छः साल तो शहर में ही थे, बेनियाबाग में प्रसाद जी के साथ घूमते थे। लखनऊ में वे रहे हैं और उस समय यू.पी. में तो शहर एक ही था–लखनऊ। यही नहीं, उनका लाहौर कई बार आना हुआ, लाहौर में भी बहुत रहे हैं। अंग्रेजी राज के जमाने के जो सचमुच के शहर थे, उसमें लाहौर भी एक था और आज भी देखें तो लाहौर को पाकिस्तान वालों ने बचाए रखा है। जो आदमी लाहौर, देहली और लखनऊ, बनारस के बारे में जानता हो, उसके बारे में कहना कि ये शहर के बारे में नहीं जानते थे, गले नहीं उतारता।

लोग कह रहे हैं गाँव और शहर की क्या संगति है, यह स्पष्ट नहीं है। इस पर प्रसंगवश एक चीज याद आ रही है। अचानक 'गोदान' पढ़ते समय मुझे अज्ञेय जी का 'नदी के द्वीप' याद आया। 'नदी के द्वीप' में एक प्रकरण है। काफी अन्त वाले पक्ष से बोल रहे हैं। भुवन जो Song of Song उद्धृत करते हैं, अंग्रेजी जानने वाले हैं, बड़े आधुनिक हैं और रेखा से प्रेम करते हैं। नदी किनारे जाते हैं, नाव बनाते हैं और नाव पर बैठकर नौका-विहार जैसा सुख लेते हैं, नकली छोटी-सी नाव बना करके। इस प्रसंग को बड़े काव्यात्मक विवरण के रूप में याद किया जाता है। 'नदी के द्वीप' 1951-52 का उपन्यास है। प्रेमचन्द के 'गोदान' का सम्भवतः उन्नीसवाँ अध्याय होगा जहाँ प्रेमचन्द पूरा प्रसंग ज्यों-का-त्यों दिखाते हैं। मेहता और मालती नदी के किनारे जाते हैं, झाऊ से नाव बनाते हैं। मेहता प्रेम मुग्ध है। पहली बार मालती से प्रेम निवेदन कर रहे हैं। उस पूरे प्रकरण को पढ़ें तो 'नदी के द्वीप' से ज्यादा काव्यात्मकता 'गोदान' में है। दोनों को आप मिलाकर पढ़ें। 1952 में अज्ञेय, जो शहर के जीवन को जानने वाले और आधुनिक भावबोध के रचनाकार हैं, वो लिख रहे हैं, और प्रसंग 1936 में 'गोदान' में प्रेमचन्द लिख रहे हैं। मालती और मेहता के उस प्रसंग को देखें। फिर भी श्रीपत और अमृत, ये दोनों बेटे कहते हैं, उन्होंने जिन्हें म्योर कालेज में भेजकर पढ़ाया था। शायद वो इतने शहराती हो गए थे कि कहने लगे कि बाप को शहर की जानकारी नहीं थी, चरित्रों को नहीं जानते थे।

आमतौर पर लोग कहते हैं कि 'गोदान' में मालती और मेहता का प्रसंग अप्रासंगिक-सा है, मूल कथा तो होरी की है। मैं कह रहा था कि शुरू में ही प्रेमचन्द ने संकेत कर दिया है कि यह दो गाँवों की कहानी है। सेमरी और बेलारी दो गाँव

हैं। डिकेन्स ने भी मशहूर नावेल लिखा है—'Tail of two cities'। सेमरी जमींदार रायसाहब का और बेलारी उनकी रियाया का गाँव है। अगर आप जमींदार को हटा देंगे तो दोनों का दुख और भाग्य तो एक-दूसरे से जुड़ा हुआ है। बेलारी की पूरी की पूरी ट्रेजिडी तब तक समझ में नहीं आएगी जब तक कि होरी को दुखी करने वाले लोग नहीं दिखेंगे। प्रेमचन्द ने उसे दिखाने की कोशिश की है। खुद उस गाँव के लोग—सहुआइन, पटवारी, कारिन्दा, पंडित ये तो बेलारी वाले हैं, जो उसका शोषण करते हैं। एक-एक करके कर्ज देते हैं। दूसरी तरफ रायसाहब हैं, जो बहुत बड़े जमींदार हैं। याद रखिये वे खाली जमींदार नहीं हैं। वे अंग्रेजों के खैरख्वाह नहीं हैं, राष्ट्रवादी हैं। पहले ही अध्याय में जब होरी मिलने के लिए गया तो रायसाहब का चरित्र स्पष्ट होता है। वे सत्याग्रह में भाग ले चुके हैं, जेल हो आए हैं, राष्ट्रवादी विचारों के हैं, लेकिन हुक्काम को भी खुश रखते हैं और सुर्खरू बने रहना चाहते हैं। वे होरी के सामने यह कहते हैं कि तुम लोग समझते हो हम लोग बड़े सुखी हैं, बड़े शान से रहते हैं लेकिन हमारे जैसा दुखी कोई आदमी नहीं है। सारा दुखड़ा रोते हैं। होरी देख रहा था कि ये क्या कह रहे हैं। वो चरित्र था। यह सब कुछ करते हुए प्रेमचन्द ने रायसाहब का चरित्र दिखाया है। यह प्रेमचन्द की पैनी दृष्टि है। उन्होंने होरी को खुश करने के लिए कहा हम लोग रामलीला करने जा रहे हैं। हर साल की तरह, तुम राजा जनक के माली बनोगे। वो बुलबुल हो गया होगा। तुम को माली बनाऊँगा। जब वो आएँगे, तुम्हें फूलों का एक गुलदस्ता देना है। इसके बाद कहा कि याद रखना तुम्हारे गाँव से पाँच सौ रुपए से कम नहीं मिलना चाहिए। ताकि असली बात याद रहे। उन्होंने चलते-चलते बीच का प्रकरण कहा—सारा दुखड़ा जब वो रो रहे थे तो अचानक उनका कोई नौकर आया कि बेगार करने वालों ने बेगार करने से मना कर दिया है। खट तेवर बदल गया। दुखी हो रहे थे, रो रहे थे, कहा कि मारो सालों को जूते। ऐसे नहीं मानेंगे तो टेढ़े से। उनको अभी ठीक करके लौटता हूँ। होरी को छोड़ के उन मजदूरों को ठीक करने चले गए। बोले कि जितने में काम करते रहे हो, उतने में ही करना पड़ेगा। 'गोदान' उपन्यास में उस जमाने के भद्रलोक का चरित्र दिखाया गया है। एक ओर जमींदार, दूसरी ओर बैंक मालिक खन्ना, पत्रकारों में 'बिजली' के सम्पादक ओंकारनाथ, एक पूरी मंडली थी और उस पूरी मंडली में ये रईस लोग थे, जो एक ओर इतनी शानदार रामलीला मनाते थे जैसी कि दिल्ली में होती है। उनके लिए रामलीला धार्मिक पर्व नहीं है बल्कि एक दिखावा है, जिसमें बड़े-बड़े लोगों को दावत देना है। उसी सिलसिले में लोग शिकार पर जाते हैं। जिस शिकार में मेहता ने नाटक किया था। वे अफगान बनकर आए थे और तमाम लोगों की घिग्घी बँध गई थी और अकेले मामूली किसान होरी ने डपट के पीछे से पकड़ा और पटक के दे मारा मेहता को। तब दाढ़ी-ऊढ़ी निकाल के बोले, अरे कोई

अफगान नहीं है। ये तो अपने मेहता नाटक कर रहे हैं। 1936 में प्रेमचन्द ने इस तरह ऊँचे वर्ग को बेनकाब किया है।

तब की कांग्रेस और आज की कांग्रेस देख लीजिए। राष्ट्रवाद के नाम पर तमाम विलायत से पढ़े हुए लोगों ने पूरे राष्ट्रीय आन्दोलन को हथिया लिया था। किसान देश को लेके शामिल हुए थे, चौरी-चौरा यहाँ हुआ था। तब पूरा का पूरा 'गोदान' लिखकर प्रेमचन्द राष्ट्रवाद और राष्ट्रीय स्वाधीनता संग्राम के वर्ग चरित्र को उद्घाटित कर रहे थे। इस पर पर्दा डालने की कोशिश की गई। पूरा उपन्यास किसान की दुख गाथा नहीं है। पूरा उपन्यास राष्ट्रीय स्वाधीनता संग्राम के वर्ग चरित्र पर कठोर टिप्पणी है। इसीलिए आप देखें कि प्रेमचन्द ने 'रंगभूमि' में गांधीजी के जिस सत्याग्रह की ऊँचाइयों का बयान किया था, उस सत्याग्रह को गांधीजी ने वापस ले लिया था। फिर वैसा आन्दोलन सन् 1942 के पहले नहीं हुआ। 1930 से 1936 तक और उसके पहले का दौर देखें। सत्याग्रह आन्दोलन वापस लेने के बाद इतिहास कहता है कि साम्प्रदायिक दंगों का सिलसिला चला है। कानपुर का मशहूर दंगा हुआ था, जिसमें गणेश शंकर विद्यार्थी मारे गए थे। इसके बाद दलितों के आरक्षण का प्रश्न चला, पूना पैक्ट हुआ। कोई आन्दोलन उसके बाद नहीं हुआ। स्वाधीनता संग्राम में तो मन्दिर प्रवेश चल रहा था। 1920-21 के सत्याग्रह के बाद एक भी बड़ा जन-आन्दोलन नहीं हुआ। 1941 में भी व्यक्तिगत सत्याग्रह आन्दोलन गांधीजी ने किया था। एक-एक आदमी जेल गया था। लेकिन 1942 का जो आन्दोलन हुआ था, उसका श्रेय कांग्रेस को नहीं है। उसमें कांग्रेस के वामपन्थी लोगों ने, खासकर के समाजवादी पार्टी के लोगों ने हिस्सा लिया था और ये ज्यादातर पूर्वी उत्तर प्रदेश और इन जगहों में हुआ था। ऐसे समय जब स्वाधीनता आन्दोलन लगभग भँवर में था, उस दौर में प्रेमचन्द 'गोदान' के द्वारा राष्ट्रवाद की सीमाएँ बता रहे थे। उच्च वर्ग बराबर साधारण जनता को गुमराह करने के लिए राष्ट्रीय अस्मिता, सांस्कृतिक राष्ट्रवाद, भारत व्याकुलता का सहारा लेता है। आज भी एक वर्ग सहारा ले रहा है। 'गोदान' के द्वारा प्रेमचन्द उस तथाकथित राष्ट्रीयता के नाम पर गरीबों को भ्रम में रखकर, धोखा देके जो सारी चीजें एक ओर चल रही थीं, उनको उजागर कर रहे थे। होरी जो छोटा-सा किसान है, आखिर में किसान से मजदूर बनता है और वह मजदूर किसी मिल में नहीं बनता। उसका बेटा जरूर शहर में जाकर मजदूर बनता है। लेकिन होरी खुद कर्ज के मारे पंडित दातादीन के घर पर मजदूरी करने लगता है। उसका सारा खेत कर्ज में चला गया और वह अपने ही खेत में मजदूर बन जाता है। यह पूरी की पूरी प्रक्रिया थी। इस पूरी प्रक्रिया में प्रेमचन्द को एहसास हुआ कि यह किसान की मुक्ति है या वह किसान जो मजदूर बनने जा रहा है उसकी गुलामी है। जिसके कारण वह मृत्यु का शिकार होता है। उसमें एक बड़ा तत्व है वर्ग चेतना।

दूसरी चीज जो उन्होंने कही कि कुछ मान्यताएँ सामन्ती दौर की नहीं बल्कि सामन्ती दौर से पूर्व की हैं। किसी भी बात पर होरी के मुँह पर एक शब्द बार-बार आता है—मरजाद। मरजाद, मरजादा, धरम। धरम यानि हिन्दू धर्म नहीं। हमारा धर्म यह कहता है। धरम-मरजाद पारिवारिक मर्यादाएँ हैं। भाई के साथ कैसा व्यवहार करें, पड़ोसी के साथ कैसा व्यवहार करें। यह मरजाद नाम की जो पुरानी चीज थी, वह एक ऐसा बन्धन था, जिसका सम्बन्ध वर्ग आदि से नहीं था। यदि पाँच हजार साल तक ये दलित गुलाम रहे हैं तो बाहरी बन्धन से ज्यादा खुद उनके अपने जो संस्कार थे जिसको उन लोगों ने आभ्यन्तरीकृत कर लिया था। प्रेमचन्द कह रहे थे कि जब तक ये मरजाद की परिकल्पना रहेगी वे उससे मुक्त नहीं हो पायेंगे। क्योंकि उन्हें उस मरजाद ने बाँध रखा था। उसको सबसे बड़ा दुःख एक बात पर हुआ, जब अपनी बेटी को बेचना पड़ा। रूपा और सोना की शादी वह धूमधाम से करना चाहता था।

उस दौर में जितने उपन्यास लिखे गए हैं, चाहे वे रवीन्द्रनाथ के हों या शरतचन्द्र के हों, या दूसरे लोगों ने लिखे हों, कोई उपन्यास इतना मुकम्मल और गहरी सामाजिक-राजनीतिक समझ के साथ और अपने दौर को देखते हुए नहीं लिखा गया। आखिरी दिनों में गांधीजी बहुत अकेले हो गए थे। कहते थे अन्धकार ही अन्धकार दिखाई पड़ता है, क्योंकि मैं अधिक से अधिक एक कदम आगे की सोचता हूँ। भविष्य के बारे में वे नहीं जानते थे। उसी की परिणति हुई कि देश का बँटवारा हो गया। गांधीजी के लिए वो आजादी नहीं थी। वो नोआखाली में पड़े हुए थे। इसलिए प्रेमचन्द की जो सोच 1936 में थी, उस पर लोगों को आश्चर्य होता है।

1936 में प्रगतिशील लेखक संघ की स्थापना हुई। कांग्रेस में जवाहरलाल नेहरू ने लखनऊ कांग्रेस के अधिवेशन में समाजवाद का नारा दिया। प्रेमचन्द 1936 में प्रगतिशील लेखकों के बीच भाषण दे रहे हैं, बावजूद इसके 'गोदान' में दूर-दूर तक समाजवाद नहीं है, क्योंकि प्रेमचन्द विचारधारा के आधार पर नहीं लिखते थे। वे अपनी आँखों से जिस सच्चाई को देखते थे, वो लिखते थे। प्रेमचन्द ने जो देखा था, वह उस गाय के माध्यम से लिखा। वहाँ सच है, खाली गाय नहीं है। प्रेमचन्द ने गाय को एक प्रतीक के रूप में चुना है। गाय किसान के लिए एक पहचान की तरह है। प्रेमचन्द के किसान के लिए गाय 'सुराज' का प्रतीक है। होरी के लिए 'सुराज' का मतलब था एक पवित्र, पूरा सुराज। एक प्रतीक हो गया था वो गाय की शकल में। प्रेमचन्द ने आइरनी क्रिएट की है, गाय तो नहीं मिली, बल्कि उसकी पूँछ पकड़ के स्वर्ग जाने का भी अवसर नहीं मिला। धनिया ने अपनी ही कमाई के बचे हुए सवा रुपए देकर, कहा कि अब इसी को 'गोदान' समझो। यह उस दौर की, स्वाधीनता संग्राम की ट्रेजिडी है, केवल भारतीय किसान की ट्रेजिडी नहीं। 'गोदान' एक

'पोलिटिकल क्रिटिक' है। यह तब तक पूरी नहीं होती, जब तक शहर और गाँव को मिलाकर न देखिए। और इस देखने में भूल न हो।

बहुत से लोग मेहता की फिलासफी को प्रेमचन्द की फिलासफी समझते हैं। ये उस दौर के बौद्धिक समुदाय पर तीखी टिप्पणी है। 'गोदान' में मेहता का मजाक उड़ाया गया है। मेहता प्लेटॉनिक लव करते हैं। खुद मालती का चरित्र क्या था? मालती को बाहर से तितली भीतर से मधुमक्खी कहकर प्रेमचन्द क्या दिखाना चाहते हैं और सारे प्रेम-प्रदर्शन का हश्र क्या होता है? मालती और मेहता के प्रेम को लेकर के दो-दो अध्याय लिखे हैं। मेहता बड़ी फिलासफी बघारता है। फिलासफी का प्रोफेसर है भी। अंग्रेजी और जाने क्या-क्या पढ़े हुए है। और आखिर में जब शादी का मामला आता है तो स्वयं मालती ने उस बिन्दु पर पहुँचकर मना कर दिया। इस प्रकार मेहता के माध्यम से प्रेमचन्द ने अनजाने ही, बड़बोले और बहुत ऊँचे-ऊँचे दर्शन बघारने वाले अपने जमाने के बौद्धिकों पर भी प्रहार किया है। वे बड़बोले बुद्धिजीवी 'प्रोग्रेसिव राइटर्स एसोसिएशन' में भी शामिल हो गए थे। इससे बड़ी आइरनी क्या होगी कि स्वयं ऊँचे घराने के लोग डिक्लास हुए थे। स्वयं बन्ने भाई किस खानदान के थे, सर जहीर के बेटे थे, वे लन्दन से पढ़कर आए थे। प्रेमचन्द ने दर्शन की ऊँची-ऊँची बातें करने वाले बौद्धिकों के दुचित्रापन को मेहता के माध्यम से दिखाने की कोशिश की है, जो Free Love (मुक्त प्रेम) की बात कर रहे थे।

आखिरी बात। उपन्यास अनजाने ही दलित प्रसंग से भी जुड़ता है। मातादीन और सिलिया का चरित्र-सम्बन्ध अन्त में दिखाया है। मातादीन फिर से ब्राह्मण बना लिया गया था। लेकिन सिलिया का बच्चा था। मातादीन डर के मारे जाहिर तो नहीं करता था पर वह बच्चे से प्यार करता है। अन्दर से चाहता तो था, हिम्मत नहीं पड़ती थी। लेकिन जब वो बच्चा मर जाता है, इसके बाद फिर मातादीन सिलिया के पास जाता है और कहता है, मैं ब्राह्मण नहीं अब चमार ही रहना चाहता हूँ। क्योंकि जो धरम को न माने उसके ब्राह्मण होने का क्या मतलब है। धरम ये है। ये मानव धर्म है। हमारे मित्र शाही ने एक छोटा-सा लेख लिखा है। उसमें लिखा है कि प्रेमचन्द 'गोदान' तक आते-आते समझ गए थे कि हृदय परिवर्तन नहीं होता है। मगर मेरा मानना है कि होता है, हो सकता है। अगर साहित्य और साहित्यकार इस परिवर्तन में विश्वास न करें तो साहित्य लिखें काहे को। अगर हमारे लिखे से किसी का दिल नहीं बदलता है, किसी का दिमाग नहीं बदलता है तो काहे के लिए लिखते हैं। क्या प्रेमचन्द झख मार रहे थे? मातादीन में जो परिवर्तन हुआ है, ये परिवर्तन किसी दर्शन-विचार से नहीं हुआ है। इस परिवर्तन का आधार है वह छोटा बच्चा, जो मर गया है। मरा हुआ बच्चा मातादीन के हृदय को बदलता है और मातादीन तथा सिलिया दोनों मिलते हैं। आखिर में मातादीन कहता है अब तो मैं यहीं रहूँगा। यह

सारी की सारी कथा चिप्पी की तरह जोड़ी हुई नहीं है। सबके केन्द्र में होरी और धनिया हैं। सारी कथाएँ जिस केन्द्र पर जुड़ती हैं, जहाँ से मिलती हैं, उसका एकमात्र सूत्र होरी महतो है, धनिया है। इसलिए आज जो दलित लोग प्रेमचन्द का विरोध करते हैं, उनको फिर से सोचना चाहिए। स्त्री विमर्श वाले भी प्रेमचन्द के बारे में फिर सोचें। क्योंकि प्रेमचन्द ने होरी को दब्बू बताया है, वहीं हिन्दी कथा-साहित्य में धनिया जैसी बेपढ़ी-लिखी, मेहनत करने वाली, ऐसी तेजस्वी नारी या तो वाल्मीकि की सीता होगी, वरना संस्कृत में भी वैसी नायिका कहाँ मिलती है। हिन्दी साहित्य में वह पहली भारतीय नारी है जो मेहनत करने वाली है। होरी मरता है, धनिया जीती है और मुझे लगता है धनिया ही आज के समाजवाद का वाहक हो सकती है। इसी के द्वारा परिवर्तन हो सकता है। इसलिए प्रेमचन्द का 'गोदान' आज इस नए माहौल में और भी नया अर्थ देता है।

मैंने कहा है कि गोदान यदि कालजयी कृति है तो कालजयी कृति की यही विशेषता है कि वो बार-बार अपनी तरफ खींचती है। और जिन बातों पर पहले ध्यान नहीं दिया गया है उन निहित अर्थों को बराबर स्फुटित करती है। इसका थोड़ा-सा आभास मैंने देने की कोशिश की है। आप इसको पूरी समीक्षा न मानें लेकिन एक खाका देकर मैंने बताने की कोशिश की है कि क्यों 'गोदान' को एक कालजयी कृति माना जाए। 'गोदान' भारतीय साहित्य में उस समय की जितनी कथाकृतियाँ लिखी गई हैं, उसमें आज भी अप्रतिम और बेजोड़ है और यह गौरव हिन्दी कथा-साहित्य को है।

(प्रेमचन्द के 125वें वर्ष के अवसर पर प्रेमचन्द साहित्य संस्थान द्वारा गोरखपुर में आयोजित एक समारोह में दिया गया भाषण।*

*** साखी-11, अप्रैल-जून, 2005 में 'प्रेमचन्द : पुनः पुनः' शीर्षक से प्रकाशित)*

'गोदान' को फिर से पढ़ते हुए

[1]

तुलसीदास ने लिखा है कि

'हरित भूमि तृण संकुलित समुझि परै नहिं पंथ,
जिमि पाखंड विवाद ते विलुप्त होंइ सद् ग्रंथ।'

पुस्तकालय में भी जब आप कोई किताब पढ़ने जाते हैं तो देखते हैं कि छपे के अलावा भी उस पर बहुत कुछ लिखा रहता है। लोगों ने पेंसिल और पेन से 'गोदान' पर इतना लिख दिया है कि 'विलुप्त होइ सद् ग्रंथ'। 'गोदान' दूसरों की टिप्पणियों से इतना भरा हुआ है कि दृष्टि में मूल पाठ आता ही नहीं। पढ़ते हुए हम उलझ जाते हैं कि ये क्या टिप्पणी कर रहा है 'हरित भूमि तृण संकुलित'। यह हरित भूमि है और पहले की जितनी भी समालोचनाएँ हैं, वे तिनके हैं, उसमें पाखंड एवं विवाद भी हैं। सदग्रन्थ ऐसी टिप्पणियों से विलुप्त होते रहते हैं। इस मामले में 'गोदान' अकेला नहीं है, स्वयं रामचरितमानस है और अनेक ग्रंथ हैं जो ऐसी टिप्पणियों से भरे हुए हैं।

पहले तो मैंने सोचा था कि मेरे मन में जो बात आई है, वही कहूँ। लेकिन जब हम मंदिर में घुसते हैं और देखते हैं कि भक्तों और पुजारियों के पैरों की धूल से मंदिर गंदा हो गया है तो पहले झाड़ उठाकर साफ करते हैं फिर इत्मीनान से दर्शन करते हैं। कई बार मैं ये कह चुका हूँ। स्वयं मैं 'गोदान' पर क्या सोचता हूँ, सम्भव है आज न कहूँ, लेकिन मैं जरूरी समझता हूँ कि पहले सफाई की जानी चाहिए। पहले बहुत कुछ कहा जा चुका है। जिसमें कुछ ऐसी बातें हैं जिन्हें लोग भूल चुके हैं या नए लोग उन्हें पढ़ते नहीं हैं। मसलन बहुत कम लोगों को मालूम होगा कि जैनेन्द्र प्रेमचन्द के बहुत निकट थे। वे हिन्दी में प्रेमचन्द के बाद बड़े कथाकार माने जाते हैं। प्रेमचन्द पर उनका संस्मरण है। इसके अलावा उन्होंने 'गोदान' पर भी लिखा। 1954 में आकाशवाणी पर उनकी वार्ता आई थी—'यदि मैं गोदान लिखता'। 18 साल बाद जैनेन्द्र की यह वार्ता 'आजकल' में प्रकाशित हुई।

जैनेन्द्र प्रेमचन्द से बड़ा स्नेह करते थे और स्वयं प्रेमचन्द उनका बड़ा सम्मान करते थे। उन्होंने स्वयं जो बातें कही हैं उनमें कुछ बातें इस प्रकार हैं कि, "अव्वल तो मैं 'गोदान' लिख ही नहीं सकता, यदि मैं लिखता भी तो 'गोदान' दो सौ पन्ने का हो जाता। मोटापा कम होने से उसका प्रभाव बढ़ जाता। अब यह फैला है, तब तीखा हो जाता। शहर थोपा हुआ-सा लगता है। यदि मैं होता तो वो निकाल देता। शहरी जीवन के प्रति अनास्था प्रकट करने का सुभीता नहीं रहता। प्रेमचन्द ने शहर बनाम गाँव लिखा है, मैं यह नहीं मानता कि शहर हमेशा गाँव का दुश्मन ही होता है। शहर ने आकर गाँव को चमकाया नहीं है, बल्कि कहीं कुछ ढँकने का प्रयास किया है। पात्रों की संख्या पर मुझे विस्मय होता है। होरी, धनिया, गोबर, झुनिया, हीरा, शोभा, भोला, मेहता, मालती, रायसाहब। मैं होता तो सबको न छूता। दो-चार को लेकर ही काम चला लेता। उससे समय का चित्र तो न मिलता पर आत्मा की गहरी अनुभुति होती। कदाचित काल्पनिक होती, इसलिए समाज और समय का चित्र देने की बजाय आत्मा की गहरी अनुभूति देना मेरा उद्‍देश्य होता। xx प्रेमचन्द भाषा के जादूगर हैं, मुहावरे उन्हें सिद्ध हैं। मिनका, क्रोध आया, दाँत पीसा, झुँझलाहट आई, सब मुहावरे हैं। यह उनके वर्णन की शैली है। मैं होता तो एक ही मुहावरे से काम चला लेता कि होरी मिनका तक नहीं और आगे के मुहावरे छोड़ देता। मनोविश्लेषण और दर्शन और निश्चित कहने और प्रतिपादन करने से बचता।" ये मनोविज्ञान में गहरी रुचि रखने वाले जैनेन्द्र कह रहे हैं—"रायसाहब के पीछे होरी चलता है, राय साहब बैठकर अपनी माया होरी से कह रहे हैं। रायसाहब कहते ही चले जाते हैं और दो पन्ने और भर जाते हैं। मैं होता तो इतना विस्तार नहीं करता," यानी कि उनके पात्र बक्कू हैं। बकबक ज्यादा करते हैं। "रायसाहब ताल्लुकेदार हैं और होरी को अपनी गाथा सुना रहे हैं, ये उनकी मर्यादा के अनुकूल नहीं है। xx xx प्रेमचन्द का प्रेम-व्यापार भी शब्दों से उतना मुक्त नहीं है। प्रेमचन्द प्रेम में भी भाषण देने से बाज नहीं आते। गोबर और झुनिया का प्रेम किशोर प्रेम है। कैशोर्य प्रेम को मैं इतना हिसाबी, प्रगल्भ न बना देता। पहली मुलाकात में ही गोबर और झुनिया दोनों प्रेम की अभिव्यक्ति करते हैं, विस्तार से हिसाब-किताब और जोड़ लगाते हैं। क्या प्रेम इतना हिसाबी, प्रगल्भ और इतना मुखर होता है? प्रेम की भाषा तो इशारों-संकेतों में होती हैं।" यह जैनेन्द्र नहीं कहेंगे तो और कौन कहेगा—"मत मान्यताओं से भी लिखने का सम्बन्ध रहता है, पर चरित्र-चित्रण में गाँव के जितने नेता हैं, सब धूर्त हैं, सब धार्मिक हैं। धर्म और धूर्तता का ऐसा गठजोड़ मेरे मन में उतना घनिष्ठ नहीं है।" उन्होंने विचारधारा का प्रश्न उठाया है—"प्रेमचन्द जहाँ धर्म देखते हैं वहाँ धूर्तता देखते हैं। मैं धर्म और धूर्तता का ऐसा गठजोड़ नहीं मानता। यह मेरी धारणा से मेल नहीं खाता। होरी जो अकेला जूझता असहाय या निरुपाय-सा दिखाया गया है, उसको

तो मैं न छूता।'' ध्यान दीजिएगा होरी शिकार है और बाकी सब लोग शिकारी हैं, ''चाहे वो गाँव के हों या शहर के, सब उसका पीछा करते हैं।'' जैनेन्द्र कहते हैं कि ''मेरी कोशिश होती, किन्हीं तात्कालिक परिस्थितियों में जिसमें होरी शिकार हो और शिकारी दूसरे हों, दिखाता कि सब शिकार हैं, कोई शिकारी नहीं, बेकार ही एक-दूसरे को शिकार बनाने का प्रयास करते हैं। असल में शक्तियाँ निर्वैयक्तिक हैं। क्योंकि सम्पूर्ण 'गोदान' में अंग्रेजी राज्य ही वह शक्ति है जो सबका शिकार कर रही है। अंग्रेजी राज्य जिसका शिकार राजा है, जमींदार है, पटवारी है, उसी तरह साहूकार है, किसान है, पुरोहित है। सभी लोग भले ही एक-दूसरे का शिकार करते हैं परन्तु असली शिकारी वही है। पूरे 'गोदान' में अंग्रेजी साम्राज्यवाद कहीं नहीं है। जिस तरह वह सात समुन्दर पार है। उसी तरह से 'गोदान' के भी बाहर है।'' जैनेन्द्र कहते हैं कि वृथा ही एक-दूसरे को शिकार बनाने का प्रयास करते है। असल में शक्तियाँ निर्वैयक्तिक हैं। उनके सत् के साथ रहने और असत् के साथ लड़ने की सहानुभूतियों का बँटवारा करने की जरूरत नहीं है।

जैनेन्द्र सीधी बात को उलझाऊ बना देते हैं। जैसे कबीर कहते थे—'मैं कहता सुरझावनहारी तू राखे अरुझाई रे'। कोई किसी का शिकार नहीं करता, सब एक-दूसरे का शिकार कर रहे हैं। ऐसी हालत में मैं सत् और असत्, गलत और सही दिखाने में नहीं फँसता। सब गलत है, सब सही है, कोई किसी पर अत्याचार नहीं करता, कोई शोषण की बात नहीं है। वह शक्ति निर्वैक्तिक है, अनाम है। जब अनाम कहते हैं तो इसका मतलब ब्रिटिश साम्राज्यवाद है। ये जैनेन्द्र हैं। यह प्रेमचन्द के निकट का ही आदमी है जो 'गोदान' के विन्यास पर, भाषा पर, शैली पर, चरित्रों पर और पूरे 'गोदान' की बुनियाद पर कुठाराघात करता है। सारी चीजों को उठाकर ऐसी जगह ले जाता है जहाँ निर्वैयक्तिक शक्ति है, वो ब्रह्म हो सकता है, भगवान हो सकता है। आप उन तमाम चीजों पर विचार कर सकते हैं। मैं कहना चाहता हूँ, अगर जैनेन्द्र अकेले होते तो दरकिनार किया जा सकता था। मगर एक लम्बी परम्परा है जो किसी-न-किसी रूप में यह माँग करती चलती है। उस परम्परा में एक-दो नाम लेना चाहूँगा। निर्मल वर्मा ने 'प्रेमचन्द की उपस्थिति' नामक लेख बहुत बाद के दशकों में लिखा है। जो प्रेमचन्द की सबसे बड़ी ताकत मानी जाती है, उन्होंने उसी पर कुठाराघात किया है। पहली बार किसी उपन्यास में भारतीय किसान का ऐसा चरित्र उभरकर पूरी वेदना के साथ, पूरी ताकत, पूरी कमजोरियों के साथ व्यक्त हुआ है। निर्मल जी ने उस लेख में इस पर लिखा है। जाहिर है कि प्रेमचन्द को मारने के लिए हथियार भी बड़ा चाहिए और पश्चिम से लेना है तो हार्डी-वार्डी से काम नहीं चलेगा, इसलिए उन्होंने रूसी साहित्य से टालस्टाय को लिया है। टालस्टाय के बारे में लेनिन ने कहा था—'रूसी उपन्यास में पहली बार 'मूजिक' (किसान) को सामने रखा।'

निर्मल जी लिखते हैं कि टालस्टाय के बारे में कहा जाता है कि वे पहली बार रूसी उपन्यासों में किसान का चित्रण करते हैं। प्रेमचन्द के उपन्यासों में भी पहली बार किसान के दर्शन होते हैं। यह औपनिवेशिक किसान था, उसके नीचे दबे भारतीय किसान के मूल सांस्कृतिक धार्मिक विचार; मनुष्य, प्रकृति, ईश्वर के बारे में उसके परम्परागत विश्वास, उनके उपन्यासों की रोशनी में ऊपर नहीं आते हैं। प्रेमचन्द ने भारतीय किसानों की ऐतिहासिक विकृति को देखा था; किन्तु किसान का मूल सांस्कृतिक टेक्सचर ऐतिहासिक रूप में क्या था, जो विकृत हुआ था, उसको देखने की अन्तर्दृष्टि प्रेमचन्द में नहीं थी। अर्थात् प्रेमचन्द का सबसे बड़ा जो सबल पक्ष था कि भारतीय किसान को इन्होंने दिखाया है, निर्मल जी वह भी छीन लेना चाहते हैं और कहते हैं कि वह सच्चा भारतीय किसान नहीं है। होरी औपनिवेशिक दौर का किसान है, जिसमें औपनिवेशिक दौर की सारी कमजोरियाँ हैं।

अब कोई आदमी जिसका सम्बन्ध गाँव से होता और वो कहता तो मैं थोड़ी देर के लिए मान भी लेता अभी कमला प्रसाद जी कह रहे थे कि प्रेमचन्द काशी में लिख रहे थे। काशी औपनिवेशिक दौर में थोड़ी-बहुत प्रभावित हुई है। और अब जबसे भूमंडलीकरण का दौर आया है, जिसके बारे में काशीनाथ सिंह तो लिख चुके हैं कि गंगा के किनारे रहने वाले लोग बड़े आधुनिक बड़े मॉड हो गए हैं। भगवान शंकर की मूर्ति को हटाकर उस जगह टॉयलेट बनवाकर किसी विदेशी को किराए पर रख रहे हैं। यह सब हो गया है लेकिन तमाम होने के बावजूद आज भी सारे परिवर्तनों के बावजूद भारतीय ग्राम में पुरानी परम्पराएँ जीवित हैं। अभी कमला प्रसाद जी इशारा कर रहे थे कि अंग्रेजी जमाने की विकृतियाँ तो छोड़ दीजिए, स्वाधीन भारत में ग्रामीण विकास सम्बन्धी जो काम हुए हैं, उसके बावजूद गाँव में सदियों पुरानी परम्पराएँ, मान्यताएँ आज भी किसी-न-किसी रूप में मौजूद हैं। जैसे कि एक पुरातात्विक खुदाई करता है तो परत-दर-परत चीजें मिलती जाती हैं। तो निचली परतों में अब भी उस किसान के जीवन में, मन में, संस्कार में कहीं-न-कहीं मौजूद दिखाई पड़ेगा और प्रेमचन्द के किसान में भी इसीलिए जिसे निर्मल जी नहीं देख सके कि उस होरी की जिद की एक-एक परत छीलकर देखते तो जिस मरजाद की बात वह अन्त तक करता है, वो उस औपनिवेशिक दौर की विकृति नहीं है। इसीलिए मैंने कहा कि 'मारसि मोहि कुठाँउ'। इसी परम्परा में मेरे मित्र विजयदेवनारायण साही ने एक लेख लिखा है। सत्य प्रकाश मिश्र ने एक पूरी पुस्तक संपादित की है, उसमें पहला लेख साही जी का है। मेरे बहुत ही घनिष्ठ मित्र रहे, लोहियावादी, समाजवादी विचार के रहे हैं। संयोग से अंग्रेजी के अध्यापक थे। उन्होंने 'गोदान' पर लिखा है।

'गोदान' को हम आज इतने साल बाद क्यों पढ़ रहे हैं, यह बात विजयदेव

नारायण शाही ने उठाई है। उनके अनुसार 'गोदान' को सन् 1936 के ऐतिहासिक सामाजिक परिप्रेक्ष्य में रखकर देखना, उसको कम करके देखना है। लेख के शुरू में ही उन्होंने लिखा है कि "प्रेमचन्द की कोई भी कृति, खासतौर से 'गोदान' पढ़ते वक्त यह सहज ही प्रश्न उठता है कि वो कब लिखी गई। अधिकतर लोगों ने यही प्रश्न उठाया। वे इस तरीख को जान लेने के बाद उस समय के अख़बार देखेंगे, उस समय की पुस्तकें पढ़ेंगे, प्रेमचन्द के आगे के उपन्यासों से तुलना करेंगे और अन्त में सारी सूचनाएँ जुटाकर प्रसन्न मुद्रा में कहेंगे कि हमने सारी चीजें मिलाकर देख ली हैं। जिस समय यह बात कही जा रही थी, उस समय ठीक ऐसा ही था यानि ये एक ऐतिहासिक दस्तावेज़ है। अगर वह ऐतिहासिक दस्तावेज़ है तो उसमें रुचि इतिहासकारों की होगी कि सन् 36 के आसपास का इतिहास क्या होगा या समाजशास्त्रियों की होगी, जो हिस्टोरिक सोसियोलॉजी लिख रहे हों या सोशल हिस्ट्री लिख रहे हों। स्वाधीनता आन्दोलन का इतिहास लिख रहें हो तो 'गोदान' उनके लिए एक दस्तावेज़ होगा। उसको फिर दस्तावेज़ के रूप में ही पढ़ें, जैसे पटवारी का काग़ज़। अगर वह श्रेष्ठ है तो इसलिए नहीं कि वह 'मनुष्यों' के बारे में कहता है, बल्कि इसलिए कि वो 'मनुष्य' के बारे में कहता है। उपन्यास केवल मनुष्य का चित्रण है या उन मनुष्यों के बीच एक मनुष्य और मनुष्यता नाम की कोई चीज़ व्यक्त होती है। तब कोई कृति कालजयी होती है। विदेशी उपन्यासों को जैसे शार्पनर को हम इसलिए नहीं पढ़ते कि उस खास समय में उसके इर्द-गिर्द स्थिति क्या थी। बल्कि उसके अलावा भी कुछ है, क्योंकि वह साहित्य है। हम 'महाभारत' को केवल 'महाभारत' के युग को जानने के लिए नहीं पढ़ते हैं, बल्कि इसलिए पढ़ते हैं कि महाभारत में ऐसी चीज है जो आज भी मनुष्यों, चाहे जिस वर्ग के हों, उनके लिए कुछ ऐसा मिलता है, जो काल का अतिक्रमण करता है।"

यह महत्वपूर्ण बात शाही जी ने उठाई है। कहते हैं कि अकेला 'गोदान' है, जिसमें मनुष्यों के बारे में नहीं बल्कि मनुष्य के बारे में बात की गई है। और तो और उन्होंने कहा कि 'गोदान' नाम ही भ्रामक है, अनावश्यक रूप से हमारा ध्यान केवल एक घटना पर केन्द्रित हो जाता है, जो उपन्यास का एक छोटा-सा अंश है। होरी के साथ महत्वपूर्ण बात यह नहीं है कि वह किस प्रकार मरा बल्कि यह कि वह किस प्रकार जिया। 'गोदान' में 'गोदान' कहते ही अन्त की एक घटना पर हम द्रवित हो जाते हैं, पहले की पूरी की पूरी घटना गौण हो जाती है। उसका जीवन उसकी मृत्यु से अधिक मर्मान्तक है। यही नहीं वो तो कहते हैं कि होरी 'गोदान' का नायक नहीं है। जैसा कि सूरदास रंगभूमि का नायक है। 'गोदान' में केवल होरी की कथा नहीं है। बल्कि जितने पात्र हैं उनकी सार्थकता है, उनमें से एक चरित्र है होरी। उन्होंने ट्रेजडी पर भी विचार किया, उस पर मैं नहीं जाना चाहता हूँ।

एक ओर ये परम्परा है और दूसरी ओर वो परम्परा है जो 'गोदान' को ऐतिहासिक पृष्ठभूमि में रखकर देखती है, क्योंकि उस ऐतिहासिक पृष्ठभूमि के बिना 'गोदान' को ठीक-ठीक समझना कठिन है। डॉ. रामविलास शर्मा ने प्रेमचन्द पर पहली किताब 'प्रेमचन्द और उनका युग' लिखी। उसके चौथे-पाँचवे संस्करण में 'गोदान और प्रेमचन्द' पर टिप्पणियाँ लिखीं और टिप्पणियों के द्वारा यह बताने की कोशिश की कि कैसे अमूर्त अस्तित्ववादी लोग 'गोदान' को ऐतिहासिक सन्दर्भ से काट देते हैं। आप जानते हैं कि दूसरे महायुद्ध के बाद शीतयुद्ध का दौर था जहाँ सोवियत समाजवाद के विरुद्ध, मार्क्सवाद के विरुद्ध, कम्युनिज्म के विरुद्ध एक शीत लहर चली थी और थोड़ी-सी शीत लहरें भारत में भी आई थीं। उस दौर में यूरोप के महान हीरो, जो सारी दुनिया के हो गए ज्याँ पॉल सार्त्र थे। वे लोग शेक्सपियर में अस्तित्ववाद ढूँढ रहे थे। सारे साहित्य का मूल्यांकन अस्त्विवाद के आधार पर होता था। 'गोदान' भी उसका शिकार हुआ। 'गोदान' में लोग अस्तित्ववादी रूप देखने लगे। डॉ. शर्मा ने अपने चौथे-पाँचवें संस्करण की भूमिका में इसका उल्लेख किया है। इसलिए कालजयी कृतियाँ एक निश्चित देश-काल के बिना नहीं समझी जा सकतीं। समझने के लिए जरूरी है—उसका टेक्स्ट और कॉन्टेक्स्ट।

जब तक उस भूमि व्यवस्था के बारे में नहीं जानते, जिसमें जमींदार, पटवारी और साहूकार हुआ करते थे तब तक 'गोदान' की सही तस्वीर नहीं उभर सकती। मातादीन के बाप दातादीन भी साहूकारी करते हैं। जरूरी नहीं कि सूदखोरी जमींदार ही करता हो। आजकल तो बैंक वाले भी सूदखोर हैं, बैंक इंट्रेस्ट पर बहुत कारोबार चल रहा है, पर एक समय था कि सूदखोरी को इस्लाम में हराम माना गया था।

यहाँ हालत ऐसी है कि सूदखोरी बड़े पैमाने पर बढ़ी। ख़ासतौर से यह उपनिवेशवाद की देन थी। जो राज करने आए थे वे भी सूदखोर थे। ख़ासतौर से जो नीलहे थे, नील की खेती करते थे, जबरदस्त सूदखोर थे। 'गोदान' में हर आदमी सूदखोर है। और तो और होरी खुद सूदखोर है। वो भी ब्याज पर रुपया देता है। इस बात को समझने के लिए उस पूरी व्यवस्था को, उस दौर को नहीं समझेंगे तो कैसे पता चलेगा। एक चुनौती है और वो यह कि हम जब तक 'गोदान' को उसके ऐतिहासिक सन्दर्भ में नहीं देखेंगे तब तक कुछ गुत्थियाँ हमारे सामने उलझी रह जाएँगी। मसलन 'रंगभूमि' में भिखारी सूरदास तनकर खड़ा होता है। चाहे वो मिल मालिक हो या कलेक्टर-कमिश्नर, सबके सामने एक अन्धा भिखारी खड़ा हो जाता है, लड़ जाता है। यह समय 1924 का है, जहाँ प्रेमचन्द एक किसान को लड़ता हुआ दिखाते हैं। वही प्रेमचन्द 1936 में 'गोदान' में एक ऐसा किसान दिखाते हैं, जिसके पास जमीन है, दुनिया भर की चीज़ें हैं और वह बिल्कुल नहीं लड़ता है, हारता चला जाता है, हारता चला जाता है, दबता रहता है। इसकी व्याख्या हम कैसे करेंगे? एक

तरफ अन्धा, दलित और भिखारी सूरदास दूसरी ओर होरी महतो जो दलित भी नहीं था। 1936 तक आते-आते, जब स्वाधीनता आन्दोलन आगे बढ़ रहा था तब इसको तो लड़ाकू होना चाहिए, पर वह नहीं लड़ता? क्यों? यह ऐसी समस्या है जिसका सम्बन्ध इतिहास से है। असहयोग आन्दोलन के दौरान जो सत्याग्रह शुरू हुआ था, उसकी सबसे बड़ी मिसाल चौरीचौरा है। लोगों ने थाना फूँका। यह आन्दोलन इतना व्यापक था। उसके बाद सविनय अवज्ञा आन्दोलन सन् 30 के आसपास शुरू हुआ था। सारे इतिहासकार कहते हैं कि सविनय अवज्ञा आन्दोलन टांय-टांय फिस्स हो गया। वो मोहभंग का दौर था। ज्ञानेन्द्र पाण्डेय, जो आजकल शायद शिकागो में हैं, ऑक्सफोर्ड यूनिवर्सिटी प्रेस से उनकी किताब 'द असेन्डेन्सी ऑफ द कांग्रेस इन उत्तर प्रदेश 1926-34' छपी है। इसमें लिखा है कि सविनय अवज्ञा आन्दोलन असहयोग आन्दोलन जैसा नहीं था। बल्कि सविनय अवज्ञा आन्दोलन में मुख्य मुद्दा राजनीतिक हो गया था। ख़ासतौर से किसानों की समस्या को और साम्प्रदायिकता को कुछ लोगों ने छोड़ दिया और बोले कि कांग्रेस को लोगों की आर्थिक और साम्प्रदायिक समस्याओं में नहीं पड़ना चाहिए, हमें नेशनल लिब्रेशन चाहिए। कांग्रेस में उस दौर में काफी जमींदार व ताल्लुकेदार आ गए थे। 'गोदान' में जमींदार राय साहब काउन्सिल के मेम्बर थे, तीन बार जेल जा चुके थे। कांग्रेस में बहुत बड़ा समुदाय उच्च वर्ग का आ गया था और वो बिल्कुल नहीं चाहता था कि भूमि समस्या का निस्तारण हो। उसका असर इतनी दूर तक हुआ कि तुरन्त जो प्रांतीय सरकारें बनीं थीं, वे भूमि सुधार का कोई भी कानून पास नहीं कर सकीं। सरकारें भंग हुईं। यही नहीं जब पहली बार सरकारें बनीं और भूदान का आन्दोलन चलाया गया तो उसका असर हुआ। बिहार में आज तक कोई कानून नहीं बना, जबकि यू.पी. में भूमि एक्ट बन चुका है। उनका कहना था कि अंग्रेज चले जाएँगे तो साम्प्रदायिक समस्या अपने आप हल हो जाएगी, क्योंकि अंग्रेज ही हिन्दू-मुसलमानों को लड़ा रहे हैं। फिर उन्होंने कहा कि ये उचित अवसर नहीं है कि छोटे किसानों की समस्या को उठाया जाए, क्योंकि कांग्रेस में शामिल जमींदारों को तकलीफ होती थी। उठने ही नहीं दिया। इस सिलसिले में ज्ञानेन्द्र पाण्डेय, चूँकि साहित्य भी जानते हैं, 'गोदान' का जिक्र करते हुए कहते हैं कि 'Godan is the reflection of disobidience is found in the History. xx xx Classic last novel Godan is the tail of unrevealed operation and dispair. This is the return long suffring of Indian pesent they belive in the Karma.

मनुष्य की ट्रेजडी समझिए। किसान की समस्या से यानी यथार्थ से काटकर अमूर्त अवधारणा के रूप में 'गोदान' की रचना है। दूसरी ओर जो समस्या है उसको विस्तृत ऐतिहासिक सन्दर्भ में देखना चाहिए। दिक्कत यह हुई कि डॉ. शर्मा ने 'प्रेमचन्द और उनका युग' की भूमिका में कहा कि 'गोदान' की मूल समस्या ऋण

है। प्रेमचन्द जब 'गोदान' लिख रहे थे, तब वे खुद भी कर्ज के बोझ से दबे हुए थे। उसमें मूल समस्या ऋण की समस्या है। प्रेमचन्द ने मुम्बई से जैनेन्द्र को पत्र में लिखा है–'कर्जदार हो गया हूँ, कर्ज पटा दूँगा, परन्तु और कोई लाभ नहीं। उपन्यास के अन्तिम पृष्ठ लिखने बाकी हैं।'' ये दो वाक्य ऐसे लगे जैसे डॉ. शर्मा ने अद्‌भुत खोज कर ली हो। किसी की कृति को जांचने के लिए उसके जीवन की कोई घटना ढूँढ लें। जैनेन्द्र को उन्होंने पत्र लिखा–'कर्ज में डूबा हुआ हूँ।' देखा कि होरी कर्ज लेता है और यह भूल गए कि होरी कर्ज देता भी है। इसलिए 'मूल समस्या ऋण की समस्या है', अपनी इस भूल को बहुत बाद में उन्होंने स्वीकार किया, बिना कहे कि मैंने ग़लती की थी। लेखक के चरित्र या जीवन की किसी घटना के साथ किसी कविता, कहानी या उपन्यास को जोड़ना हेत्वाभास है, फैंटेसी है। यद्यपि वह तथ्यपरक लगता है। कर्ज एक ऐसी ही छोटी-सी घटना थी। पूरे 'गोदान' का महत्व कितना घट जाएगा यदि हम कहें कि 'गोदान' में 'मूल समस्या कर्ज की समस्या' है। आगे चलकर उन्होंने स्वीकार किया है–'गोदान में दूसरी बहुत बड़ी चीज है, वो है संयुक्त परिवार का टूटना।' मुक्तिबोध ने कहीं लिखा है–'इस दौर की सबसे बड़ी घटना है संयुक्त परिवार का टूटना।' अभी यह प्रक्रिया समाप्त नहीं हुई है बल्कि और तेज हुई है। स्वाधीनता के बाद तक संयुक्त परिवार बहुत बड़े हुआ करते थे। अब तो माँ-बाप के साथ बहू-बेटे रहने को तैयार नहीं हैं। सिलिकान वैली चले जाते हैं, दिल्ली चले जाते हैं। ऐसी नौकरी की है कि बूढ़े माँ-बाप समस्या हो गए हैं। इसी तरह होरी का परिवार एक-एक कर टूटता जाता है, यद्यपि वो अपनी तरफ से जोड़ने की पूरी कोशिश करता है। हीरा उसकी गाय को जहर दे देता है, लेकिन जब वह चला जाता है तो धनिया के डाँटने के बावजूद वह अपना खेत छोड़कर उसके खेत में बुआई करता है। प्रसाद जी ने लिखा है–'चढ़कर मेरे जीवन रथ पर/प्रलय चल रहा अपने पथ पर/मैंने निज दुर्बल पद बल पर/उससे हारी होड़ लगाई/आह वेदना मिली विदाई।' जीवन रथ पर प्रलय रूपी इतिहास चल रहा है। इसलिए ऋण से ज्यादा बड़ी समस्या उस परिवार का टूटना है। पूरा समाज टूट रहा है। जिसको बिरादरी कहते थे, वो सारी की सारी बिरादरी उस दौर में टूट रही थी। दुलारी सहुआइन के साथ होरी हँसी-मजाक करता है। होली आदि त्योहार में सारा गाँव एक परिवार बन जाता है। 'गोदान' पूरे ग्रामीण समाज के आपसी सम्बन्धों के बिखरने की पीड़ा है और आप केवल इसे ऋण की समस्या कहेंगे। यह भूल डॉ. शर्मा ने चौथे-पाँचवें संस्करण की भूमिका में सुधारी और कहा कि इसके अलावा भी कई समस्याएँ उसमें हैं।

सदानन्द शाही ने कहा कि सद्‌गति का दुखी जो गांठ काटता है वह गांठ है 'गोदान'। मैं कहना चाहता हूँ कि उपन्यास अगर गांठ होगा तो मर जाएगा। वह गुठली है, वो भी लंगड़ा आम की गुठली। 'गोदान' में अगर केवल गुठली होती तो

भी फेंक दी जाती। 'गोदान' वह गांठ नहीं है जिसे दुखी काट रहा था। आप अध्यापक और आलोचक कलम लेके उसे काटें। उसमें रस है। अगर रस न हो तो कालजयी कृति हो ही नहीं सकती। फिर इतिहास में 'गोदान' का वर्णन मिल जाएगा, समाजशास्त्र में मिल जाएगा। इसलिए मुख्य ये है कि उन तमाम आलोचनाओं को हटाकर देखें तो 'गोदान' अपनी गुठली के साथ आम के स्वभाव का है। आम तोड़ने पर कुछ पल्लव भी साथ आ जाता है, देखने में अच्छा लगता है। ये नहीं कि आम तोड़ लिया पल्लव छोड़ दिया। उन पत्तों के बीच का फल आस्वाद की वस्तु है। युगों-युगों तक 'गोदान' अगर पढ़ा जाता रहेगा तो अपने उस रस के कारण, कलाकृति होने के कारण, वरना वो सभी समस्याएँ इतिहास और समाजशास्त्र के ग्रन्थों में भी मिल जाएँगी, फिर वह कलाकृति न होती। कालजयी कृतियों को देखने के लिए ऐतिहासिक और सामाजिक दृष्टि जरूरी है लेकिन काफी नहीं है। वो पहली सीढ़ी है। उसके बाद साहित्य के रूप में 'गोदान' तमाम उपन्यासों के बीच क्या स्थान रखता है और क्यों महत्वपूर्ण है? हिन्दी में उसके बाद जैनेन्द्र के उपन्यास हैं, 'मैला आँचल' है, 'आधा गाँव है, 'नौकर की कमीज' है, 'रागदरबारी' है। उपन्यासों की इस लम्बी परम्परा में 'गोदान' क्यों आज भी अपराजेय है, अप्रतिम है? कोई उसकी गहराई और विस्तार के साथ ही उसकी मार्मिकता को व्यक्त नहीं कर सका है। अगर हम ये स्थापित नहीं करते तो वो ऐतिहासिक-सामाजिक आलोचना तो होगी मगर साहित्यिक आलोचना नहीं होगी।

[2]

फिलहाल मुद्दा प्रेमचन्द की विचारधारा का नहीं है। प्रेमचन्द का साहित्य लगभग 30 वर्षों के विशाल लेखन से जुड़ा है, जिसमें आरम्भ से लेकर कफन तक की कहानियाँ, सारे उपन्यास, 'विविध प्रसंग' नाम से लेख, टिप्पणियाँ और वक्तव्य, निबन्ध और पत्र हैं। सम्पूर्ण साहित्य में प्रेमचन्द की विचारधारा खोजना बड़ा काम है। आरम्भ करने के लिए इनकी केवल एक कृति 'गोदान' में, जो उनका अन्तिम उपन्यास है और सर्वश्रेष्ठ भी माना जाता है, प्रेमचन्द की विचारधारा क्या थी? फिलहाल यही गोष्ठी में विचारणीय है।

पहले की बातों को केवल समझाने के लिए, अन्तर दिखाने के लिए कोई चाहे तो उपयोग कर सकता है। 'गोदांन' लिखते समय उन्होंने जो लेख लिखे हैं, टिप्पणियाँ लिखी हैं, उनका उपयोग हम सहायक-सामग्री के रूप में कर सकते हैं। लेकिन लेखक की विचारधारा या साहित्यकार की विचारधारा पर बात करते समय ध्यान रखें कि जो कृतिकार है, उसकी जो विचारधारा उसके लेखों और टिप्पणियों में है, जरूरी नहीं

कि वह उसकी कृति में भी हो। दोनों में अन्तर होता है। साहित्यिक रचना-प्रक्रिया का स्वयं एक तर्क होता है। लिखते समय विचार नहीं रह जाते, जो लेख लिखते समय या पत्र लिखते समय रहते हैं। यह बराबर ध्यान रखना चाहिए कि यह वैज्ञानिक प्रक्रिया है और उस पर विचार किया जाए तो बेहतर होगा। इसलिए 'गोदान' की विचारधारा क्या है और 'गोदान' में प्रेमचन्द की विचारधारा क्या है? यह दोनों प्रश्न लगभग पर्याय नहीं हैं। डी. एच. लारेंस कहते हैं कि–''कृतिकार की बातों पर नहीं जाएँ, कृति क्या कहती है उस पर जाएँ।'' शमशेर ने दोनों के फर्क को समझते हुए कहा था कि–'बात बोलेगी हम नहीं, भेद खोलेगी बात ही।' यहाँ बात से मतलब कृति से है। इसलिए कुछ कृतियों में फाँक मिलती है, लेखक कुछ कहता है, कृति कुछ कहती है। इसलिए लेखक की टिप्पणियों और कृति में कभी-कभी टकराव होता है। इसको भी समझने की जरूरत है। इसको ध्यान में रखते हुए, इन सारी चेतावनियों के साथ, मेरे मन में यह बात बराबर बनी रहती है कि इसका उल्लंघन न करूँ। यदि उल्लंघन करूँ तो मेरे सहयोगी मित्र उसकी ओर इशारा करें।

लेखक की विचारधारा किसी एक चरित्र में चाहे वो कितना ही विद्वान, विचारशील हो, उसमें ही नहीं व्यक्त होती, बल्कि लेखक का विश्वास, लेखक का विचार, लेखक की जीवनदृष्टि, उसके तमाम चरित्रों में व्यक्त होती है। जैसे आर्केस्ट्रा में जितने भी वाद्ययंत्र होते हैं, सब मिलकर एक राग उत्पन्न करते हैं; उसी तरह से सारे चरित्र और साथ ही जो कथाविन्यास है, नैरेशन है, सब मिलकर कृति की विचारधारा को व्यक्त करते हैं। इसलिए कुछ वक्ताओं के कथन में से एकाध को उद्धृत कर देना उचित नहीं है। इस दृष्टि से 'गोदान' नाम की समग्र कृति जो चरित्रों, घटनाओं, स्थितियों, आख्यानों के विशाल वाद्ययंत्र से बनी हुई है, उससे राग जो प्रभावान्विति के रूप में व्यक्त होता है, वह महत्वपूर्ण है, जिसे हम Effect of Totality कहते हैं। किसी कथा के बारे में यह प्रभावान्विति ही व्यंजित करेगी। यह कथित नहीं होगा, अभिधा में नहीं होगा, बल्कि जो उसमें गूंजती हुई ध्वनि निकलती है, उसे ही विचारधारा मानेंगे।

सामान्यतः विचारधारा का मतलब आइडियालजी (Ideology) होता है। लेकिन मैं स्पष्ट कर दूँ कि विचारधारा के बारे में मेरी धारणा मार्क्स को पढ़ते हुए बनी है। मार्क्स ने 'जर्मन आइडियालजी' नामक किताब में लिखा है कि–'यह एक प्रकार की मिथ्या चेतना है, ज्ञान नहीं है। विज्ञान बनाम विचारधारा में विज्ञान सच्चा ज्ञान है।' इसके बरक्स जिसे हिन्दी में हम विचारधारा कहते हैं, वह मिथ्या चेतना (False Consciousness) है। इसका जब पहली बार उल्लेख किया गया तो जर्मन आइडियालजी में हेगेल और कांट हो चुके थे। ये लोग सारे के सारे Idealist थे, भाववादी थे। आइडियालिस्ट (Idealist) होने के कारण इनके जो विचार थे, वो

आइडियल (Ideal) थे। मार्क्स ने कहा कि हेगेल ने दुनिया को सिर के बल खड़ा किया था–सिर माने दिमाग–सिर को नीचे कर दिया था और पाँव को ऊपर। फिराक साहब ने कहा है कि–

वाइज़ ने इल्म को भी खड़ा सर के बल किया।
ऐसा पढ़ा लिखा है कि जाहिल कहें जिसे।।

विश्वविद्यालयों में ऐसे वाइज़ बहुत मिलेंगे, जाहिल नहीं कहूँगा। इसलिए इस बात को ध्यान में रखते हुए 'विचारधारा' शब्द का प्रयोग करना चाहिए। सामान्य व्यवहार में ये सारी चीजें स्तालिनवादियों के चलते हुईं, जिन्होंने मार्क्सवाद को आइडियॉलजी बनाया। इसका एक परिणाम यह हुआ कि सत्तर साल में समाजवाद ध्वस्त हो गया। सिर्फ साइंस में जबरदस्ती नहीं की जा सकती। अगर आप जबरदस्ती करेंगे तो उसका परिणाम भी उल्टा होगा। एक उदाहरण दिया जाता है कि एक बच्चा शीशी में मोटी लकड़ी रखना चाहता था और शीशी फूट गई। उसका हाथ भी कट गया। इसलिए जबरदस्ती फिट करने की कोशिश करेंगे तो वही हश्र होगा जो शीशी में मोटी लकड़ी फिट करते हुए हुआ। विकास की आर्थिक, सामाजिक और वैज्ञानिक प्रक्रिया आप बहुत जल्दी हासिल करना चाहेंगे, उसके साथ जबरदस्ती करेंगे, पूँजीवादी प्रक्रिया को समाजवाद में बदलना चाहेंगे तो वही होगा कि समाजवाद समाप्त हो जाएगा और पूँजीवाद आएगा। उराको आप रूस में देख सकते हैं।

प्रसंग साहित्य का है। 'गोदान' में इन सावधानियों को ध्यान में रखना जरूरी है। 'गोदान' में एक दार्शनिक चरित्र को रखा गया है–वह है मेहता। विद्वान हैं, दार्शनिक हैं, दर्शन के प्रोफेसर हैं, इसलिए आमतौर से लोगों को लगता है कि जो विचार मेहता के मुख से निकले हैं, वे स्वयं प्रेमचन्द के विचार हैं, 'गोदान' के विचार हैं। 18वें अध्याय में मेहता कई बार विचार व्यक्त करते हैं, लेकिन उन्होंने अपने दर्शन को एक जगह व्यक्त किया है। उसका लम्बा उद्धरण है, "मैं प्रकृति का पुजारी हूँ। मनुष्य को उसके प्राकृतिक रूप में देखना चाहता हूँ, जो प्रसन्न होकर हँसता है, दुःखी होकर रोता है और क्रोध में आकर मार डालता है। जो दुःख और सुख दोनों का दमन करते हैं, जो रोने को कमजोरी और हँसने को हल्कापन समझते हैं, उनसे मेरा कोई मेल नहीं। जीवन मेरे लिए आनन्दमय क्रीड़ा है, सरल, स्वच्छन्द। यहाँ कुत्सा, ईर्ष्या और जलन के लिए कोई स्थान नहीं। मैं भूत की चिन्ता नहीं करता, भविष्य की परवा नहीं करता। मेरे लिए वर्तमान ही सब कुछ है। भविष्य की चिन्ता हमें कायर बना देती है, भूत का भार हमारी कमर तोड़ देता है। हममें जीवन की शक्ति इतनी कम है कि भूत और भविष्य में फैला देने से वह और क्षीण हो जाती है। हम व्यर्थ का भार ऊपर लादकर रूढ़ियों, विश्वासों और इतिहास के मलबे के

नीचे दबे पड़े हैं, उठने का नाम नहीं लेते, वह सामर्थ्य ही नहीं रही। जो शक्ति, जो स्फूर्ति मानव धर्म को पूरा करने में लगनी चाहिए थी, सहयोग में, भाईचारे में लगनी चाहिए थी, वह पुरानी अदावतों का बदला लेने और बाप-दादों का ऋण चुकाने की भेंट हो जाती है और यह जो ईश्वर और मोक्ष का चक्कर है, इस पर तो मुझे हँसी आती है। यह मोक्ष और उपासना अहंकार की पराकाष्ठा है, जो हमारी मानवता को नष्ट किए डालती है। जहाँ जीवन है, क्रीड़ा है, चहक है, प्रेम है, वहीं मुस्कराहट न आए, आँखों में आँसू न आए। मैं कहता हूँ, अगर तुम हँस नहीं सकते, रो नहीं सकते, तो तुम मनुष्य नहीं हो, पत्थर हो। वह ज्ञान जो मानवता को पीस डाले, ज्ञान नहीं है कोल्हू है।''...ये पंक्तियाँ कितनी सुन्दर लगती हैं, कितना उच्च कोटि का दर्शन है, यही दर्शन 'गोदान' का दर्शन है, यही दर्शन प्रेमचन्द का है। यहाँ तक कि अच्छे-अच्छे विद्वानों को यही लगता है। रामविलास जी ने लिखा है–यदि मेहता का दिमाग और होरी का व्यक्तित्व दोनों को मिलाकर देखा जाए तो जो व्यक्तित्व बनेगा वह 'गोदान' की जीवनदृष्टि होगी या प्रेमचन्द की जीवनदृष्टि होगी। अब मैं कहना चाहता हूँ कि ये आग और पानी को मिलाने जैसा है। विजयदेव नारायण साही ने मजाक उड़ाते हुए कहा है कि एक किसान और दूसरा फिलासफर। दोनों को मिलाने से क्या बनेगा? दोनों के व्यक्तित्व और आचार अलग-अलग हैं–दोनों के आचार को तो पहले देखिए। आगे से इसकी व्याख्या करने से पहले यह टिप्पणी जोड़ दें कि जीवन दृष्टि यानि विचार आचार में परिवर्तित हो गया है। इसीलिए विचार की जांच तो आचार से होती है। वैसे ही जैसे मार्क्सवाद में कहा गया है–थियरी और प्रैक्टिस। दोनों में इतना द्वन्द्वात्मक सम्बन्ध होता है कि किसी की जबान कुछ भी कहे, लेकिन वह करता क्या है, यह ज्यादा महत्वपूर्ण होता है। कौन लेखक क्या कहता है इसके साथ यह देखना जरूरी है कि वह करता क्या है। इसलिए सारी चीजों को भूल जाएँ सिर्फ एक ही बात को अगर देखें। होरी एक सद्गृहस्थ है और मेहता मालती से प्रेम करता है। बहुत लम्बा प्रेम-प्रसंग चलता है। लगता है कि दोनों विवाह के बंधन में बँध ही जाएँगे पर अन्त तक वह गृहस्थ नहीं बन पाते। मालती तितली है, मालती का खन्ना से भी सम्बन्ध हो गया। गोविन्दी बड़ी दुःखी थी और हाथ जोड़कर मेहता से कह रही थी–इससे मेरी रक्षा कीजिए, मेरी गृहस्थी उजाड़ देगी। छोटी-सी दुनिया थी, चार-पाँच लोगों की। सब एक-दूसरे के बारे में जानते थे। उसे मालूम था कि खन्ना का मालती से क्या चल रहा है। उसने मेहता को पकड़ा कि मालती को तुम समझाओ और समझाने के साथ ही तुम दोनों एक सूत्र में बँध जाओ तो शायद मालती खन्ना को छोड़ दे, तो शायद मेरी गृहस्थी बच जाए। मिसेज खन्ना अत्यन्त दुःखी होकर दुखड़ा रो रही थीं तो मेहता ने उसी समय कसम खायी थी कि आज से शराब पीना बन्द कर दूँगा। एक अच्छी प्रतिज्ञा की कि आगे मैं अपने आचार में

परिवर्तन करूँगा। फिर उपन्यास में आगे चलता है कि मालती और मेहता एक-दूसरे के बहुत करीब आए, अन्त तक आते-आते सम्बन्ध बहुत प्रगाढ़ हो जाता है, लगता है शादी हो ही जाएगी, लेकिन मेहता ने देर कर दी। मेहता का ही प्रस्ताव था कि अब हम लोगों का विवाह हो जाए। मालती ने मना कर दिया, मना करने का क्या कारण हो सकता है, फिलहाल मैं इस पर नहीं जाऊँगा। ये वक्तव्य गोविन्दी को समझाने के लिए, आश्वस्त कराने के लिए, उसके दुःख को दूर करने के लिए दिया गया है। उससे ठीक पहले मेहता कहते हैं, 'इसे कवियों का भावावेश न समझें यह मेरे जीवन का सत्य है। मेरे जीवन का क्या आदर्श है यह आपको देने का मोह मुझसे संवरण नहीं हो रहा।' लोग साहित्य पढ़ते हैं साहित्य में कहा जाता है कि नायिका का ना-ना करना हाँ-हाँ होता है। मेहता जब कह रहे हैं कि इसे कवियों का भावावेश न समझिए तो प्रेमचन्द इशारा करते हैं कि ये जो आगे कहने जा रहा है वह कवियों का भावावेश ही है। जैसे नेता लोग कहते हैं कि ऐसा न समझिए तो बिलकुल वैसा ही समझिए। उनकी ना, हाँ से भी ज्यादा मारक हुआ करती है। मेहता स्त्रियों की सभा में बोलने गए हैं। स्त्रियों की स्वाधीनता पर क्या लम्बे-लम्बे भाषण देते हैं। यह वही आदमी है, जो अकेले में कहता है प्रेम बहुत खूँखार होता है, मैं तुम्हें मार डालूँगा। अपने प्रेम की ताकत बताने के लिए मारने तक को उतारू हो जाता है। वाह रे आपका प्रेम, हत्या कर दे और कहे प्यार कर रहा हूँ। इसे कवियों का भावावेश न समझिए। कविता की व्याख्या जितनी कठिन होती है, प्रेमचन्द के वक्तव्यों की भाषा भी उतनी ही पेचीदा और जटिल होती है। इस स्थिति की ओर ध्यान दिलाना चाहता हूँ। जितनी बारीकी से हम लोग कविता की व्याख्या करते हैं, प्रेमचन्द के गद्य को भी उतनी ही बारीकी से समझिए। 'यह कवियों का भावावेश नहीं, मेरे जीवन का सत्य है'। जैसे सत्य को पा लिया हो, जैसे ईसा मसीह बने हों। बड़ी मुश्किल से जीवन का सत्य मिलता है। जीवन का सत्य बता दिया। मेरे जीवन का क्या आदर्श है, मसलन मेरे आचार पर न जाओ, आइडियल है, जरूरी नहीं कि मैं उसका पालन भी करता हूँ। आपको ये बतला देने का मोह मुझसे नहीं रुक सकता। मोह शब्द का प्रयोग किया है। मोह कोई अच्छी चीज नहीं है, इसलिए कवियों के कवित्वपूर्ण व्यावहारिक आवेश को कह रहा हूँ। सारा कथन आवेश और मोह का सूचक है। सत्य होते हुए भी यह उनका सत्य नहीं है। हो सकता है यह उनका खास क्षण में प्राप्त किया गया आदर्श हो। इसलिए 'गोदान' को तो छोड़िए यह मेहता की भी विचारधारा नहीं है। 'गोदान' में जहाँ-जहाँ मेहता ने दर्शन सम्बन्धी वक्तव्य दिए हैं, उन्हें बहुत ध्यान से देखने की ज़रूरत है।

यहाँ प्रेमचन्द गोविन्दी के माध्यम से ये वक्तव्य देते हैं। भ्रम हो सकता है, ये जरा दूसरे ढंग का है। मेहता के मुँह से भी महत्वपूर्ण बातें कहलाथी गई हैं। ये बातें

अध्याय उन्तीस और तीस में गोविन्दी कहती है। पहले मेहता का कथन देख लें–'अज्ञान की भाँति ज्ञान भी सरल, निष्कपट एवं सुनहले स्वप्न देखने वाला होता है। मानवता में उसका विश्वास इतना दृढ़, इतना सजीव होता है कि वह इसके विरुद्ध व्यवहार अमानुषीक समझने लगता है। वह यह भूल जाता है कि भेड़ियों ने भेड़ों की निरीहता का जवाब सदैव पंजे और दांतों से दिया है। वह अपना एक आदर्श संसार बनाकर उसको आदर्श मानवता से आबाद करता है और उसी में मग्न रहता है। यथार्थता कितनी अगम्य, कितनी दुर्बोध, कितनी अप्राकृतिक है, उसकी ओर विचार करना उसके लिए मुश्किल हो जाता है।''

कहा जा सकता है कि यह प्रेमचन्द के बहुत सारवान विचार हैं। जहाँ 'गोदान' से उसका सम्बन्ध जुड़ता है, ख़ासतौर से वहाँ, जहाँ कहते हैं कि भेड़ियों ने भेड़ों की निरीहता का जबाव सदैव पंजे और दांतों से दिया है। यहाँ लड़ाकू प्रेमचन्द बोल रहे हैं। भेड़ियों ने जवाब दिया है भेड़ों ने नहीं, इसलिए प्रेमचन्द भेड़ों के प्रवक्ता हैं। जाहिर है उनका वक्तव्य–भेड़िए ऐसा करते हैं, इसी का प्रमाण है हिंसा शोषक वर्ग से होती है, अहिंसा स्वयं शोषित की होती है। वो हिंसा की ओर कदम नहीं बढ़ाते, पहल नहीं करते। अपनी रक्षा जरूर करते हैं। लेकिन यहाँ भेड़ियों की बात हो रही है। यहाँ भ्रम नहीं होना चाहिए। वे कहते हैं–'वो अपना आदर्श संसार बनाकर उसको आदर्श मानवता से आबाद करता है और उसी में मग्न रहता है। वह अज्ञान की भाँति सरल, निष्कपट और सुनहले स्वप्न देखने वाला होता है।' फासिस्ट लोग जो नारे देते हैं, बड़े साफ होते हैं, कोई उलझन नहीं होती। बाबरी मस्जिद गिराने वालों, गुजरात में दंगा कराने वालों के मन में भारत में भारतीयता और राष्ट्र शब्द को लेकर कोई दुविधा नहीं है। भारत और भारतीयता क्या है? इस विवाद हो लेकर भी उनके मन में कोई दुविधा नहीं रहती। वो समझते हैं कि यह धर्म के समान एक ठोस चीज है। इसलिए हिटलर के, मुसोलिनी के विचार सीधे और स्पष्ट हैं, जिस आधार पर उन्होंने यहूदियों को कंसंट्रेशन कैम्प में डालकर मार डाला।

अज्ञान बहुत सरल होता है, इसमें कोई शक नहीं, लेकिन ज्ञान भी उतना ही सरल होता है क्या? अगर ज्ञान सरल होता तो उसमें इतने प्रकार की शाखाएँ-प्रतिशाखाएँ कैसे आतीं। ज्ञान अगर वेदान्त है तो वेदान्त में विशिष्टाद्वैत, द्वैताद्वैत, शुद्धाद्वैत न मालूम कितने प्रकार के अद्वैत हो गए। इसलिए ज्ञान चाहे वो आइडियलिज्म का हो या मेटेरियलिज्म का हो, अज्ञान की भाँति सरल नहीं होता। मेहता कह रहे हैं कि 'अज्ञान की भाँति ज्ञान भी सरल, निष्कपट और सुनहले स्वप्न देखने वाला होता है।' ज्ञान यूटोपिया नहीं है। मार्क्स यूटोपिया के अगेन्स्ट थे। साइंस यूटोपिया नहीं है। इसलिए सुनहले स्वप्न ज्ञान नहीं हैं। जो लोग स्वर्ग का इतना भव्य

वर्णन करते हैं कि जी करता है कि इस नर्क में क्यों रहें—आत्महत्या करके सीधे स्वर्ग चले जायें। अगर ये सुनहले स्वप्न वाला ज्ञान है तो—

इस सादगी पे कौन न मर जाए ऐ खुदा,
लड़ते हैं और हाथ में तलवार भी नहीं।

मेहता फिलासफर है। वह अज्ञान और ज्ञान को बराबर समझ रहा है। प्रेमचन्द जो आयरनी की बात करते हैं उन्हें मेहता के वक्तव्यों को ध्यान से देखने की ज़रूरत है। इससे पहले उन्नतीसवें अध्याय में गोविन्दी मेहता से कहती है, 'क्यों नहीं समझते, तुम्हें अन्याय से लड़ने का यह अवसर मिला है। मेरे विचार से पीड़क होने से पीड़ित होना कहीं श्रेष्ठ है।' अपने पति द्वारा सतायी गई स्त्री बोलती है, 'पीड़क होने से पीड़ित होना कहीं श्रेष्ठ है। धन खोकर हम अपनी आत्मा को पा सकें तो कोई महँगा सौदा नहीं। न्याय के सैनिक बनकर लड़ने में जो गौरव है, जो उल्लास है क्या उसे इतनी जल्दी भूल गए।' ये है गोविन्दी, जिसका अनुभूत सत्य बोल रहा है क्योंकि वह स्वयं पीड़ित है। उसका पति जो उसे पीड़ित कर रहा है, वह उसे समझाती है—न्याय का सैनिक बनकर लड़ने में जो गौरव है, जो उल्लास है क्या उसे इतनी जल्दी भूल गए। देखें कि एक ओर मेहता की लफ्फाजी और दूसरी ओर उसके बरक्स गोविन्दी का अनुभूत सत्य, जो जीवन से निकला हुआ है। जिसे वह सत्य नहीं कह रही है, उनके सामने बड़ा-सा शब्द नहीं इस्तेमाल कर रही है। वह अनुभव बता रही है। 'गोदान' की विचारधारा मेहता से ज्यादा गोविन्दी में है। होरी के वक्तव्य और होरी में सत्य नहीं है, बल्कि उससे ज्यादा धनिया में है। लेकिन यदि होरी गोदान का नायक नहीं है तो इसलिए कि कभी-कभी नायिका भी उपन्यास की हीरो होती है। ट्रेजडी मरने वाले की ही नहीं होती। होरी मर जाता है, इसलिए 'गोदान' का सारा केन्द्र-बिन्दु उसी पर है। धनिया जीवित रहती है, लेकिन धनिया का जीवन होरी के साथ बराबर मिला हुआ रहा है। वह उससे ज्यादा काम करने वाली है, सहारा देने वाली है। यद्यपि धनिया जीवित रह जाती है, जिस बिन्दु पर होरी मर जाता है। बेटे का सहारा नहीं, बहू का सहारा नहीं, वह तब बिना सहारे के अकेली लड़ने के लिए, जिन्दगी में संघर्ष करने के लिए जीवित रह जाती है। इसलिए 'गोदान' का केन्द्र-बिन्दु केवल होरी नहीं बल्कि धनिया भी है। कभी-कभी ट्रेजिक हीरो उसे नहीं कहा जाता जो मर जाता है बल्कि उसे कहा जाता है जो जीवित रहते हुए संघर्ष करता है—धनिया ट्रेजिक हीरो के पद को पूरा करती है। दोनों को मिलाकर के विचारधारा को देखा जा सकता है। इसलिए मेहता के वक्तव्य 'गोदान' के सत्य नहीं हैं, विचार नहीं हैं, उसमें गोविन्दी का भी सत्य है। कुल मिलाकर आप देखें तो 'गोदान' मिर्जा अनीस का मर्सिया नहीं है। यहाँ से वहाँ तक दुःख और दुःख और दुःख। ऐसा भादों का आसमान जिसमें न कभी सूर्य दिखाई पड़ता है, न कभी धूप।

जैसा मैंने कहा 'गोदान' मर्सिया नहीं, छाती पीटने वाली कहानी नहीं है। इसमें कुछ और भी है। दो उदाहरण देकर समाप्त करता हूँ। इस ट्रेजडी में एक प्रसंग आता है 23वें अध्याय में, जहाँ गोबर, झुनिया आए थे, दो दिन गाँव रहकर वापस चले जाते हैं। गोबर और झुनिया के जाने के बाद होरी और धनिया में बातचीत होती है। वह बातचीत बड़ी दिलचस्प है। इस तरह चले जाने का एक दुख भी था, गुस्सा भी था। कहीं न कहीं से बातचीत निकलनी चाहिए। बातचीत का टुकड़ा बता रहा हूँ–होरी ने कहा कि मुझे भी निकाल दो, ले जाओ बैलों को अनाज मांड़ो, मैं हुक्का पीता हूँ। धनिया कहती है कि तुम चलकर चक्की पीसो मैं अनाज माड़ूँगी। इस तरह झगड़ा खत्म हो गया, खलिहान बँट गया कि मेरा काम तुम करो तुम्हारा काम मैं करूँगा। इसके बाद होरी चला गया तो प्रेमचन्द लिखते हैं–''रसिक वसन्त सुगन्ध, प्रमोद और जीवन की विभूति लुटा रहा था, दोनों हाथों से, दिल खोलकर।...और उसका व्यथित निराश मन भी इस व्यापक शोभा और स्फूर्ति में जैसे डूब गया। तरंग में आकर गाने लगा–हिया जरत रहत दिन रैन/आम की डरिया कोयल बोले/ तनिक न आवत चैन/हिया जरत रहत दिन रैन।

लोग कहते हैं प्रेमचन्द में कवित्व नहीं है। कवित्व तो जैनेन्द्र और अज्ञेय में है। ये एक किसान का हृदय है, यहाँ प्रेमचन्द की भाषा थोड़ी कवित्वमय हो जाती है। रसिक बसन्त सुगंध और जीवन की विभूति लुटा रहा है। ध्यान रखें 'सुगन्ध लुटा रहा था' यह नहीं कहते, बल्कि यह कहते हैं कि 'जीवन की विभूति लुटा रहा था, दोनों हाथों से दिल खोलकर।' बात यह है कि सुगन्ध और विभूति दो अलग चीजें है। एक हाथ से दोनों नहीं लुटाई जा सकतीं। एक हाथ से सुगन्ध लुटा रहा था और एक हाथ से जीवन की विभूति। प्रेमचन्द कहते हैं कि 'उसका व्यथित निराश मन भी इस व्यापक शोभा और स्फूर्ति में आकर गाने लगा।' जो गाना है उसमें दर्द है लेकिन उसमें कह रहे हैं कि व्यथित निराश मन भी इस स्फूर्ति में आकर गाने लगा 'हिया जरत रहत दिन रैन'। दुख के गीत भी कभी-कभी हँस-हँसकर गाए जाते हैं, जो अंदाज़ गालिब की गज़लों में मिलेगा। फिल्म में एक गाना है 'हम तुमसे मोहब्बत करके सनम हँसते भी रहे रोते भी रहे'। तो हँसना और रोना दोनों प्यार में होना चाहिए, केवल रोना ही हो, ये कोई प्रेम है? कहीं-कहीं हँसना भी हो तो प्रेम है–'हँसते भी रहे रोते भी रहे।'

'गोदान' भादों का आसमान नहीं है, उसमें हँसी भी है। उसी 'गोदान' में बेटा शहर से आता है–और नजराना देने का स्वांग करता है। रुपये देता है और कहता है यह दस हुआ तो और ये पाँच रुपये। एक-एक चीज पढ़िए--होली के मौके पर किसान स्वांग रचते हैं और व्यंग्य-विनोद के द्वारा पूरी व्यवस्था का–जमींदारों का मजाक उड़ाते हैं, 'गोदान' की विचारधारा का यह भी एक अंग है।

कुछ लोग उसको सपाट, क्रिटीकल रियलिज्म या आलोचनात्मक यथार्थवाद कहते हैं, इसलिए पेचीदा है। क्षमा कीजिएगा, आमतौर से लोग ट्रेजडी का अर्थ गलत समझते हैं। रामविलास जी अंग्रेजी के अध्यापक थे, शेक्सपीरियन ट्रेजडी को जानते थे, जबकि ग्रीक ट्रेजडी मार्क्स की बुनियाद है। ग्रीक उच्चारण में ट्रेजडी के 'एस्खिलुस' मार्क्स के बहुत पसन्द के नाटककार थे। मैंने कहा था कि मार्क्सवाद के तीन ही स्रोत नहीं है, जैसा कि स्टालिन ने कहा था, बल्कि एक चौथा भी है–ग्रीक ट्रेजडी। जैसा कि स्वयं हम लोगों को साहित्य पढ़कर–सूर को, तुलसी को, कबीर को, निराला, प्रेमचन्द को पढ़कर उसमें से मिला है, वो भी भारतीय मार्क्सवाद का एक स्रोत है। ट्रेजडी किसे कहते हैं? उनके ही शब्दों में कहना चाहिए–''केवल दुख सहते हुए हारना, फिर भी लड़ना। इस संघर्ष में भी ट्रेजडी होती है, केवल हारने में ही नहीं बल्कि हारते हुए भी लड़ने में''। यह प्रेमचन्द का ऐसा दर्शन था जो 'रंगभूमि' के सूरदास में मौजूद है–'हम हारे तो क्या हारे'। इसलिए ट्रेजेडी के हीरो और ट्रेजिक हीरो में कोई अन्तर नहीं होता और ग्रीक ट्रेजडी में इसकी एक परम्परा रही है। प्रेमचन्द 'गोदान' का जहाँ अन्त करते हैं, उस प्रकरण को मैं सामने रखना चाहता हूँ। दो सन्दर्भ हैं–होरी में से आत्मधिक्कार का स्वर तब निकलता है, जब रामसेवक को बेटी बेचता है। उसके बाद प्रेमचन्द 'गोदान' में लिखते हैं–''बेटी को बेचने जैसा काम... पर आज तीस साल तक जीवन से लड़ते रहने के बाद वह परास्त हुआ''। यह वक्ताव्य और किसी सन्दर्भ में नहीं दिया है। बेटी बेचने के सन्दर्भ में है 'वह तीस साल जीवन से लड़ते रहने के बाद परास्त हुआ।' जब जमीन चली गई तब नहीं कहा कि वह परास्त हुआ और अब ऐसा परास्त हुआ कि मानो उसको नगर के द्वार पर खड़ा कर दिया गया है और जो आता है उसके मुँह पर थूक देता है। वह चिल्ला-चिल्लाकर कह रहा है–''भाइयों मैं दया का पात्र हूँ। मैंने नहीं जाना कि जेठ की धूप कैसी होती है, माघ की वर्षा कैसी होती है।'' वर्षा भी माघ की। ''इस देह को चीरकर देखो, इसमें कितना प्राण रह गया है। कितने जख्मों से चूर, कितने ठोकरों से कुचला गया। उससे पूछो कि तुमने विश्राम के दर्शन किए, कभी तुम छाँह में बैठे, उस पर यह अपमान और अब भी जीता है–कायर, लोभी और अधम'' तीनों शब्दों का जो प्रयोग किया है इसके क्रम को देखें-कायर, लोभी और अधम। जीवन का लोभ, जीवन जी रहा है, यही सबसे बड़ा लोभ है और अन्त में अधम। जो प्रेमचन्द की भाषा पर अंगुली उठाते हैं, कलावादी बनते हैं, देखें कि इन तीनों शब्दों का प्रयोग जिस क्रम में किया है, पूरी ताकत से किया है। बेटी को बेचने के बाद का वक्तव्य ट्रेजडी की पराकाष्ठा है, जहाँ होरी स्वयं बोलता है। यह मेहता के बड़े दर्शनों से ज्यादा है। यह विचारधारा से जुड़ा वक्तव्य है। यहाँ देखिए विचारधारा ट्रेजिक विजन भी होती है।

दूसरा प्रसंग उस हीरा के वापस आने का है, जिसने गाय को जहर दिया था।

सारे दुःख की शुरुआत यहीं से होती है। हीरा जहर देता हैं, गाय मरती है। सारा का सारा उपन्यास वहीं से शुरू होता है। हीरा लौटकर आता है, पाँव छूता है। उसके बाद प्रेमचन्द का यह वक्तव्य है–"कौन कहता है वह जीवन संग्राम में हारा। इसी जीवन संग्राम में उसके टूटे-फूटे अस्त्र उसकी विजय पताकाएँ हैं।" महाभारत के युद्ध के बाद जो अस्त्र टूट-फूट गए वही विजय पताका के रूप में फहरा रही है। वही फटी हुई पताकाएँ फहरा रही हैं। फटी हैं तो क्या हुआ, जीवन के सारे संकट, सारी निराशाएँ, मानों उसके चरणों पर लोट रही है। ये उल्लास, ये गर्व, ये पुलक, क्या हार के लक्षण हैं। 'गोदान' के अन्त की ये दोनों स्थितियाँ--एक ओर वह कहता है, कौन कहता है वह जीवन संग्राम में हारा; और दूसरी ओर कहता है वह परास्त हुआ। 'गोदान' का जो ट्रैजिक विज़न है, उसकी यह द्वन्द्वात्मकता है। गहरे उतरकर देखें तो यही 'गोदान' का बड़प्पन है और यही उसके कालजयी होने का प्रमाण है।

[3]

मैं पहली बात उनसे कहना चाहता हूँ कि जो लोग 'गोदान' में केवल दलित विमर्श देखना चाहते है और जो स्त्री विमर्श देखना चाहते हैं; ये देखना, 'गोदान' को टुकड़े में देखना है और सम्पूर्ण की उपेक्षा करना है। ये मिथ्या चेतना और एक अर्थ में ऑडियोलॉजिकल दृष्टि है। प्रेमचन्द में केवल दलित विमर्श ढूँढना और उसे गलत ठहराना या केवल स्त्री विमर्श ढूँढना ऐसा है जैसे अंधों का हाथी को देखना। हाथी की पूँछ किसी के हाथ लगी तो कहा हाथी ऐसा ही होता है, यह ऑडियोलाजिकल दृष्टि है। अर्धसत्य झूठ से भी ज्यादा खतरनाक होता है। उसी तरह उतना ही खतरनाक होगा--प्रेमचन्द को किसी एक दृष्टि से देखना।

दूसरा, ये कहना कि एलिगरी है और मॉरल ऐलिगरी (इसको हिन्दी में 'रूपक' कहेंगे); लेकिन ये सारे–'रेलिजीएस कन्वोकेशन' हैं। यहाँ अंग्रेजी के प्रोफेसर लोग बैठे हैं, जानते हैं समझ-बूझ करके इस सन्दर्भ में एलिगरी शब्द का इस्तेमाल करेंगे। ऐसे कई शब्द हैं जिसे लोगों ने अपनी समझ में 'रूपक' न कहकर जानबूझकर 'ऐलिगरी' कहा। 'गोदान' में गाय एक रूपक है, प्रतीक है, वह अनेक अर्थों का प्रतीक बन जाती है। गाय अगर प्रतीक बनती है तो देखें वो क्या है। इसके कई अर्थ लोगों ने किए हैं। विचित्र बात यह है कि होरी खुद गाय है। रामसेवक कहते हैं कि "इस संसार में गौ बनने से काम नहीं चलेगा"। होरी से कहते हैं कि तुम गौ हो। गाय रखने वाला–गाय की इच्छा रखने वाला खुद गाय है। इस गाय पर एक लेख लिखा जाना चाहिए। राजकमल से पेपर बैक 'गोदान' जो छपा है उस पर एक गाय का चित्र है और गाय में कई सारी सम्भावनाएँ हैं। वह केवल जानवर नहीं है, सम्पत्ति

भी नहीं है। दूध-घी जो मिलेगा, केवल एक को नहीं मिलेगा, सबको बँटेगा। साथ ही गाय उसके मरजाद का भी द्योतक है। इसीलिए हिन्दुत्ववादी लोग ज्यादा ही प्रसन्न होंगे। पता नहीं उन्होंने अभी तक लिखा है कि नहीं लिखा है कि यह गोरक्षा में लिखा ग्रन्थ है। प्रेमचन्द भी गोरक्षा पर लिखते थे। भारतीय चिन्तन परम्परा के केन्द्र में गाय तो हमेशा रही ही है। कालिदास के यहाँ भी दिलीप गोचारण करते हैं। गाय कितनी ही साहित्यिक कृतियों में रही है। कामधेनु से शुरू करेंगे, ऋग्वेद से होते हुए प्रेमचन्द तक आएँगे और कहेंगे प्रेमचन्द हमारी उसी गोरक्षा वाली परम्परा के लेखक हैं। गोरक्षा समिति वाले इसका यह अर्थ निकाल सकते हैं। सावधान रहना चाहिए कि कोई इस गाय को जहर न दे। कोई चुरा न ले जाए। इसलिए गाय को प्रतीक मानते समय उसके खतरे की ओर सावधान रहने की ज़रूरत है। गाय के साथ जमीन भी जुड़ा हुआ है। गाय के लिए भी जमीन चाहिए। जिसकी जमीन ही नहीं रहेगी, वह गाय बाँधेगा कहाँ। सब मिलाकर यह उसके समूचे मनुष्यत्व का प्रतीक है।

प्रतीक कहते समय बहुत सावधानी बरतने की जरूरत है। मैंने जब कहा था कि राजनीतिक प्रतीक के रूप में लेना चाहिए, उस दौर में शायद प्रेमचन्द के लिए स्वाधीनता कहिए, स्वराज कहिए उनका वही स्वराज था। वह स्वराज की ही परिकल्पना थी, जो किसान की हो सकती है। उसकी थोड़ी-सी जमीन हो और न भी हो तो सन्तुष्ट हो सकता है। याद करें जब होरी मूर्च्छित हो गया था, वह मृत्यु के ठीक पहले जो सपना देखता है, धनिया लाल चुनरी पहनकर आती है और फिर गाय में बदल जाती है। उस स्वप्न को पी.एन.सिंह जी अभी डिंकस्ट्रक्ट कर रहे थे। उस सपने का अर्थ बताना चाहिए, प्रेमचन्द ने गाय को केवल गाय तक ही नहीं, बल्कि गोदान के द्वारा एक और अर्थ की ओर संकेत किया है—दास कैपिटल का, इस सन्दर्भ में पूँजी का जिक्र किया गया था। मैं उत्तर नहीं दे रहा हूँ, प्रश्न ही रख रहा हूँ—क्या गोदान में प्रेमचन्द के लिए 'गाय' वही है जो दास कैपिटल में मार्क्स के लिए कैपिटल या पूँजी? इसको प्रश्न के रूप में ही छोड़ रहा हूँ, विचार करने वाले इस पर विचार करेंगे। कुल मिलाकर जीवन के अन्तिम निचोड़ के रूप में कैपिटल विनाश का रूप भी लेता है, कैपिटिलिज्म के रूप में। कैपिटल जो है वह पूँजी का दूसरा अर्थ भी देती है।

अन्तिम बात, प्रेमचन्द के सम्बन्ध में सभी लोगों ने कहा है कि वह कौन-सा गांधीवाद है, जिसका अतिक्रमण उन्होंने नहीं किया था। गांधी को अलग-अलग रूपों में अलग-अलग लोगों ने देखा, उसकी व्याख्या की। किस गांधी का अतिक्रमण नहीं किया था? क्या गांधी अंग्रेजों को, अंग्रेजी राज को क्षमा करते हैं? देश में अंग्रेजीयत नहीं रहेगी यही क्षमादान है? गांधी ने कोई समझौता नहीं किया था। पश्चिम में जो दिखाई पड़ रहा है, जिसका रूप साम्राज्यवाद है, जिसका नाम पूँजीवाद है, जो मशीन

की सभ्यता है। उन सारी चीजों को उन्होंने क्षमा नहीं किया था। खारिज किया था। इसलिए मैं कहना चाहता हूँ कि प्रेमचन्द ने गांधीवाद नहीं छोड़ा था। यह सूत्र भ्रामक हो सकता है। पी.एन.सिंह इसकी और विस्तार से समीक्षा करें। क्या दलित शब्द भी हटा दिया था? वे छत्तीस तक पहुँचते-पहुँचते मार्क्सवाद पर विश्वास करने लगे थे? कुछ लोग 'महाजनी सभ्यता' का उदाहरण देते हैं। यह उसी समय उन्होंने लिखा है जब उनकी राजनीतिक विचारधारा खुलकर प्रकट होती है। दो छोर पर ये मान्यताएँ हैं। उन्होंने गांधीवाद का अतिक्रमण नहीं किया था और दूसरी ये कि उस समय तक वे रेडिकल वामपंथी हो गए थे। पी.एन.सिंह ने कहा कि रेडिकल डेमोक्रेट वगैरह को छोड़ दीजिए क्योंकि डेमोक्रेसी के कई विशेषण लगाए जाते हैं। आजकल तो हर बात पर जनवादी-लोकतांत्रिक कहते हैं। पहले सोशल डेमोक्रेट हुआ करते थे अब रेडिकल डेमोक्रेट हुआ करते हैं। इसीलिए मैं कह रहा था कि प्रेमचन्द को विचारधाओं के फंदे में मत बांधो। जो सबका अतिक्रमण कर सकता है, उसका अतिक्रमण करना ज्यादा महत्वपूर्ण है बजाय ठप्पा मारकर विचारधारा के अधीन बाँधने की कोशिश करने के। उपन्यास रचनात्मक चीज है, इसको किसी विचारधारा में बाँध करके, देखने के बजाय मैं प्रगतिशीलों को कहूँगा कि उन्हें ज्यादा सावधान रहने की ज़रूरत है। प्रगतिशील लेखक संघ से जुड़कर उनकी विचारधारा को देखेंगे तो सबसे पहले जलेस वाले खड़े हो जाएँगे, जसम वाले खड़े हो जाएँगे। इसलिए मैं कह रहा हूँ, बहुत सावधानी से विचार करें। विचारधाराओं का अतिक्रमण करना सर्जनात्मकता ज्यादा के निकट है बजाय विचारधारा में बाँधकर अर्थवत्ता समझने के।

(केन्द्रीय हिन्दी संस्थान, आगरा तथा प्रेमचन्द साहित्य संस्थान के संयुक्त तत्वावधान में हिन्दी विभाग, काशी हिन्दू विश्वविद्यालय, वाराणसी के स्थानीय संयोजन में 'गोदान को फिर से पढ़ते हुए' शीर्षक संगोष्ठी में दिये गये तीन वक्तव्यों का समेकित रूप। इसी शीर्षक से प्रकाशित 'साखी' के विशेषांक में पहली बार 2009 में प्रकाशन)

व्याख्यान

दलित साहित्य और प्रेमचन्द

प्रेमचन्द के सन्दर्भ में दलितों की समस्या पर विचार होता रहा है। प्रसंगवश ही होता है, लेकिन होता रहा है। लेकिन दलित साहित्य के सन्दर्भ में प्रेमचन्द पर विचार कम हुआ है। प्रेमचन्द के साहित्य में भले ही दलितों की समस्या पर लिखा गया हो, लेकिन ये तथ्य है कि प्रेमचन्द दलित साहित्यकार नहीं थे। और इससे प्रेमचन्द की तौहीन नहीं होती है। यह एक ऐसा तथ्य है जिसे स्वीकार करना चाहिए। बलात् दलित साहित्य की अवधारणा और प्रेमचन्द को गड्डमड्ड करने की कोशिश नहीं करनी चाहिए। वस्तुगत ढंग से, वैज्ञानिक ढंग से प्रेमचन्द के साहित्य में दलित जीवन का जो भी स्वरूप प्रकट होता है, उसे स्पष्टता से कहते हुए दलित साहित्य, जो अपनी स्वतन्त्रता और स्वायत्तता प्राप्त करना चाहता है और उसका आग्रही है, उसका पूरा सम्मान किया जाना चाहिए। ये मेरी धारणा है। चिन्तन के क्षेत्र में घपला करने और गड्डमड्ड करने की बजाय, स्पष्टता का ये तकाजा है। उस स्पष्टता का बराबर ध्यान रखा जाना चाहिए।

मैं प्रेमचन्द के साहित्य में दलित जीवन और उसके प्रति प्रेमचन्द की दृष्टि का संक्षिप्त आकलन आपके सामने करना चाहता हूँ। मेरी जानकारी में इस विषय पर पहली और सम्भवतः अन्तिम पुस्तक डॉ. कान्तिमोहन की 'प्रेमचन्द और अछूत समस्या' नाम से है। यह 1982 में प्रकाशित हुई थी। उसमें पूरा विवरण है। संयोग से वह पुस्तक ऐसे प्रकाशन संस्थान से छपी जो स्वयं अपनी आर्थिक स्थिति के कारण दलित था, इसलिए उस पुस्तक का प्रचार-प्रसार जितना होना चाहिए था, नहीं हो सका। बहुत कम लोगों ने यह पुस्तक देखी है। लेकिन आज भी इस विषय पर वह सबसे महत्वपूर्ण और प्रमाणिक पुस्तक है। डॉ. कान्तिमोहन दिल्ली विश्वविद्यालय के सत्यवती कालेज में अध्यापक हैं। मार्क्सवादी कम्युनिस्ट पार्टी के 'लोक-लहर' नामक साप्ताहिक के सम्पादन में सहयोग देते हैं। इस नाते वे जनवादी लेखक संघ से भी जुड़े हैं।

यह विचित्र बात है कि प्रेमचन्द की पहली रचना भी दलितों से सम्बद्ध है और अन्तिम रचना भी। उन्होंने जो पहली कहानी या संस्मरणनुमा कहानी लिखी थी, वह

खो गई, जिसे उन्होंने बहुत दिनों बाद याद किया 'मेरी पहली रचना' में। जब प्रेमचन्द बहुत छोटे थे और लेखक नहीं बने थे, तब उनके परिवार में घटी हुई एक घटना इसमें वर्णित है। उनके एक मामू थे—वे एक दलित स्त्री के साथ फँसे थे। वे रंगे हाथों पकड़े गए और दलितों ने उनकी डटकर मरम्मत की थी। प्रेमचन्द ने हास्य विनोद की शैली में वह रचना लिखी थी। वह रचना फाड़-फूड़कर फेंक दी गई। लेकिन उसकी याद बनी रह गई और इतनी दूर तक बनी रही कि अन्तिम महत्वपूर्ण उपन्यास 'गोदान' तक आ गई। उसमें पंडित दातादीन के पुत्र पंडित मातादीन सिलिया चमारिन के साथ वही व्यवहार करते हैं। उन्हें पकड़कर चमार उनके मुँह में हड्डी डाल देते हैं और डटकर उनकी वैसे ही मरम्मत करते हैं। आश्चर्य होता है कि क्या 1936 में दलितों ने ऐसा करने का साहस किया होगा? कई लोग इसे अविश्वसनीय और प्रेमचन्द की कल्पना की उड़ान मानते हैं। लेकिन इस बात का प्रेमचन्द क्या करते कि स्वयं उनके मामू की ऐसी ही मरम्मत हो चुकी थी। प्रेमचन्द को वह घटना भूली नहीं थी। प्रेमचन्द ने स्वयं लिखा है कि बुढ़ापा अक्सर बचपन का पुनरागमन हुआ करता है और यह कई तरह से होता है। इस उम्र में आकर बचपन की कई बहुत सी पुरानी बातें अक्सर याद आती हैं। प्रेमचन्द को 'गोदान' लिखते समय अगर वो घटना याद आयी हो तो कोई आश्चर्य की बात नहीं है। यह संयोग ही है कि प्रेमचन्द की पहली रचना का सम्बन्ध ऊँची जाति वाले किस तरह दलितों की इज्जत लूटते हैं, उनकी स्त्रियों के साथ नाजायज सम्बन्ध रखते हैं, इस बात से है। ये एक तरह के दमन, शोषण और अत्याचार का रूप है। अन्तिम उपन्यास में भी प्रेमचन्द ने लिखा है कि ऊँची जाति वाले कैसे दलितों की स्त्रियों के साथ व्यवहार करते हैं। इसलिए प्रेमचन्द के समूचे साहित्य में दलितों के बारे में लिखा मिले तो इस पर किसी को आश्चर्य नहीं होना चाहिए। एक संवेदनशील जागरूक साहित्यकार की हैसियत से उनके दृष्टिपथ पर यह ज्वलन्त समस्या बराबर रही।

प्रेमचन्द के साहित्य का, उनके जीवन का जो मुख्य लक्ष्य था, उसे प्रेमचन्द ने स्पष्ट शब्दों में कहा है—'मेरी कोई बहुत बड़ी आकांक्षा नहीं है, सबसे बड़ी आकांक्षा है स्वराज्य। हम आजाद हों और वह स्वराज्य मुट्ठी भर लोगों का न हो, बल्कि वह स्वराज्य भारत की सारी जनता के लिए स्वराज्य हो, खुशहाली लेकर के आए, उनका जीवन बेहतर हो।' ये मुख्य लक्ष्य प्रेमचन्द के जीवन का था। शायद आजादी के दौर में लिखने वाले सभी जागरूक लेखकों की मुख्य समस्या थी—उपनिवेशवादी साम्राज्यवादी जुए से भारत की मुक्ति, जिसे हम राष्ट्रीय मुक्ति कहते हैं। अब इस राष्ट्रीय मुक्ति का नक्शा हर लेखक के अपने संस्कार, संवेदना, विचारधारा के अनुसार अलग-अलग था। उस दौर के सबसे जागरूक लेखकों में सामान्य रूप से जिन दो बड़े लेखकों की गणना हम हिन्दी में करते हैं, उनमें एक निराला और दूसरे प्रेमचन्द

थे। निराला और प्रेमचन्द के सामने राष्ट्रीय मुक्ति का जो नक्शा था, उसका गहरा सम्बन्ध आम जनता से था। समाज में जो सबसे ज्यादा दलित, पीड़ित, शोषित और गरीब लोग हैं, उपेक्षित हैं, उनके प्रति गहरा लगाव हिन्दी के इन दोनों लेखकों में सबसे ज्यादा पाया जाता है। उस लगाव में आरम्भ से ही इन दोनों की चिन्ता, जिसे आज दलित कहते हैं, उनके साथ रही है।

प्रेमचन्द के साहित्य में और चीजें छोड़ दीजिए तो सम्भवतः हिन्दी साहित्य के इतिहास में पहली बार किसी उपन्यास का नायक जाति का चमार 'सूरदास' बनता है। अनेक लोगों ने लक्षित किया है कि सूरदास एक तरह से कथा साहित्य में गांधीजी का प्रतीक है। तरह-तरह से लोगों ने व्याख्याएँ भी की हैं। लेकिन यह गौरव तो प्रेमचन्द को जाता है कि जिस साहित्य में महानायक आम तौर से धीरोदात्त धीरललित आदि उच्च वर्ण के लोग हुआ करते थे, पहली बार एक उपन्यास का कथानायक उन्होंने सूरदास नाम के चमार को बनाया। वे गांधी की छवि देने के लिए सूरदास चमार की जगह किसी ब्राह्मण, किसी ठाकुर या किसी कायस्थ या किसी वैश्य को नायक बना सकते थे। किसी ने नहीं रोका था। लेकिन प्रेमचन्द ने सूरदास चमार को बनाया। बावजूद इसके यह भी सच है कि रंगभूमि की विषयवस्तु अछूतों की समस्या नहीं है, सूरदास उसमें एक किसान की हैसियत से आता है। यद्यपि वह जाति का चमार है, लेकिन उसके पास काफी जमीन है। वह जो लड़ाई लड़ता है, उसमें उसकी जमीन जैसे भारत की भूमि की प्रतीक बन जाती है। उस जमीन पर उसका अपना हक है। उस पर कोई कारखाना न बनाए। ये लगभग प्रतीक है। जैसे भारतीय जनता भारत को अपनी भूमि समझती है और वह हक नहीं देना चाहती कि विदेशी आकर उस पर कारखाना लगाएँ। इसलिए 'रंगभूमि' का नायक एक दलित जरूर है, लेकिन रंगभूमि की मुख्य समस्या दलितोद्धार या दलित मुक्ति नहीं है।

'रंगभूमि' की समस्या राष्ट्रीय मुक्ति है। ये 1924 में लिखा उपन्यास है और 1925 में छपा था। तब तक हमारे राष्ट्रीय आन्दोलन के प्रोग्राम में दलित कहीं नहीं थे। असहयोग आन्दोलन दलितों का आन्दोलन नहीं था। चौरी-चौरा की घटना दलितों को लेकर नहीं हुई थी। हमारे राष्ट्रीय आन्दोलन में तब तक केन्द्र में दलित आन्दोलन नहीं आ सका था। बावजूद इसके कि एक अरसे से बाबा साहब अम्बेडकर अपनी लड़ाई लड़ रहे थे, लेकिन वो राष्ट्रीय आन्दोलन या कांग्रेस का कार्यक्रम नहीं बन सका था। यह सच्चाई है। बावजूद इसके, आप अन्दाजा लगा सकते हैं कि इस राष्ट्रीय मुक्ति के स्वप्न और संघर्ष की चेतना के दौरान प्रेमचन्द 'रंगभूमि' में जो तस्वीर पेश करते हैं, वह यथार्थ से कितनी दूर है। मन्दिर है, जिसमें पंडा पुरोहित और दूसरी ऊँची जातियों के लोग भी आते हैं उनके साथ बैठकर दलित लोग भी कीर्तन भजन करते हैं। भैरो पासी और सूरदास चमार भी अन्य जातियों के साथ मिल-जुलकर मन्दिर

में भजन-कीर्तन करते हैं। इतना ही नहीं, सूरदास की मृत्यु में जो सहभोज हुआ, उसमें एक ही पंगत में बैठकर ब्राह्मणों-ठाकुरों के साथ चमार-पासी-डोम छोटी समझी जाने वाली जातियों के लोग भी साथ-साथ भोजन करते हैं। प्रेमचन्द अन्त में लिखते हैं यह सूरदास की विजय है। काहे की विजय है—मन्दिर में भजन-कीर्तन करते आप पहले ही दिखा चुके हैं। जब सूरदास मरे नहीं थे। सूरदास के मरने के बाद अगर सब लोग एक साथ भोजन करते हैं, पूरे उपन्यास में यह कहीं समस्या नहीं है और आखिर में एक लाइन जोड़ दें कि यह सूरदास की विजय है। उनका ख्याल था कि राष्ट्रीय मुक्ति जब होगी तब सहभोज अपने आप स्वाभाविक सहज भाव से होगा। इसके लिए अलग से प्रयास करने की जरूरत नहीं है। ये 1924 तक प्रेमचन्द की समझ थी। मेरा ख्याल है कि प्रेमचन्द की यह समझ उस दौर के राष्ट्रीय आन्दोलन के नेताओं के विचारों का प्रतिबिम्ब थी। यहाँ लगभग वही गूँज सुनाई पड़ती है। ऐसा आदर्शवाद उस दौर में था।

लेकिन अचानक हम देखते हैं कि प्रेमचन्द की कृतियों में—उनकी कहानियों, उनके उपन्यासों में—1931 के आस-पास से एकदम बुनियादी परिवर्तन होता है। यह 1931 और 1932 बहुत महत्वपूर्ण है। राउंड टेबुल कान्फ्रेन्स हो चुकी थी। बाबा साहब अम्बेडकर दलितों के अलग प्रतिनिधित्व और निर्वाचन का सवाल उठा चुके थे और अंग्रेज सरकार देने के लिए तैयार बैठी थी। गांधीजी ने यरवदा जेल में आमरण अनशन किया था और आखिर में लम्बी बहस और समझौते के दौरान 1932 में पूना पैक्ट हुआ। जिसमें पंडित मदनमोहन मालवीय जैसे लोगों ने महात्मा गांधी के प्राणों की रक्षा के लिए पहल की थी। स्वयं बाबा साहब अम्बेडकर ने उस पर हस्ताक्षर किये थे। यद्यपि वे सहमत नहीं थे। इसलिए मालूम होता है कि ब्रिटिश साम्राज्यवाद की नीतियों के कारण या कहिए उनकी कूटनीतियों के कारण, राष्ट्रीय मुक्ति आन्दोलन के केन्द्र में दलित समस्या एजेंडा पर आयी। दलित समस्या राष्ट्रीय मुक्ति आन्दोलन के केन्द्र में आई। निश्चित रूप से इसका श्रेय डॉ. भीमराव अम्बेडकर को है। इसके बारे में दो राय नहीं है। देखने का नजरिया अलग हो सकता है। कुछ लोग यह कह सकते हैं कि ब्रिटिश साम्राज्यवाद ने दबाव डाला, बाध्य किया कि यह समस्या केन्द्र में आ जाए। कुछ लोग यह कह सकते हैं कि स्वयं कांग्रेस में आन्दोलन की अपूर्णता, अपर्याप्तता, उसकी एकाग्रता और उसके अन्तर्विरोधों के बीच यह समस्या पैदा हुई थी, जिसे डॉ. भीमराव अम्बेडकर ने रेखांकित किया—जब तक दलितों को उचित अधिकार नहीं मिलता, राष्ट्रीय मुक्ति अपूर्ण है।

मेरा ख्याल है कि प्रेमचन्द के साहित्य में जो समस्या 'रंगभूमि' जैसे महान उपन्यास के केन्द्र में नहीं आ सकी, वह समस्या 'कर्मभूमि' में केन्द्र में आयी—मुख्य समस्या बन कर। 'कर्मभूमि' उपन्यास में पहली बार दिखायी पड़ता है—हरिजनों का

मन्दिर- प्रवेश और उस मन्दिर-प्रवेश में बाधा डालने वाली ताकतें। तब तक महाराष्ट्र में, सम्भवतः नासिक में, मन्दिर में दलितों के प्रवेश का आन्दोलन शुरू हो चुका था और प्रेमचन्द पर उसका प्रभाव था। जो प्रेमचन्द 'रंगभूमि' में लिख चुके थे कि मन्दिर में सब एक साथ भजन-कीर्तन करते हैं, उन्हें पहली बार सच का एहसास हुआ, वे यथार्थ से टकराए। काशी में रहते हुए उनकी आँख के नीचे विश्वनाथ मन्दिर था और उनका ध्यान ही नहीं गया कि वहाँ दलित जाते हैं कि नहीं जाते। जब उन्हें लगा तो उन्होंने लिखा। 'कर्मभूमि' में भजन-कीर्तन करने वाले ब्रह्मचारी ने सहसा देखा कि श्रोताओं के पीछे की कतारों में कुछ दलित बैठे हुए हैं। वे उठे और जूता लेकर उनकी पिटाई करने लगे। स्वयं जब कथावाचक पिटाई कर रहा हो तो भक्त भला कैसे पीछे रह सकता है। भक्त भी उठकर पिटाई करने लगे। प्रेमचन्द ने विस्तार से वर्णन किया है। आखिर में जब बाबा जी लोग आए तो उनकी पीठ पर हाथ रखने वाले ठाकुर साहब क्यों नहीं आएँगे। जमींदार भी आ गए। जब वो साथ हैं तो ब्रिटिश हुकूमत भी उनके साथ होगी। पुलिस आती है तो गोली चलाती है। कई लोग मारे जाते हैं। उधर से शान्तिकुमार जैसे कुछ राष्ट्रीय विचार वाले गांधीजी के अनुयायी नेता सामने आते हैं और रोकने की कोशिश करते हैं। अनेक दलितों के मारे जाने और घायल होने के बाद गोली-बारी रोकी जाती है और आखिर में अमरकान्त के बाप समरकान्त घोषणा करते हैं—अब मन्दिर का द्वार दलितों के लिए भी खुल गया है और अब चाहें तो वे मन्दिर में प्रवेश कर सकते हैं। प्रेमचन्द ने आखिर में टिप्पणी की है कि उस दिन पुजारी बहुत खुश था क्योंकि चढ़ावा बहुत ज्यादा चढ़ा था। ये जुमला प्रेमचन्द का था। मन्दिर प्रवेश के लिए दलितों का आग्रह और गोली-बारी के बाद उदारता दिखाते हुए सवर्ण लोगों का मन्दिर का दरवाजा खोलना और आखिर में यह टिप्पणी कि उस दिन पुजारी बहुत प्रसन्न था, क्योंकि चढ़ावा सबसे ज्यादा चढ़ा था। यह बता दिया था कि मन्दिर प्रवेश के आन्दोलन से लाभ किनको होगा। यह प्रेमचन्द ने समझ लिया था।

1932 के आस-पास प्रेमचन्द की रचनाओं को देखने से कुछ बातें बहुत साफ दिखायी देती हैं, और वे ये हैं कि दलितों का मन्दिर प्रवेश समस्या का समाधान नहीं है। अछूतोद्धार के लिए जिस तरह के कार्य कांग्रेस करती रही है, वह पर्याप्त नहीं हैं। प्रेमचन्द बहुत पहले से दलितों को या तो मजदूर के रूप में देखते थे या तो किसान के रूप में देखते थे। 'कायाकल्प' में उन्होंने स्वयं दलितों को मजदूर कहा है। बुनियादी समस्या है दलितों का आर्थिक उत्थान और सामाजिक सम्मान। अगर यह नहीं मिलता तो बाकी अछूतोद्धार वाली चीजें जो हैं, वो एहसान करने जैसी चीजें हैं। दलितों को एहसान की जरूरत नहीं है—यह प्रेमचन्द समझ गए थे। प्रेमचन्द एक अरसे से धर्म के नाम पर हिन्दू धर्म में जो पाखंड आ गया था, उसके विरुद्ध थे। उस पाखंड के

रक्षक पुरोहित वर्ग के लोग थे। इस पाखंड के रक्षक जमींदार लोग थे। जो संयोग से जाति में या तो राजपूत होते थे या कुछ साहूकार, बनिया होते थे। पूँजी, धर्म, राजनीतिक सत्ता—मिलकर धर्म का जो रूप बनता था, वह जाति का समर्थक था, प्रेमचन्द उसे पहचान गये थे। गांधी जी से प्रेमचन्द का मत अलग दिखायी पड़ता है—जब तक जाति-पाँति की व्यवस्था नहीं तोड़ी जाएगी, तब तक दलितों को मुक्ति नहीं मिलेगी। उसकी बुनियाद धार्मिक पाखंड है। धर्म की विकृति हुई है और सच्चा धर्म नहीं रह गया है। हिन्दू धर्म की जो विकृति है, जो दोष आ गया है, जब तक इस दोष से मुक्त नहीं किया जाएगा तब तक धर्म के नाम पर ये दलित समस्या जटिल होती जाएगी। शोषण बढ़ता जाएगा। ये प्रेमचन्द समझ गये थे। इसीलिए जब तक समाधान के रूप में राष्ट्रीय मुक्ति आन्दोलन के बीच एक व्यापक आर्थिक परिवर्तन नहीं होता, सामाजिक परिवर्तन नहीं होता अर्थात् साम्राज्यवादी और सामन्तवादी ढाँचे के साथ उसी से जुड़ा हुआ कानून भी परिवर्तित नहीं होता, व्यवहार में परिवर्तन नहीं होता, तब तक ये समस्या दूर नहीं होगी। ऐसा मालूम होता है कि 1931 से 1936 के बीच प्रेमचन्द एक संवेदनशील यथार्थवादी लेखक के नाते ये अनुभव करने लगे थे। इसकी झलक उनके कुछ लेखों में कहानियों और उपन्यासों में है।

प्रेमचन्द के इन विचारों को 'गोदान' के एक प्रकरण से आप देख सकते हैं। सिर्फ यह कहना चाहता हूँ कि धर्म सम्बन्धी उनके क्या विचार थे। जब पंडित मातादीन की पिटाई हो गई थी, उन्होंने सिलिया से मुँह फेर लिया था। आखिर में एक दिलचस्प बात होती है। प्रेमचन्द दिखाते हैं कि घर के लोग भी सिलिया को निकाल बाहर करते है। ऐसे में गर्भवती सिलिया को शरण देती है पिछड़े वर्ग की होरी महतो की पत्नी धनिया। पिछड़े वर्ग की एक महिला। कुछ दिन बाद सिलिया का बच्चा मर जाता है और आखिर में मातादीन का मन बदलता है। उनका प्रायश्चित कराया गया था, उनकी शुद्धि हुई थी, उनको फिर से ब्राह्मण बनाया गया था। काशी के पंडितों ने कई सौ रुपया लेकर, पंडित जी के मुँह में जो हड्डी वगैरह डाली गई थी, उस पाप से उन्हें मुक्ति दिलाई थी और उनको ब्राह्मण बना लिया था। लेकिन मातादीन ने देखा कि सब कुछ करने के बाद भी मेरे हाथ का छुआ पानी कोई नहीं पीता। मेरे साथ बैठ कर कोई खाना नहीं खाता। यद्यपि पंडितों ने प्रमाण पत्र दे दिया है। उसे विरक्ति हुई उधर से भी, इधर से भी। आखिर में सिलिया के पास आता है। सिलिया को आश्चर्य भी होता है, जब मातादीन कहता है—मैं तुम्हारे साथ रहूँगा। तो वह बोलती है तुम्हारा खाना कौन बनाएगा? बोले—तुम बनाओगी, मैं खाऊँगा। पहले तो चमारों ने उसका जनेऊ तोड़ा था और मुँह में हड्डी डाली थी। प्रेमचन्द लिखते हैं कि उस दिन से उसे धर्म के नाम से चिढ़ हो गई थी। उसने जनेऊ उतार

फेंका और पुरोहिती को गंगा में डुबा दिया। अब वह पक्का खेतिहर हो गया। मातादीन सिलिया से कहता है–'मैं ब्राह्मण नहीं, चमार ही रहना चाहता हूँ। जो अपना धर्म पाले, वही ब्राह्मण है, जो धर्म से मुँह मोड़े, वही चमार है।' तो धर्म और जाति के सम्बन्ध में प्रेमचन्द के विचार ऐसे हो गये थे।

मेरी धारणा है कि प्रेमचन्द के साहित्य में दलित जीवन का जो चित्रण किया गया है–उसका मार्मिक और यथार्थ चित्रण उपन्यासों से ज्यादा कहानियों में हुआ है। मेरे मन में यह सवाल भी है कि क्यों उपन्यासों में दलित जीवन का यथार्थ चित्र कम मिलता है, कहानियों में अधिक। मुझे ऐसा लगता है कि उपन्यास की बड़े आइडियालोजी के साथ, उस बड़े नरेटिव के ढाँचे में दलित जीवन की कहानी गौण होती है। इस प्रसंग में मैं खास तौर से तीन कहानियों 'सद्‌गति', 'ठाकुर का कुआँ' और 'दूध का दाम' की चर्चा करूँगा। 'सद्‌गति' 1931 में, 'ठाकुर का कुआँ' 1932 में और 'दूध का दाम' 1934 में प्रकाशित हुई थी। ये नहीं कहूँगा कि जिस क्रम से कहानियाँ प्रकाशित हुई हैं, उसी क्रम से अच्छी हैं। साहित्य में ऐसा नहीं होता। पर ये तीन कहानियाँ तीन कोणों से दलित जीवन के यथार्थ को व्यक्त करती हैं।

'सद्‌गति' पर सत्यजित रॉय की फिल्म आप देख चुके हैं। उसके विस्तार में जाने की जरूरत नहीं है। केवल दो चीजें हैं। लकड़ी की गाँठ चीरते हुए दुखी मर जाता है। जब मैं सत्यजित रॉय की फिल्म में उस गाँठ को तोड़ते हुए देखता हूँ–तो मुझे बार-बार लगता है कि यह गाँठ सिर्फ गाँठ नहीं है, वह एक विशाल जाति व्यवस्था का रूप ले लेती है। वह लकड़ी की गाँठ भी है और हिन्दू धर्म की जहरीली जाति व्यवस्था की गाँठ भी है। जिसे तोड़ने में गांधी भी शहीद हो जाते हैं। इस गाँठ को तोड़ने में स्वयं अम्बेडकर कितने कामयाब रहे, यह आप विचार करें। इसे तोड़ना आज भी बाकी है। दूसरी चीज प्रेमचन्द का अपना व्यंग्य है–'यद्यपि वह मर गया है लेकिन प्रेत की तरह मँडराता रहता है।' दलित पर अत्याचार करनेवाला हिन्दू समाज आज इस स्थिति में है कि दलित मरकर भी, अनुपस्थित रहकर भी प्रेत की तरह से आज भी हिन्दू समाज पर मँडरा रहा है। उस प्रेत बाधा से लाख आँख मूँदने की कोशिश करें, भारतीय समाज उसे भूल नहीं सकता। आखिर गीध-कौवे खाते हैं, उनका महाभोज हो रहा है। अन्त में प्रेमचन्द कहते हैं "जीवन भर की भक्ति और निष्ठा का यही पुरस्कार है।" यह गहरे दर्द से भरा व्यंग्य है–'सद्‌गति' का। 'सद्‌गति' और 'ठाकुर का कुआँ' दोनों कहानियों को मैं साथ-साथ मिलाकर पढ़ने की राय दूँगा। 'सद्‌गति' एक पुरोहित के अत्याचार की कहानी है और 'ठाकुर का कुआँ' एक राजपूत जमींदार के अत्याचार की कहानी कहती है। ये दोनों पूरक हैं। शताब्दियों तक इस देश में धर्माध्यक्ष ब्राह्मणों और राज्य करने वाले क्षत्रियों ने मिलकर बाकी वर्गों को लूटने की कोशिश की। प्रेमचन्द की इन दोनों कहानियों को

साथ रखकर देखने से ये परिदृश्य (सिनेरियो) हमारे सामने आता है। आप लोगों को याद होगा 'ठाकुर का कुआँ' में जैसे ही दरवाजा खुलता है, उसके हाथ से वो कलश या पानी का घड़ा छूटता है। कुएँ में गिरता है। अपभ्रंश का दोहा मुझे याद आता है–'जसु केणे हुँकारणे कुअउँ पडंत तिणइ' अर्थात सिंह की दहाड़ से जो हरिन घास चर रहे हैं उनके मुँह में दबी हुई घास भी गिर जाती है। प्रेमचन्द लिखते हैं कि दरवाजा खुलता है तो ऐसा लगता है शेर का मुँह भी इतना भयानक न होगा। कहानी की विडम्बना यह है कि शुरू होती है कि गंगी का पति जोखू सड़ा हुआ गन्दा पानी पी रहा है। गंगी ने उसको रोक दिया कि मत पियो नहीं बीमार तो तुम हो ही, ठीक नहीं होगे। मैं तुम्हारे लिए अच्छा पानी लाऊँगी। कहानी खत्म होती है और जब गंगी घर लौटती है तो वही सड़ा हुआ पानी का लोटा उसके मुँह से लगा है।

तीसरी कहानी है–'दूध का दाम'। इस कहानी में दूध का दाम कुछ इस तरह दिया जाता है–जमींदार को बेटियों पर बेटियाँ ही होती चली जा रही हैं। संयोग से बेटा हुआ और नार काटने के लिए भंगिन को बुलाया गया। माँ को दूध नहीं हो रहा था। बड़े लोगों की औरतों को दूध नहीं होता, खाने-पीने के बावजूद। तो दूध पिलाई का काम भी उसी औरत को करना पड़ा। खुद उसके अपना बेटा था, वह बिना दूध के पड़ा रहा और वह मालकिन के बेटे को दूध पिलाती रही। उस लड़के का नाम मंगल है। वह औरत एक दिन मर गई और मंगल उनके घर पर उनके टुकड़ों पर पलता रहा। अन्त में मंगल को मारकर निकाल दिया गया। प्रेमचन्द जानते हैं, ऐसे समय जब इन्सान साथ नहीं देता तो आदमी का साथ कभी-कभी आवारा कुत्ता दिया करता है। टामी और मंगल दोनों बात करते हैं। यहीं कहानी का अन्त है। प्रेमचन्द ने लिखा है–'मंगल में गैरत तो क्या थी डर जरूर था।' ध्यान देने की बात है कि दलित या गरीब आदमी के साथ व्यवस्था की सबसे बड़ी अमानुषिकता है कि उसमें गैरत या सम्मान का बोध भी समाप्त हो जाता है। कह सकते थे कि सम्मान इतना होना चाहिए था कि जब खाना नहीं दिया तो जो जूठा फेंका जा रहा था उसे खाने से मना कर देता। लेकिन उसमें गैरत भी खत्म हो गई थी। मंगल कहता है, ये लात की मारी हुई रोटियाँ भी न मिलतीं तो क्या करते? टामी ने दुम हिलाई। कहता है सुरेश को अम्मा ने पाला था। टामी ने फिर दुम हिलायी। लोग कहते हैं दूध का दाम कोई नहीं चुका सकता और मुझे दूध का ये दाम मिल रहा है। टामी ने फिर दुम हिलायी। प्रेमचन्द की कहानी कला उस बिन्दु पर पहुँच चुकी थी, जहाँ बात टिप्पणियों में, आलोचनाओं में नहीं की जाती। टामी की हिलती हुई पूँछ किसी बड़े से बड़े लेखक की जीभ से ज्यादा बोलती है और कलम से ज्यादा लिखती है।

मैं जानता हूँ कि इन तीन कहानियों–'सद्गति', 'ठाकुर का कुआँ' और 'दूध

का दाम' में प्रेमचन्द की यथार्थवादी कला अपने शिखर पर पहुँच चुकी थी। दलित जीवन पर गैर दलित द्वारा लिखी ऐसी मार्मिक कहानियाँ हिन्दी में न उस समय थीं और न आज ही हैं। स्वयं किसी दलित लेखक ने ऐसी मार्मिक कहानी दलित जीवन को लेकर लिखी है कि नहीं, मैं नहीं जानता। इसकी चर्चा होनी चाहिए कि क्या दलित जीवन पर लिखने का सामर्थ्य गैरदलित में नहीं हो सकता? साहित्य में क्या इस तरह की कल्पनाशीलता सम्भव नहीं है। अगर कोई लेखक दलित नहीं है, जिसने स्वयं जीवन में वह भोगा नहीं है, किन्तु उसमें संवेदनशीलता है, वह सहानुभूति या गहरा लगाव या तादात्म्य महसूस करता है। इस तादात्म्य की क्या शक्ति है और क्या सीमा है? प्रेमचन्द अपनी कल्पना का विस्तार करके उस जीवन के यथार्थ स्वरूप को समझने में सफल हुए थे या नहीं हुए थे। यह विवाद का प्रश्न हो सकता है। यदि कोई कमी थी तो वह उनके तादात्म्य में थी, उनकी विचारधारा में थी, भोगे हुए यथार्थ से अपरिचित रहने के कारण थी, इस पर विचार किया जाना चाहिए?

यह सत्य है कि इस बीच स्वयं दलित लेखकों की रचनाओं से दलित समाज का यथार्थ गम्भीर रूप में सामने आया है। मराठी से भी हिन्दी में काफी अनुवाद हुए हैं। हिन्दी में युवा पीढ़ी के बीच से अनेक नाम सामने आए हैं। जिनमें से कुछ कहानीकार, कवि और विचारक हमारे बीच हैं। उनकी रचनाओं में, जिसे किसी समय 'भोगा हुआ यथार्थ' कहा जा सकता था, दिखायी देता है। उस यथार्थ से इन लोगों ने अपनी पीड़ा के बीच एक साहित्य पैदा किया है। उसमें जो ओज है, जो ताप है, जो पीड़ा है, साथ ही जो आक्रोश है और संघर्ष की एक मुद्रा है–इससे पहले हिन्दी साहित्य में नहीं थी। सम्भव है कि युवा लेखकों में वह दलित होने के कारण नहीं, बल्कि साहित्य में युवा होने के नाते हो। जो एक कचास होती है, एक अनगढ़ता होती है, वह भी है–हर लेखक में होती है। कच्ची उम्र की रचनाएँ और प्रौढ़ होने के बाद की रचनाओं में बड़ा फर्क होता है। कलात्मक रूप से कभी-कभी मुझे लगता है कि अतिशय लगाव में भी थोड़ी खामी है। वस्तुनिष्ठ और तटस्थ होने के लिए थोड़ा दुराव जरूरी है। क्योंकि कभी-कभी हम जिस स्थिति में रमे होते हैं, उसमें होकर हम नहीं देख पाते। उसे देखने के लिए जरा दूर जाने की जरूरत पड़ती है। ये दोनों स्थितियाँ होती हैं। ये वो समस्याएँ हैं, जो प्रेमचन्द के साहित्य में दलित जीवन के चित्रण से उत्पन्न होने वाली चुनौती के रूप में आने वाली समस्याएँ हैं।

बहस का मुद्दा न ये है और न होना चाहिए कि प्रेमचन्द के साहित्य को दलित साहित्य में शामिल किया जाए या नहीं। अब तक दलित जीवन को लेकर साहित्य में गैर दलित लेखकों ने जो लिखा है, वह हमारे साहित्य का एक अध्याय है। इतिहास है। वो इतिहास आज इस मंजिल पर पहुँचा है। अब जो सचमुच और बड़ा सवाल है, अंग्रेजी में भी जिसको लेकर बहस चल रही है–रिप्रेजेंटेशन की। जहाँ ये समझा

जा रहा है कि औरतों को औरतें ही रिप्रेजेन्ट कर सकती हैं, उनको कोई दूसरा रिप्रेजेन्ट नहीं करा सकता। रिप्रेजेन्टेटिव डेमोक्रेसी बनी हुई है। जरूरी नहीं कि हमें हमारे ही बीच का आदमी रिप्रेजेन्ट करे। अगर ऐसा होता तो पूरे राष्ट्रीय आन्दोलन में किसी और को कोई और रिप्रेजेन्ट करता रहा है। आज भी लोकतन्त्र में हमारे जो प्रतिनिधि हैं, वे किन लोगों के प्रतिनिधि हैं, जिन लोगों के नाम पर वो गए हैं, उनको रिप्रेजेन्ट करते हैं कि नहीं करते हैं? साहित्य रिप्रेजेन्टेशन है और इस रिप्रेजेन्टेशन की एपिस्टिमालोजी क्या होगी, इस रिप्रेजेन्टेशन का एस्थेटिक्स क्या होगा? इससे जुड़ा हुआ सवाल है कि क्या दलित-जीवन को चित्रित करने का अधिकार केवल दलितों को ही है। यह उन्हीं तक सीमित रहे या दूसरे लोगों के लिए भी वह खुला हुआ है और खुला होना चाहिए। यह एक बुनियादी समस्या है। इस समस्या पर दलितों और गैरदलितों के बीच संवाद होना बहुत जरूरी है। यह दलित साहित्य के लिए जरूरी है और जो गैर दलित साहित्य है उसके उत्कर्ष के लिए भी जरूरी है। मैं समझता हूँ कि सारे भारत की जनता के लिए बहुत जरूरी है। इस खुलेपन के साथ दलित साहित्य की अवधारणा और प्रेमचन्द के साहित्य के सन्दर्भ में विचार होना चाहिए।

एक छोटी-सी बात और। मराठी, गुजराती, कन्नड़, तेलगु और अन्य भाषाओं में दलित साहित्य विकास के दो दशकों में एक बड़ी मंजिल पूरी कर चुका है। हमारे यहाँ उसका आरम्भ अब हो रहा है—पिछले चार-पाँच वर्ष में। अगर कोई भी आन्दोलन इस समस्या से घिरा रहा कि दलित साहित्य के दायरे में क्या आता है, इसकी सीमा बाँधो, तो समस्या और जटिल ही होगी और जिसे हम एक आन्दोलन मानने के लिए विवश हैं वह अपने उद्‌देश्य से भटक जाएगा। मध्यकालीन निर्गुण पन्थों और सम्प्रदायों में, जहाँ छापा तिलक महत्वपूर्ण हो गया एक निर्गुण पन्थ में सौ सम्प्रदाय हो गए। सगुणों में उतने नहीं हुए जितने निर्गुण पन्थ में हुए। राजनीति के क्षेत्र में इस देश की कम्युनिस्ट पार्टियाँ यह सोचने जाँचने लगे कि कौन शुद्ध कम्युनिस्ट है तथा कौन आर्थोडाक्स है—इसके कारण इस देश में कम्युनिस्ट आन्दोलन विकास नहीं कर सका। मध्य काल का निर्गुण सम्प्रदाय जो सारे सम्प्रदायों को तोड़ने के लिए बना था, वह स्वयं हिन्दू धर्म का एक सम्प्रदाय बन कर रह गया। एक नहीं अनेक सम्प्रदाय मठों और विहारों में केन्द्रित हो गये। ज्यादा जोगी मठ उजाड़। दलित साहित्य में हमारी भी जिम्मेदारी है कि पिछली संकीर्णताओं को देखते हुए हम संकीर्ण नहीं होने देना चाहते हैं। जब दलित साहित्य रैदास को दलित साहित्यकार न माने तो बाकी लोगों को छोड़ ही दीजिए, बड़ी संकट की घड़ी आ जाएगी। जबकि इस देश में और हमारे पूर्वी उत्तर प्रदेश और बिहार के इलाके के सारे चमार अपनी जाति रैदास बताया करते हैं। आज उन्हीं रैदास को कुछ दलित साहित्यकार सच्चा दलित

साहित्यकार मानने को तैयार नहीं है, क्योंकि उनमें गुस्सा नहीं था, बड़े विनम्र थे– 'प्रभु जी तुम चन्दन हम पानी कहकर' वो दलितों का एक तरह से अपमान करते थे। कई लोगों को ऐसा कहते हुए मैंने सुना है। ऐसे माहौल में मैं कहूँगा कि 'तू अगर मेरा नहीं बनता न बन, अपना तो बन।'

(प्रेमचन्द साहित्य संस्थान की राष्ट्रीय संगोष्ठी में 10 अगस्त, 1996 को दिया गया उद्‌घाटन भाषण, संस्थान द्वारा प्रकाशित पुस्तक 'दलित साहित्य की अवधारणा और प्रेमचन्द का साहित्य', सं. सदानन्द साही प्रथम संस्करण 2000 में प्रकाशित)

प्रेमचन्द की गीता और उसका कृष्णार्पण

प्रेमचन्द के उपन्यास 'निर्मला' को स्कूली छात्रों के लिए सर्वथा अनुपयुक्त ठहराने के बाद अगस्त के 'साहित्य अमृत' ने प्रेमचन्द का लेख 'श्रीकृष्ण और भावी जगत्' पुनर्मुद्रित किया तो थोड़ा आश्चर्य भी हुआ और शक भी। किन्तु अमृत राय द्वारा सम्पादित 'प्रेमचन्द : विविध प्रसंग' देखा तो मालूम हुआ कि यह लेख प्रेमचन्द का ही लिखा है। अमृत राय ने इस पर टिप्पणी दी है : 'यह लेख मुन्शी जी के कागजों में उन्हीं के हस्ताक्षर में मिल गया। पता नहीं क्यों, छपने के लिए कहीं भेजा नहीं गया या सम्भव है कहीं किसी अज्ञात पत्र में छपा हो। कब लिखा गया, कहना मुश्किल है, पर थोड़ा पुराना जरूर लगता है।'

अब 'साहित्य अमृत' से पता चला कि यह लेख अगस्त 1931 के 'कल्याण' के 'कृष्णांक' में प्रकाशित हुआ था। इसके लिए निश्चय ही हमें 'साहित्य अमृत' के सम्पादक पं. विद्यानिवास मिश्र के प्रति कृतज्ञ होना चाहिए। वैसे, यह लेख अब अन्यत्र भी सुलभ है, जैसे प्रकाशन संस्थान द्वारा पुनर्मुद्रित 'प्रेमचन्द के विचार-2' (2003) में, फिर भी एक तरह से इसे 'दुर्लभ' ही कहा जाएगा क्योंकि अभी तक इस पर किसी की दृष्टि नहीं गई।

इस लेख के महत्व को रेखांकित करने के लिए पंडित जी ने सिर्फ इतना ही कहा है कि प्रेमचन्द ने 'अपने देशकाल के अनुसार श्रीकृष्ण के सन्देश की सार्थकता समझकर लेख लिखा जो आज भी प्रासंगिक है।' वैसे तो उनकी दृष्टि में प्रेमचन्द का साहित्य सिर्फ 'ऐतिहासिक महत्व' का है, फिर भी अब इस लेख को वे 'आज भी प्रासंगिक' मानते हैं तो कालिदास के कश्यप के शब्दों में यही कहना पड़ेगा कि 'यद्यपि यजमान की दृष्टि धूमाकुलित थी किन्तु आहुति अग्नि में ही पड़ी।'

कृष्ण जन्माष्टमी के अवसर पर इस लेख को 'साहित्य अमृत' के पाठकों के लिए सुलभ करके पंडित जी ने तो एक तरह से प्रेमचन्द का कृष्णार्पण ही कर दिया पर प्रेमचन्द को हजम कर जाना इतना आसान नहीं है और अयोध्या के बाद मथुरा की ओर कदम बढ़ाने वाले लोग भी उन्हें मनमाना इस्तेमाल न कर पाएँगे। प्रेमचन्द का यह लेख वस्तुतः उनकी अपनी 'गीता' है। स्वतन्त्रता संग्राम के लिए जिस तरह कभी

लोकमान्य तिलक ने 'गीता रहस्य' लिखा और फिर आगे चलकर महात्मा गांधी ने गीता पर अपना 'अनासक्ति योग' लिखा, उसी कड़ी में प्रेमचन्द के इस छोटे से लेख को भी देखना चाहिए। प्रेमचन्द ने भी तिलक और गांधी की तरह 'कर्मयोग' को ही गीता का मूलमन्त्र माना—विशेष रूप से गांधीजी के 'निष्काम कर्म' को, किन्तु उसकी व्याख्या करते समय उन्होंने अपना रंग भी मिला दिया। ऐतिहासिक पृष्ठभूमि को याद करें तो यह लेख 'सविनय अवज्ञा आन्दोलन' के आसपास का है और उस समय प्रेमचन्द ने जो उपन्यास लिखा उसका नाम है 'कर्मभूमि'! इस लेख को ठीक से समझने के लिए उनके उपन्यास 'कर्मभूमि' को भी ध्यान में रखना जरूरी है।

लेख में प्रेमचन्द कहते हैं : 'कर्मयोग के आदर्श पर जमे रहना छोटी बात नहीं है। जंगल में समाधि लगाकर बैठ जाना उतना कठिन नहीं है जितना कर्तव्य की वेदी पर अपना बलिदान करना। अपने अर्थों में हानि या लाभ से उदासीन रहना वीरों का ही काम है और ऐसे कर्मयोगी संसार में बिरले ही होते हैं। ममत्व के पंजे से निकलना सिंह के मुँह से निकलना है।'

इस प्रसंग में प्रेमचन्द ने जिन दो 'वीरों' का नाम विशेष रूप से लिया है वे हैं बुद्ध और अशोक।

आगे चलकर प्रेमचन्द ने जो 'महाजनी सभ्यता' शीर्षक लेख 1936 में लिखा उसके भी पूर्व-संकेत इस लेख में मिलते हैं। जब वे ममत्व और स्वार्थ की प्रबलता की बात करते हैं तो उनकी दृष्टि के सामने पश्चिम की वह 'महाजनी सभ्यता' है जहाँ 'जातियों और राष्ट्रों में अविश्वास है, आपस में संघर्ष। स्वामी और मजूर, अमीर और गरीब में भीषण युद्ध हो रहा है। धन और प्रभुता की तृष्णा एक विकराल जन्तु की भाँति समस्त सभ्य संसार को निगलती चली जा रही है। हरेक राष्ट्र सशस्त्र दूसरे की गर्दन दबा बैठने की घात में लगा हुआ है। निर्बल जातियाँ उनके पैरों के नीचे पड़ी अन्तिम साँसें ले रही है। 'सम्पदा के पीछे संसार पागल हो रहा है। उसकी प्राप्ति में किसी प्रकार के बन्धन नहीं, बलवान राष्ट्र निर्बल राष्ट्रों का, बलवान व्यक्ति निर्बल व्यक्तियों का गला दबा रहे हैं। संघर्ष की व्यापक ध्वनि सुनाई दे रही है।'

यह रेखाचित्र जिस सभ्यता का है उसे ही आगे चलकर प्रेमचन्द ने 'महाजनी सभ्यता' कहा और जिसे आज हम कभी 'उदारीकरण' कहते हैं, कभी साफ शब्दों में 'पूँजीवाद'। प्रेमचन्द के अनुसार 'हिंसा और अप्रेम' इसी सभ्यता की उपज हैं। उनकी दृष्टि में ''हिंसामय जनतन्त्र' और 'हिंसामय एकतन्त्र' में विशेष अन्तर नहीं है।'' इसलिए इससे उद्धार का एक ही उपाय है कर्मयोग। 'क्रान्ति' शब्द का प्रयोग उन्होंने कहीं नहीं किया है किन्तु उनके 'कर्मयोग' से प्रायः वही ध्वनि निकलती है।

इस प्रसंग में प्रेमचन्द ने 'अधिकांश प्राणियों का अधिक से अधिक उपकार' सिद्धान्त के छद्म का जैसा निर्मम विश्लेषण किया है वह विशेष रूप से दृष्टव्य है।

लिखते हैं : 'जब तक यह सिद्ध न हो जाए कि 'उपकार' से क्या अभिप्राय है तब तक इस मत का समर्थन भारत नहीं कर सकता। जिस तरह 'उपकार' शब्द का व्यवहार किया जा रहा है उससे तो यह विदित होता है कि 'उपकार' का आशय स्वार्थ के सिवाय और कुछ नहीं। यह स्वार्थ-बुद्धि वर्तमान जगत् को संग्राम का क्षेत्र बनाए हुए है। समाज में जो विषमता फैली हुई है उसका कारण यही स्वार्थोपासना है।' इसलिए 'जब तक कर्मयोग के तत्व व्यवहृत न होंगे, संसार स्वार्थ के पंजे में दबा पड़ा रहेगा। कर्मयोग ही वह तत्व है जो स्वार्थ को मिटाकर परार्थ की ध्वजा फहराएगा।'

यह है प्रेमचन्द का 'कर्मयोग' जो तिलक और गांधी के कर्मयोग से एक कदम आगे है और आज भी बासी नहीं पड़ा है। 'महाजनी सभ्यता' वाले लेख में प्रेमचन्द ने जिस समाजवाद का खुलकर स्वागत किया उसकी ओर भी एक हलका-सा संकेत इस लेख में मिलता है, लेकिन है वह यूरोप के ही सन्दर्भ में। लिखते हैं : 'समष्टिवाद और बोलशेविज्म उसके वे नए आविष्कार हैं जिनसे वह संसार में युगान्तर कर देना चाहता है।' निश्चय ही प्रेमचन्द इस पश्चिमी 'आविष्कार' से पूरी तरह सन्तुष्ट नहीं थे, कम-से-कम 1931 तक। विकल्प के रूप में भारतीय मनीषा के अपने स्वदेशी प्रयोग में उन्हें आशा की किरण दिखाई पड़ती थी। वे बार-बार 'धर्म और अध्यात्म' का उल्लेख करते हैं, लेकिन कहीं अधिक उदात्त अर्थ में जो निश्चय ही आज के धर्मध्वजियों के 'धर्म' से बिलकुल अलग है। निबन्ध का अन्त आस्था और विश्वास के इस स्वर में होता है—'अब की इस जागृति में ऊँच-नीच, छोटे-बड़े का भेद मिट जाएगा। समस्त संसार में अहिंसा और प्रेम का जयघोष सुनाई देगा और भगवान कृष्ण कर्मयोग के जन्मदाता के रूप में संसार के उद्धारकर्ता होंगे।'

वह सपना अभी तक साकार न हो सका, यह और बात है, लेकिन अभिनव कर्मयोगी प्रेमचन्द ने वह सपना देखा था—यह सच है। पता नहीं पंडित विद्यानिवास मिश्र ने क्या सोच-समझकर यह लेख पुनर्मुद्रित किया था, लेकिन जुलाई के 'साहित्य अमृत' के 'निर्मला चक्रवात' शीर्षक सम्पादकीय में निर्मला की जैसी व्याख्या उन्होंने की थी उससे ऐसा नहीं लगता कि वे प्रेमचन्द के 'कर्मयोग' का मर्म समझते हैं। जो कमंडल लेकर वे प्रेमचन्द के साहित्य सागर के पास जाते हैं, उसे देखकर यह दोहा बरबस याद आ रहा है—

कर्म-कमंडल कर गहे, साधु जहँ लगि जाय।
सागर, सरिता, कूप जल, बूंद न अधिक समाय।

('सहारा समय' के दिनांक 09-08-2003 अंक में 'यथासमय' स्तम्भ में प्रकाशित)

प्रेमचन्द और तोल्सतोय

1. प्रेमचन्द ने 4 मार्च, 1914 को अपने दोस्त 'ज़माना' सम्पादक मुन्शी दया नारायण निगम को एक पत्र में लिखा था : ''आजकल काउण्ट टॉल्सटाय के किस्से पढ़ चुका हूँ। तब से कुछ उसी रंग की तरफ तबीयत माइल है। यह अपनी कमज़ोरी है और क्या। यह क़िस्सा जो मैं रवाना करूँगा इसमें लुत्फ़े तहरीर की मुतलक़ कोशिश नहीं की गई। सीधी-सीधी बातें लिखी हैं।'' (चिट्ठी-पत्री-1, पृ. 29) इस प्रसंग में प्रेमचन्द की जीवनी 'प्रेमचन्द : कलम का सिपाही' (1962) में अमृत राय ने लिखा है : ''टॉल्सटाय की नीति कथाएँ उन्होंने (प्रेमचन्द ने) भी पढ़ी थीं, उनका असर अपने लिखने में लिया था और गांधीजी के रंगमंच पर आने के पहले उनमें से तेईस कहानियों का भारतीय परिवेश के अनुसार रूपान्तर करके 'प्रेम प्रभाकर' के नाम से छपा चुके थे। इनमें टॉल्सटाय की लगभग सभी प्रसिद्ध नीतिकथाएँ आ गई थीं—मनुष्य का जीवन आधार क्या चीज़ है? (दैट व्हेयरबाई मेन लिव), एक चिनगारी घर को जला देती है (नेग्लेक्ट अ फायर ऐंड इट विल नाट बी क्वेन्ड), प्रेम में परमेश्वर (व्हेयर लव इज देयर गॉड इज आलसो), बाल लीला (चिल्ड्रेन मे बी वाइज़र दैन देयर एल्डर्स), एक आदमी को कितनी भूमि चाहिए (हाउ मच लैंड डज ए मैन रिक्वायर?), अंडे के बराबर दाना (द ग्रेन दैट वाज़ लाइक ऐन एग), धर्म पुत्र (द गॉड सन) आदि। प्रेम, दया, क्षमा, परोपकार, अहिंसा, त्याग, अपरिग्रह, आत्मशुद्धि की शिक्षा उन्होंने भी टॉल्सटाय से पायी थी। उसी प्रभाव में 'सेवा मार्ग' और 'उपदेश' जैसी नीतिकथाएँ भी उन्होंने लिखीं जिनमें सेवा को ही, परोपकार को ही सबसे बड़ी सिद्धि बताया गया है।'' (पृ. 165)।

2. मुंशी दयानारायण निगम को 16 सितम्बर और 17 सितम्बर 1917 को प्रेमचन्द ने फिर लिखा कि आपने काउण्ट टॉल्सटाय का सवानही (जीवनी वाला) मजमून जो फ़ाइल से निकालकर अलग रख दिया है, उसकी मुझे सख़्त जरूरत है। एक मज़मून लाला लाजपत राय का है और दूसरा किसी और साहब का... उनका एक हिन्दी एडीशन शाया करने की नीयत है।'' (पृ. 65-66)।

3. डॉ. इन्द्रनाथ मदान के प्रश्नों का उत्तर देते हुए प्रेमचन्द ने 26 दिसम्बर 1934 के पत्र में स्पष्टतः स्वीकार किया है कि उनके ऊपर विक्टर ह्यूगो और रोमें रोलाँ

के अलावा टॉल्सटाय का असर पड़ा है। (चिट्ठी-पत्री-2, पृ. 236) इससे पहले 23 मार्च, 1932 के एक पत्र में उन्होंने उपेन्द्रनाथ अश्क को टॉल्सटाय की पुस्तक 'What is Art' पढ़ने की सलाह दी थी। (चिट्ठी-पत्री-2, पृ. 240)।

4. इस बात के पर्याप्त प्रमाण हैं कि प्रेमचन्द ने 1930 तक टॉल्सटाय के तीन प्रसिद्ध उपन्यास 'वार एंड पीस', 'अन्ना कारेनिना' और 'रिज़रेक्शन' पढ़ लिए थे। 1931 में चाँद कार्यालय, इलाहाबाद से 'रिज़रेक्शन' का हिन्दी अनुवाद 'पुनर्जीवन' नाम से प्रकाशित हो चुका था और प्रेमचन्द इसके अनुवादक रुद्रनारायण अग्रवाल को व्यक्तिगत रूप से जानते थे। उन्होंने जैनेन्द्र कुमार को 28 नवम्बर, 1934 में लिखित एक पत्र में रुद्रनारायण अग्रवाल की सहायता के लिए सिफारिश करते हुए लिखा था उसने 'रिज़रेक्शन' के अलावा 'वार एंड पीस' का भी अनुवाद कर लिया है लेकिन उसके लिए कोई प्रकाशक नहीं मिल रहा है। इसके अतिरिक्त 1933 में कविनाथ पांडेय ने 'अन्ना कारेनिना' का हिन्दी अनुवाद 'अन्ना' नाम से, पुस्तक मन्दिर काशी से प्रकाशित करवाया और प्रेमचन्द ने इसकी भूमिका लिखी। इस भूमिका से स्पष्ट है कि प्रेमचन्द ने 'अन्ना कारेनिना' के अलावा 'वार एंड पीस' भी पढ़ रखा था।

5. 'अन्ना कारेनिना' के हिन्दी अनुवाद की भूमिका में प्रेमचन्द ने लिखा है कि "मैंने आज लगभग 20 साल हुए, जब यह पुस्तक पढ़ी थी।" आगे टाल्स्टाय की रचनाशक्ति के विषय में प्रेमचन्द लिखते हैं कि "टॉल्सटाय की रचनाशक्ति अद्‌भुत थी, कल्पनाशक्ति अलौकिक थी, जीवन का ऐसा कोई विभाग, ऐसा कोई अंग नहीं है जिस पर उसकी तेज़ नज़र न पड़ी हो। और उसके मस्तिष्क में जो चीज़ एक बार पहुँच जाती थी, वह अलौकिक हो जाती थी। ऊँची-से-ऊँची या निकृष्ट से निकृष्ट सोसाइटी का चित्रण वह समान बारीकी और सच्चाई के साथ करता है।...कहीं भी वह बन्द नहीं है, कहीं भी वह अजनबी नहीं है, कहीं भी वह भटकता नहीं है।...ऐसा कोई स्थल नहीं है, जहाँ चतुर कलाकार को भ्रम या कठिनाई का सामना करना पड़ा हो।" प्रेमचन्द की दृष्टि में "क्रान्ति की भावना टॉल्सटाय की रचनाओं की प्रेरक थी।" यही नहीं बल्कि प्रेमचन्द टॉल्सटाय के विचार को "सम्पूर्णतः सोशलिस्ट" समझते थे। वे लिखते हैं कि "युवावस्था ही में उसकी आत्मा धर्म और समाज और राष्ट्रीयता के मिथ्या, घातक, स्वार्थमय व्यापारों से विद्रोह करने लगी थी। धर्म में सेवा और त्याग और उपकार का भाव गायब होकर केवल अन्धविश्वास और स्वार्थलिप्सा रह गई थी।...समाज में ऊँच-नीच का भेद, उस भ्रातृभाव का अभाव, जो ईसा के उपदेशों का मूल तत्व था, और जिसने मुट्ठी भर धनियों और अधिकारियों को सारी जाति का भाग्य-विधाता बना दिया था, उसके लिए असह्य था। उसके विचार में उपजीवी वर्ग समाज का सबसे बड़ा शत्रु था।" टॉल्सटाय के विचारों की शक्ति पर प्रकाश डालते हुए प्रेमचन्द ने लिखा कि "उनका ज्ञान, उनकी सेवा, उनका वैराग्य

सन्देहों और विचारों और मानसिक द्वन्द्वों से होकर निकला था और इसीलिए उसमें इतनी शक्ति, इतनी तीव्रता थी।''

इस सन्दर्भ में उर्दू के मशहूर शायर और प्रेमचन्द के अत्यन्त निकटवर्ती मित्र रघुपति सहाय 'फ़िराक' के एक संस्मरण का यह अंश उल्लेखनीय है : ''टॉल्सटाय के नाविल 'आन्ना कारेनिना' की वह मुक्तकंठ से प्रंशसा करते थे। टॉल्सटाय के कलम का जादू उन पर चल गया था लेकिन जैसा कि मैंने अपने एक शेर में कहा है 'बात वो कह ऐ इश्क, कि सुनकर सब क़ायल हों, कोई न माने'—कुछ इस तरह की प्रतिक्रिया उन पर 'आन्ना कारेनिना' पढ़कर हुई थी।'' (प्रेमचन्द : कलम का सिपाही, पृ. 174-75)

6. 'आन्ना कारेनिना' को 'वार एंड पीस' के साथ रखकर देखते हुए प्रेमचन्द ने उसी भूमिका में लिखा था : '' 'वार एंड पीस' के बाद टॉल्सटाय ने 'आन्ना कारेनिना' की रचना की और हमारे विचार में उनकी रचनाओं में इसका स्थान अगर कम है तो 'वार एंड पीस' से ही। और वह भी केवल इस दृष्टि से कि इसका क्षेत्र उतना फैला हुआ नहीं है। लेकिन फैलाव में जो कमी है वह उसकी गहराई ने पूरी कर दी है।''

7. टॉल्सटाय के महान उपन्यास 'वार एंड पीस' को प्रेमचन्द ने एक और प्रसंग में फिर याद किया। एक आलोचक ने प्रेमचन्द के उपन्यास 'कर्मभूमि' की आलोचना करते हुए उस पर यह आरोप लगाया कि 'कर्मभूमि' राष्ट्रीय आन्दोलन को पृष्ठभूमि में रखकर लिखी गई है। एक गुजराती लेखक माणिकलाल जोशी को 20 दिसम्बर 1933 के पत्र में प्रेमचन्द ने इसका स्पष्टीकरण देते हुए लिखा कि ''वह इस बात को भूल जाते हैं कि लगभग सब महान उपन्यासों का कोई-न-कोई सामाजिक उद्देश्य होता है या कोई-न-कोई महान आन्दोलन उसकी पृष्ठभूमि में होता है। टॉल्सटाय का 'वार एंड पीस' मास्को पर नैपोलियन की चढ़ाई के इतिहास के अलावा और क्या है? मगर उसने अपने पन्नों में उस संघर्ष को जिन्दा कर दिया है। उसने ऐसे चरित्र और ऐसी घटनाएँ प्रस्तुत की हैं जिनसे मानव प्रकृति में उसकी आश्चर्यजनक अन्तर्दृष्टि का पता चलता है। सबसे महत्वपूर्ण वस्तु चरित्रों का विकास है। अगर लेखक को इसमें सफलता मिली है तो फिर उसे आलोचकों से डरने का कोई कारण नहीं है।'' (चिट्ठी-पत्री-2, पृ. 254)

8. प्रेमचन्द पर तोल्सतोय के प्रभाव के प्रश्न को लेकर हिन्दी में एक दिलचस्प घटना घटित हो चुकी है। श्री अवध उपाध्याय नामक एक सज्जन ने 1926 में 'सरस्वती' के अन्तिम छह अंकों में 'प्रेमचन्द की मौलिकता' शीर्षक एक लेखमाला के द्वारा यह प्रमाणित करने का प्रयास किया कि 'प्रेमाश्रम' 'रिज़रेक्शन' की छाया है। इस प्रसंग में यह भी उल्लेखनीय है कि उन्होंने प्रेमचन्द के 'रंगभूमि' नामक उपन्यास को थैकरे के 'वैनिटी फ़ेयर' की नक़ल साबित करने की कोशिश की। इस लेख माला की अन्तिम किस्त में, जो दिसम्बर, 1926 की 'सरस्वती' में प्रकाशित हुई

है, लेखक ने 'प्रेमाश्रम और रिज़रेक्शन' के तुलनात्मक अध्ययन का निष्कर्ष इस प्रकार दिया है : "रिज़रेक्शन में ग्राम्य जीवन का अत्यन्त ही मनोहर चित्र खींचा गया है, जिसे पढ़कर मन मुग्ध हो जाता है। नेह लूड्फ़ (?) गाँव वालों के लाभ के लिए एक आश्रम खोलना चाहता है। वह जमींदार है। अतएव गाँव वालों के लाभ के विचार से वह घाटा सहना चाहता है। वह गाँव वालों की दशा का अध्ययन कर उनके प्रेम के कारण अन्त में एक 'प्रेमाश्रम' खोलने पर उतारू हो जाता है। परन्तु वह चाहता है कि उसकी लिखा-पढ़ी भी हो जाए, जिससे पीछे भी गाँववालों को किसी प्रकार का कष्ट न हो। इसीलिए वह गाँव वालों को एकत्र करता है और कहता है कि इस कागज़ पर तुम लोग हस्ताक्षर कर दो। इतने पर गाँव का एक आदमी कहता है–हस्ताक्षर! हस्ताक्षर क्यों?

'प्रेमाश्रम' के खुल जाने पर गाँववालों का ही लाभ होता। इससे नेहलूड्फ़ को व्यक्तिगत कोई लाभ नहीं था। तथापि गाँव वाले प्रेमाश्रम के नियमों से सम्बन्ध रखनेवाले पत्रों पर हस्ताक्षर करने से डरते थे। रूस के कृषक इतने भोले-भाले थे।

प्रेमचन्द जी ने भी अपने 'प्रेमाश्रम' में गाँव वालों का अच्छा चित्र खींचा है। परन्तु मैं निस्संकोच भाव से कह सकता हूँ कि प्रेमचन्द जी को वैसी सफलता नहीं मिली है। हाँ, उन्होंने 'रिज़रेक्शन' के भावों को चित्रित करने का अच्छा प्रयत्न किया है। प्रेमचन्द जी ने भी अपने 'प्रेमाश्रम' में एक प्रेमाश्रम खोल दिया है। उनका यह प्रयत्न सर्वथा उचित है। दोनों पुस्तकों में समानता होने के लिए यह अत्यन्त आवश्यक था।

टॉलसटाय के 'रिज़रेक्शन' में नेहलूड्फ़ और कतूशा का विवाह नहीं हुआ था और इन्हीं दोनों का इसमें अधिक वर्णन है। एक प्रकार से उपन्यास के यही नायक और नायिका हैं।

परन्तु 'रिज़रेक्शन' का नेहलूड्फ़ 'प्रेमाश्रम' के ज्ञानशंकर के बराबर है और कतूशा गायत्री के। अतएव प्रेमचन्द जी के 'प्रेमाश्रम' में भी ज्ञानशंकर और गायत्री की प्रधानता होनी चाहिए। उन्होंने किया भी ऐसा ही है। 'रिज़रेक्शन' में दोनों का विवाह नहीं हुआ है, अतएव 'प्रेमाश्रम' में भी ज्ञानशंकर और गायत्री का विवाह नहीं होना चाहिए, अतएव नहीं हुआ है।

नेहलूड्फ़ ने अपने जीवन के लगभग सारे समय को कतूशा से मिलने के प्रयत्न में ही बिता दिया है। इसी प्रकार ज्ञानशंकर ने भी गायत्री के लिए बड़ा प्रयत्न किया है। परन्तु अन्त में कतूशा ने नेहलूड्फ़ को अस्वीकार कर दिया है। इसी प्रकार गायत्री ने भी अन्त में ज्ञानशंकर को नहीं स्वीकार किया है। दोनों का अन्त भी अच्छा ही है।

'रिज़रेक्शन' में कचहरी की बुरी दशा का अच्छा वर्णन किया गया है। उसमें यह भी दिखलाया गया है कि कचहरी में कभी-कभी झूठ का सच और सच का झूठ हो जाता है। प्रेमचन्द जी ने भी कचहरी का अच्छा दृश्य खींचा है।

'प्रेमाश्रम' और 'रिज़रेक्शन' में इतनी समानताएँ हैं कि उन सबके दिखलाने से एक पोथा तैयार हो जाएगा। पाठकों के मनोविनोद के लिए हमने यहाँ केवल दिग्दर्शन मात्र कराया है।"

9. तुलनात्मक अध्ययन के इस दिलचस्प उदाहरण पर आगे कोई टिप्पणी करने से पहले प्रसंगवश इतना और उल्लेखनीय है कि श्री अवध उपाध्याय ने उक्त दोनों उपन्यासों के सभी चरित्रों की समानता सिद्ध करने के लिए अनेक गणितीय समीकरण भी प्रस्तुत किए हैं। कारण सम्भवतः यह है कि श्री अवध उपाध्याय स्वयं गणित के ही अध्येता थे। गणित की अमूर्त पद्धति दो साहित्यिक कृतियों की तुलना के लिए कितनी घातक हो सकती है, इसका सबसे रोचक उदाहरण सम्भवतः यह समीक्षा है। ख़ैरियत है कि हिन्दी में यह समीक्षा कभी गम्भीरता से ग्रहण न की गई; और अब तो लोग प्रायः उसे भूल भी गए हैं। फिर भी यह समीक्षा तोल्सतोय और प्रेमचन्द की सच्ची तुलना करने के लिए उत्तेजित अवश्य करती है।

10. आरम्भिक प्रेमचन्द परवर्ती तोल्सतोय के विचारों से काफ़ी प्रभावित थे, यह सही है। उनकी आरम्भिक कृतियों में प्रेम के आदर्श को समस्याओं के समाधान के रूप में प्रस्तुत किया गया है, यह भी सच है। इस दृष्टि से गांधीजी के समान ही प्रेमचन्द भी तोल्सतोय के प्रभाव में थे। किन्तु इसके साथ ही यह भी तथ्य है कि जिस 'प्रेमाश्रम' का अन्त 'प्रेमाश्रम' की स्थापना में होता है, उसी में ज़मींदारों के विरुद्ध किसानों का हिंसात्मक संघर्ष भी चित्रित है। इस अन्तर्विरोध को अनदेखा करना असम्भव है। प्रेमचन्द के सम्मुख प्रेम का आदर्श तो था पर यथार्थ के संघर्ष से उन्होंने आँखें फेरी न थीं।

इसके अतिरिक्त तोल्सतोय और प्रेमचन्द के विकास की दिशा एक दूसरे के सर्वथा विपरीत है। तोल्सतोय यदि 'युद्ध और शान्ति' के यथार्थवाद से 'पुनरुत्थान' के आदर्शवाद की ओर अग्रसर होते हैं तो प्रेमचन्द 'सेवासदन' के आदर्शवाद से क्रमशः 'गोदान' के यथार्थवाद की मंजिल तक पहुँचते हैं। वस्तुतः "प्रेमचन्द बहुत सी असंगतियों के बीच से गुज़रते हुए क्रान्तिकारी यथार्थवाद की तरफ आ रहे थे--एक ऐसे यथार्थवाद की तरफ़ जो जीवन का सही चित्र देते हुए पाठक में अपने जीवन की परिस्थितियों को बदलने की, एक नया जनवादी और स्वाधीन जीवन निर्माण करने की प्रेरणा भी दे।"

वस्तुतः तोल्सतोय और प्रेमचन्द का अन्तर दो भिन्न युगों का अन्तर है। तोल्सतोय का युग जहाँ समाप्त होता है, प्रेमचन्द का युग वहाँ से शुरू होता है। बीसवीं सदी के आरम्भ का भारत उन्नीसवीं सदी के उत्तरार्द्ध के रूप से बहुत-सी बातों में भिन्न है। प्रेमचन्द भारत के जिस राष्ट्रीय मुक्ति आन्दोलन के अंग हैं, उसमें भी सामन्ती शोषण के विरुद्ध किसानों के संघर्ष की भूमिका निश्चय ही महत्वपूर्ण है, किन्तु यह आन्दोलन प्रथमतः साम्राज्यवाद के विरुद्ध समस्त भारतीय जनता का था, जिसमें मजदूरों और किसानों के साथ ही मध्यवर्ग और पूँजीपति वर्ग भी शामिल

था। इसलिए तोल्सतोय जहाँ धर्माचार्यों की कटु आलोचना करते हैं, नारी की गरिमा चित्रित करते हैं और रूसी जनता—विशेषतः किसानों के सक्रिय प्रतिरोध के अनूठे चित्र खींचते हैं, वहाँ प्रेमचन्द उन्हें अपने निकट पाते हैं। किन्तु जहाँ तोल्सतोय में धर्म-प्रचार, अहिंसावाद, राजनीति से उदासीनता, स्त्री पराधीनता का समर्थन आदि की प्रवृत्ति दिखाई पड़ती है, प्रेमचन्द क्रमशः तोल्सतोय से दूर जाते दिखाई पड़ते हैं। निस्सन्देह किसानों के पक्षधर दोनों थे, किन्तु किसानों की जीवन-दृष्टि के जितने गहरे अन्तर्विरोध तोल्सतोय में मिलते हैं, प्रेमचन्द के साहित्य में उनसे काफी कम हैं। प्रेमचन्द का किसान अपनी तमाम मनोगत दुर्बलताओं के बावजूद तोल्सतोय के औसत किसान से कहीं अधिक निर्भ्रान्त और लड़ाकू है।

11. यदि प्रेमचन्द तोल्सतोय के समान ही अत्याचारी और अन्यायी के प्रति प्रेम करने का उपदेश देते तो उनके समकालीन प्रतिक्रियावादी लोगों ने उनपर 'घृणा का प्रचारक' होने का आरोप न लगाया होता। उल्लेखनीय है कि जिस 'सरस्वती' पत्रिका में प्रेमचन्द के 'प्रेमाश्रम' को तोल्सतोय के 'रिज़रेक्शन' की नक़ल कहा गया था, उसी में आगे चलकर प्रेमचन्द को 'घृणा का प्रचारक' भी कहा गया। इस सन्दर्भ में प्रेमचन्द के समकालीन और समशील आलोचक रामचन्द्र शुक्ल का उद्धरण अत्यन्त अर्थपूर्ण है। अपने प्रसिद्ध ग्रन्थ 'हिन्दी साहित्य का इतिहास' (1930) में उन्होंने लिखा है कि ''उपन्यास के क्षेत्र में देखिए तो एक ओर प्रेमचन्द ऐसे प्रतिभाशाली उपन्यासकार हिन्दी की कीर्ति का देशभर में प्रसार कर रहे हैं, दूसरी ओर कोई उनकी भर-पेट निन्दा करके टॉल्सटाय का 'पापी के प्रति घृणा नहीं दया' वाला सिद्धान्त लेकर दौड़ता है।'' तोल्सतोय का ''पापी के प्रति घृणा नहीं दया' वाला सिद्धान्त हिन्दी जनता के लिए कितना अग्राह्य था, इसे व्यक्त करते हुए शुक्ल जी ने अन्यत्र स्पष्ट लिखा है कि ''केवल प्रेम और भ्रातृभाव के प्रदर्शन और आचरण में ही काव्य का उत्कर्ष मानने का जो एक नया फैशन टॉल्सटाय के समय से चला है वह एकदेशीय है। दीन और असहाय जनता को निरन्तर पीड़ा पहुँचाते चले जाने वाले क्रूर आतताइयों को उपदेश देने, उनसे दया की भिक्षा माँगने और प्रेम जताने तथा उनकी सेवा-सुश्रुषा करने में ही कर्तव्य की सीमा नहीं मानी जा सकती, कर्मक्षेत्र का एक मात्र सौन्दर्य नहीं कहा जा सकता।'' (चिन्तामणि, पहला भाग, पृ. 301) कहने की आवश्यकता नहीं कि तोल्सतोयवाद की अपर्याप्तता के बारे में ये विचार अकेले रामचन्द्र शुक्ल के नहीं, बल्कि प्रेमचन्द और उनके साथ ही स्वाधीनता-प्रेमी समस्त भारतीय जनता के हृदय की सच्ची वाणी है।

(संभवतः 1960-1970 के मध्य लिखित, प्रकाशित, परन्तु प्रकाशन की तथ्यात्मक जानकारी अनुपलब्ध)

●●●